국악 교육 현대화 담론

와! 국악이 훤하게 보인다

Wow! Gugak is clearly visible

와! 국악이 훤하게 보인다

발행일   2024년 8월 5일

지은이   박학범
펴낸이   손형국
펴낸곳   (주)북랩
편집인   선일영   편집   김은수, 배진용, 김현아, 김부경, 김다빈
디자인   이현수, 김민하, 임진형, 안유경   제작   박기성, 구성우, 이창영, 배상진
마케팅   김회란, 박진관
출판등록 2004. 12. 1(제2012-000051호)
주소   서울특별시 금천구 가산디지털 1로 168, 우림라이온스밸리 B동 B113~115호, C동 B101호
홈페이지   www.book.co.kr
전화번호 (02)2026-5777   팩스   (02)3159-9637

ISBN   979-11-7224-181-0 03670 (종이책)   979-11-7224-182-7 05670 (전자책)

(주)북랩 성공출판의 파트너

북랩 홈페이지와 패밀리 사이트에서 다양한 출판 솔루션을 만나 보세요!

홈페이지 book.co.kr   •   **블로그** blog.naver.com/essaybook   •   **출판문의** book@book.co.kr

작가 연락처 문의 ▶ ask.book.co.kr

작가 연락처는 개인정보이므로 북랩에서 알려드릴 수 없습니다.

국악 교육 현대화 담론

와! 국악이 훤하게 보인다

Wow! Gugak is clearly visible

박학범 지음

북랩

시작하며

우리가 정말 아름다운 오드리 햅번(Audrey Hepburn)을 만난 것은 '로마의 휴일'에서가 아닙니다.

아프리카에서입니다.

1953년, 우리는 '로마의 휴일'에서 햅번 스타일의 짧은 머리를 한 청순한 공주를 만났습니다.

그리고 1988년, 우리는 소말리아에서, 수단에서, 그리고 에티오피아에서 자신의 재산을 기금으로 유니세프(UNICEF) 친선대사로서 기아에 허덕이는 아프리카 어린이를 구하는 천사로 만났습니다.

미녀 배우로만 알았던 햅번에게서 진정한 미의 천사를 접할 수 있었던 것처럼, 국악에서 국악다운 음악미를 발견하고 느끼고 깨달을 수 있다면 이는 아프리카에서 햅번을 만난 것처럼 기쁠 것입니다.

이 책은 국악 교육에 대한 수필입니다. 담론(談論)입니다. 국악 교육 정상화를 위한 현대화 담론이라고 말씀드리고 싶습니다.

필자는 유난히 호기심이 많습니다. 공사장 근처를 지날 때는 그냥 지나치지 못합니다. 큰 삽이라고 할 수 있는 포클레인으로 흙을 퍼내는 모습이 신기하여 가까이 가서 들여다봐야 직성이 풀립니다. 한번은 넝쿨 콩을 심어놓고 넝쿨 콩이 그물을 잘 타고 올라가도록 미리 망을 설치한 적이 있습니다. 그런데 며칠을 기다려도 싹이 나올 기미가 없었습니다.

'왜 안 나오는 거야?'

호기심이 발동하여 흙을 파보았습니다. 넝쿨 콩 씨앗은 땅속에서 가늘고 흰 뿌리를 내리고 있었습니다.

'아하! 다행히 죽지 않고 싹을 내고 있구나.'

다시 흙을 덮어주었습니다. 그 후 며칠을 지나도 넝쿨 콩 싹은 보이지 않았습니다. 그냥 두었더라면 하는 아쉬움이 컸습니다. 호기심 때문에 일을 그만 그르치고 만 것입니다. 그 후로 텃밭 식물을 가꿀 때 심어놓고 기다리는 여유를 터득했습니다.

호기심은 국악, 즉 국악 교육에서도 마찬가지였습니다. 오리무중의 국악 교육을 어떻게 하면 잘 가르칠 수 있을까 걱정이 앞섰습니다. 그래서 이 책은 국악 교육에 대한 궁금증을 호기심으로 풀어 쓴 음악 수필이라고 할 수 있습니다.

유감스럽게도 필자 역시 일반 사람들처럼 국악에 문외한이었습니다. 국악을 음악이라고 생각하지 않았기 때문입니다.

필자는 어려서부터 노래하는 걸 좋아했습니다. 초등학교 시절부터 '노래 하면 박학범'이었고 소풍을 가거나 여행을 떠날 때마다 초대 가수 대접을 받곤 했습니다. 가수? 그랬습니다. 가수였습니다. 소리 좋은 내 어머니의 끼가 소싯적부터 소리 여행을 시작하게 했던 듯싶습니다.

어려서부터 다닌 교회에는 풍금이 있었습니다. 어린아이의 귀에 이 소리는 마치 천상의 소리처럼 가슴에 내려앉았습니다. 그 후로 스스로 레슨을 했습니다. 소리가 좋아 풍금 앞에 앉아 어깨너머로 익힌 눈썰미로 풍금을 누르기 시작했습니다. 어린아이에게 풍금 옥타브 누르기란 쉽지 않았습니다. 짧은 손가락이 찢어지도록 벌려가면서 옥타브 누르기에 몰입했습니다.

'풍덩.'

화음의 멋들어진 아름다움에 빠진 어린아이는 빈 교회당을 풍금 소리로 가득 메우며 연습에 연습을 거듭했습니다. 고등학교 1학년 때부터 예배 반주자로 봉사했습니다. 지금도 그때 익힌 풍금 솜씨로 웬만한 찬송가를 모두 연주할 수 있습니다. 교직에 들어와서는 풍금 잘 치는 선생으로 행사 때마다 애국가의 반주자로 나섰습니다. 교육대학을 졸업하고 발령을 받은 후로 첫 부임지 교동초등학교(강화군의 섬 중 하나)에서 매주 토요일마다 인천 시내로 나와 피아노 레슨을 받았고 모차르트와 베토벤 소나타까지 연주할 수 있었습니다.

교직에 첫발(1978년 3월 1일 자)을 딛고 40년 6개월을 봉직하면서 많은 상장과 표창장을 받았습니다. 누구에게나 처음 받은 상장은 느낌이 남다릅니다. 필자에게도 그랬습니다. 교직 생활에서 받은 첫 번째 상장은 '음악과 수업실기대회 우수상'이었습니다.

'음악'과 관련된 상장이었던 겁니다. 공교롭게도 민요수업이었고 당시의 제재곡은 '늴리리야'였습니다. 교직에 첫발을 디딘 풋내기 선생은 이 노래의 흥에 빠져 아이들과 신명나게 노래를 불렀습니다. 어깨에 장구를 둘러메고 아이들과 질펀하게 노래를 불렀습니다. 제 수업을 보던 심사위원들의 눈가에 번진 웃음이 지금도 기억에 새롭습니다.

교직에 있는 동안 어린이 합창, 교사 합창, 어머니 합창 등 지휘와 반주를 벗 삼아 지냈습니다. 그런데 이 모든 노래는 서양음악, 곧 양악이었습니다. 유감스럽게도 수업실기대회의 '늴리리야' 역시 양악풍으로 불렀던 노래였습니다. 국악이 뭔지도 모르고 마냥 우리 흥에 도취돼 불렀던 노래에 지나지 않았던 것입니다.

필자가 국악에 눈을 뜨기 시작한 계기가 있습니다. 경인교육대학 3학년에 편입하면서부터입니다. 양진모 교수(서울대 양악 작곡 전공)와 홍은주 교수(서울대 가야금 전공) 그리고 황병훈 교수(서울대 국악 전공)로

부터 국악 강좌를 들었습니다. 홍은주 교수로부터 『국악개론』(장사훈·한만영)을 배웠습니다. 홍 교수는 그 짧은 한 학기 동안의 일정에서도 책 한 권을 마스터해야 한다고 하면서 진도를 재촉했습니다. 이 덕분에 필자는 책떼이를 할 수 있었습니다. 홍 교수의 거룩한 욕심에 경의를 표합니다.

그 후로 필자는 『국악개론』의 친구가 되었습니다. 또 홍 교수는 가야금 실기 강좌의 지도교수였습니다. 생전 처음 만져본 가야금, 생전 처음 튕겨본 가야금! 신기한 가야금 소리에 매료되어 열심히 연습했습니다. 지금도 가끔 가야금 앞에 앉아 '아리랑'을 연주합니다. 그때마다 홍은주 스승님이 생각납니다. 황병훈 스승님으로부터는 교실 수업의 단골 악기인 단소 연주법을 배웠습니다.

당시 양진모 교수는 서울대학교 음악대학에서 작곡(서양음악)을 전공하신 분이었습니다. 그런데 양 교수는 양악의 작곡법을 강의하지 않고 국악 학습법을 강의했습니다. 느리고 느린 진양조장단에 심취되어 혼신을 다해 강의하셨습니다. 알고 보니 국악 교육 학습을 위한 여러 편의 논문을 경인교육대학교 논문집에 발표하신 상태였습니다.

필자는 양 교수의 국악 강의를 들으면서 많은 것을 깨닫게 됩니다. 무엇보다도 양악 작곡을 전공한 분이 국악을 강의한다? 필자로서는 적잖은 충격이었습니다.

'뭔가가 있나 보다?'

호기심이 발동했습니다. 필자는 경인교육대학교 도서관을 찾아 논문집을 샅샅이 뒤져 양 교수의 논문[1]을 모조리 복사했습니다. 그리고 찬찬히 공부하기 시작했습니다.

---

1)   양진모, 국악과 양악의 학습지도를 위한 셈여림법의 분석 연구, 논문집 제15집, 인천: 인천교
     육대학, 1980.

'무엇을! 그리고 어떻게!'

국악 교육을 위한 지도 내용과 방법들이 고스란히 담겨 『국악개론』이나 『국악총론』에서는 찾아볼 수 없는, 현장에서 실제로 적용할 수 있는 '맞춤용' 내용들이었습니다. 이 논문들은 필자가 발표한 전국현장교육연구대회의 소중한 참고 문헌이 됐고 전국대회에서 두 번씩이나 최우수 논문으로 지정받는 데 결정적인 역할을 했습니다.

국립국악원에서 받은 연수는 국악의 안목을 넓히는 소중한 기회였습니다. 『국악통론』(국립국악원)을 배웠습니다. 그때 강사는 김영운(1954~) 교수(현 국립국악원장)였습니다. 필자는 이 강의에서 국악의 이론적인 배경에 한 번 더 눈을 뜨게 됩니다. 이 강의는 '국악 복음(國樂福音)'이었습니다. 김영운 교수와 관련된 말씀은 제4부에서 자세히 짚어보려고 합니다.

그때부터 필자는 국악, 곧 국악 교육에 눈을 크게 뜨게 됩니다. 호기심과 함께 한 국악 테마의 현장 연구는 국악, 즉 국악 교육의 비밀을 벗기는 여정이었다고 생각합니다. 앎의 기쁨, 희열은 말로 표현하기 어렵습니다.

재차 강조합니다. 이 글은 국악, 즉 국악 교육을 '어떻게 하면 재미있게 가르칠 수 있을까'라는 호기심으로 그 궁금증을 풀기 위해 쓴 글입니다. 국악 교육의 현대적 접근이라고 하면 어떨까요?

예를 들면 국악에도 양악의 '으뜸음(딸림음, 버금딸림음 등)'과 같은 기능의 음이 있을까? 있다면 어떤 형태로 존재할까? 양악의 3화음이 국

_____, 연음형식을 통한 한국과 서양음악의 비교 연구, 논문집 제17집, 인천: 인천교육대학, 1983.

_____, 즉흥표현을 통한 장단 학습에 대한 연구, 논문집 제19집, 인천: 인천교육대학, 1985.

_____, 포괄적 음악교육의 실제에 대한 논평, 한국음악교육의 방향과 이론, 성남: 한국정신문화연구원, 1986.

악에도 있을까? 양악의 장조와 단조가 국악에서는 어떤 형태로 존재할까? 리듬과 장단은 어떻게 다를까? 왜 전래동요와 민요는 두 개나 세 개 또는 네 개와 다섯 개의 음으로 구성되어 있을까? 그리고 민요에 서양식 음계의 '파' 음과 '시' 음을 넣어 부를 수는 없을까? 시김새, 토리, 계면조 등의 국악 용어가 가진 의미는 무엇인가? 양악의 형식(한 도막, 두도막형식 등)은 국악에서도 존재할까? 존재한다면 어떤 형태이고 양악의 형식과 어떻게 다를까? 등등.

7차 교육과정[2](1997~2007)의 음악과 교육과정은 국악 교육의 번성기요 중흥기요 부흥기라고 할 수 있습니다. 물 반 고기 반이란 말이 있듯이 음악 교과서를 열면 국악 곡이 절반이나 담겨 있었기 때문입니다([표 1] 참조).

국악을 가르쳐보자는 국민적 공감대를 단번에 실현시킨, 매우 우수한 시도의 교육과정이었습니다. 그러나 안타깝게도 국악 교육 중흥기는 7차 교육과정을 끝으로 쇠퇴하기 시작했습니다. 왜냐하면 음악 교과서에 대한 현장 교사들의 거부감 때문이었습니다. 국악 지도의 명분은 있는데 국악 교육의 내용과 방법이 없다는 아우성 때문이었습니다.

"가르칠 게 뭐가 있나?"

"이런 노래를 노래라고 제재곡으로 넣었나?"

현장 교사들의 볼멘소리가 교단을 진동시켰습니다. 급기야 후속 교육과정에서 국악적 소재의 노래들이 급격히 줄어드는 결과를 초래했습니다(각주 6 참조).

그때부터 통분의 심정으로 이 글을 쓰기 시작했습니다. 특히 한국

---

2) 교육부 고시 1997-15호, 2000. 3. 1. 초등학교 1~2학년 적용 / 2001. 3. 1. 초등학교 3~4학년 적용 / 2002. 3. 1. 초등학교 5~6학년 적용

문화예술교육진흥원(아르떼)의 학교문화예술교육 국악 분야 지역교육위원으로 위촉(김순제 교수[3] 후임)되어 각급 학교에 파견된 국악강사들의 수업을 참관하고 국악수업을 위한 진솔한 대화를 시도했습니다. 또한 기호일보에 '국악 교육 칼럼(제5부 참조)'을 기고하는 등 국악 교육 정상화를 위해 나름 노력을 하였습니다.

아르떼는 각 지역의 교육청과 연계하여 국악 전공자들을 초·중·고등학교의 국악수업의 강사로 활용하는 프로젝트인데, 이들의 국악수업에는 초등 담임교사와 중등 음악교사들을 국악수업에 동참하게 함으로써 국악수업의 질 향상을 위해 바람직한 프로젝트로서 현장의 반응이 매우 좋습니다. 현재까지 계속 운영되고 있는 이유입니다. 이때의 활동은 필자의 교육 활동에서 가장 보람된 시간이었습니다. 정년퇴직 후 제2의 인생 설계로 인해 멈춘 게 무척 아쉽습니다. 기회가 된다면 재도전해보려고 합니다.

이제 이 책을 읽고 나면 아프리카에서 햅번을 만난 것처럼 국악 교육에 대한 지도 내용과 방법을 '확' 당길 수 있어서 기쁠 것입니다.

끝으로 이 책이 유·초·중·고등학교의 국악 지도 선생님들, 한국문화예술교육진흥원(arte)의 국악강사 선생님들, 그리고 국악 교육 연구에 관심 있는 여러분들에게 길잡이가 되길 바랍니다.

2024년 여름

박학범

---

3) 김순제(金順濟)(1922~2010) 전 경인교육대학교 교수, 한국예술문화단체총연합회 인천지회장 역임(1988~1991), 대표 저서로 『한국의 뱃노래』가 있다. 김순제 교수는 1980년부터 1천 255곡에 달하는 경기도 전래동요를 발굴·녹음했고, 이 중 791곡을 채보, 다시 64곡을 엄선해 「구전동요의 음악적 분석 연구」라는 제목으로 인천교육대학(현 경인교육대학교) 논문집 11집에 실었다. 기호일보는 '김순제와 우리 혼이 담긴 뱃노래'를 2009년 3월 2일부터 13회에 걸쳐 심층적으로 재조명한 바 있다.

제4부 알기 쉬운 평조와 계면조

찾아보기
[악보, 표, 그림]

일러두기

• 본서의 악보들은 필자가 아래아한글 문자표(HNC) '기타기호'에서 악보와 관련된 자료(음표, 쉼표, 기호 등)를 내려받아 수기로 작성하였습니다. 때문에 전문적인 악보 프로그램으로 그린 것과 비교했을 때 다소 조잡할 수 있습니다. 그러나 세심하게 나타내려고 노력했음을 이해해주시기 바랍니다.

• 국악의 '떠는 음' 표기는 필자가 아래아한글에서 제작하여 표기했기 때문에 악보에 따라 다소 일관성이 결여될 수 있습니다. 따라서 떠는 음의 공식적인 표기는 『국악통론』(장사훈)의 떠는 음 표기법을 참고하시기 바랍니다. 참고로 국악의 떠는 음의 공식 모양은 잔물결 모양이지만 시작하는 첫 부분의 머리 부분은 뒷부분에 비해 크게 그린 둥근 모양임을 참고하기 바랍니다. 다만 아래아한글의 문자표에는 이런 모양이 없어 부득이 필자의 방식대로 표기할 수밖에 없었음도 양해 바랍니다.

• 필자는 어려서부터 교회를 다녔기 때문에 찬송가와 밀접한 환경에서 자랐습니다. 때문에 본서에서 찬송가와 관련된 내용들이 일부 등장합니다. 음악적 관점에서 제시하였음을 이해해주기 바랍니다.

• 여기 등장하는 이론의 일부는 필자의 주장이 여럿 등장합니다. 국악 교육을 위해서는 아동들이나 학생들에게 양악의 과학화된 합리적 이론처럼 국악 교육을 위한 이론 체계의 수립과 콘텐츠의 개발이 필요하다고 사료되어 나름 명분을 살려 제시하였습니다. 국악 교육 이론의 현대적 접근을 위한 노력으로 이해해주기 바랍니다. 아울러 국악도 국악 교육을 위한 기초이론의 상세화가 수립되는 계기가 되길 기대합니다.

제1부

침묵은
금이 아닙니다

1. 국악 교육, 그 실상

한국의 음악 예술 브랜드 '국악'은 명품입니다. 명품은 그 명성에 어울리게 몇 가지 측면에서 그 가치가 있습니다. "영혼이 서린 음악 세계를 내포하고 있고, 차별화된 예술적 가치를 보듬고 있으며, 한국인의 사상과 감정을 독특한 음 조직으로 창조한 예술"[4]입니다.

그렇기 때문에 봇물처럼 밀려오는 양악 세상에서도 생명을 잃지 않고 오늘에 이르고 있습니다. 그리고 국악은 세계인들로부터 찬사를 받고 있으며, 세계로 뻗어나갈 수 있는 확고한 학문적·예술적 가치를 인정받고 있습니다.

왜 그렇습니까? 그 실체적 진실은 무엇이고 그 정체성(identity)은 어디에서 찾아야 합니까. 실마리는 멀리 있지 않습니다. 국악 교육이 제자리를 찾으면 됩니다.

---

4)   성경린, 국악감상, 서울: 삼호뮤직, 1994, 15쪽.

실상 하나: 예술은 삶에 대한 사랑

늦은 밤이었습니다. KBS 텔레비전의 어느 프로그램을 보았습니다. 소설가 이청준(1939~2008) 씨의 인터뷰 내용이 자막으로 흘렀습니다.

'예술은 삶에 대한 사랑이다.' 참 좋은 말이다 싶었습니다. 한국인들의 삶에서 비롯된 소리 예술인 명품 '국악' 역시 삶에 대한 사랑에서 비롯되었으니까요.

[악보 1] 까치야 까치야

까치야 까치야 헌 이 줄 게 새 이 다 오

썩은 헌 이는 까치에게 주고 대신 새 이를 가져다 달라는 소박한 소망이 담겨 있습니다. 희망의 메시지를 담고 있는 이 노래 역시 어렸을 적에 불렀던 우리의 노래입니다(채보: 박학범).

초가집 지붕이 없는 요즘의 경우 헌 이를 던지라고 가르치는 부모가 계실 리 만무하고, 이가 빠지기도 전에 치과로 달려가는 오늘날의 모습과는 너무도 대조적이지만, 새 이를 바라는 아이들의 순진무구함은 예나 이제나 다를 바 없습니다.

까치를 친구 삼고 소박한 염원을 노래하는 이 노래는 비록 자취를 감추었다는 애석함이 있지만, 우리말에 우리식 곡조를 붙인 이 노래는 우리의 소중한 삶의 흔적을 노래하고 있는 순수 그 자체의 음악 예술입니다.

이 노래에서 무슨 음악적 원리를 찾고 무엇을 가르친단 말인가? 또 어떻게 가르쳐야 한단 말인가? 이런 질문을 받으면 적지 않게 당황하는 것이 사실입니다. 그럴듯한 문제 제기입니다. 음악적인 이론과 법칙이 없을 것 같지는 않은데 막상 무엇을, 어떻게 가르쳐야 할지 난감하기 일쑤입니다.

가르칠 그 무엇인가가 없지는 않을 것 같은데 막상 무엇을 가르치고 어떻게 가르칠 것인가 하는 질문에 그만 아연실색하게 됩니다.

무엇을 어떻게 가르쳐야 할까?

이것이 문제입니다.

그러나 해답 없는 문제는 없습니다.

문제가 있는 곳에 반드시 그 해답이 있게 마련입니다.

자, 이제 그 답을 찾으러 첫발을 내디뎌봅시다.

실상 둘: 우리의 소리

된장과 고추장이 만들어낸 맛깔스런 소리.

막걸리 한잔 술에 설움을 뱉어낸 소리.

한복의 곡선미가 그려낸 여유로운 소리.

초가집 지붕에서 떨어지는 물소리.

부지깽이 두드리며 읊조렸던 소박한 소리.

문풍지 소리에 가락을 얹어 부르던 소리.

고부 갈등에서 비롯된 서러운 소리.

찢어지는 가난에 풍랑으로 신랑을 잃은 한 맺힌 소리.

외아들을 먼저 보내고 목 놓아 우는 소리.

오매불망 천상의 남편을 그리워하는 수절 과부의 소리.

동풍에 궂은 비 오는 소리.

재미있는 몸짓으로 흉내 내면서 우스꽝스럽게 불렀던 소리.

장산곶 마루에서 들려오는 북소리.

얄게 떠는 콧소리.

길게 죽 뽑다가 속말로 바꿔 떨며 내는 소리.

긴긴 해 김을 매며 부르는 소리.

청승스런 푸념을 잔가락에 얹은 소리.

흘러내리는 음을 심하게 떨다가 곧게 뻗는 구슬픈 소리.

느려서 한스럽고 서정적인 느낌을 주나 억양이 강하고 구성진 멋 소리.

가버린 청춘을 그리워하며 성화를 부리는 소리.

모시 적삼 안섶 안의 연적 같은 젖을 보고 병날까 무서워 담배씨만치만 보고 가면서 아쉬움을 달래는 소리.

문경새재 넘으며 구부구부 눈물 흘리며 부르는 소리.

한 오백 년 살자고 부르짖는 소리.

법당 뒤에 칠성단 돋우고 팔자에 없는 아들딸 낳아 달라고 백일 정성을 드리는 소리.

궁초댕기 풀어헤치고 열두 고개를 단숨에 넘던 소리.

봄바람에 마음을 빼앗긴 시골 처녀의 소리.

임과 이별하고 북간도로 떠나는 유랑민의 서글픈 소리.

외딸 아랑(阿娘)이의 억울한 죽음 앞에 목 놓아 우는 곡소리.

부딪치는 파도 소리, 들려오는 노 젓는 소리.

거제도 해수욕장의 몽돌 구르는 소리.

가래질 소리, 조기잡이 소리.

멸치 후리는 소리.

갈치 낚는 소리.

테우(뗏목배) 젓는 소리.

조개 캐며 부르는 소리.

한강 시선뱃노래 소리.

달구지 모는 소리.

줄 꼬는 소리.

집터 다지는 소리.

가래질 소리.

풀무 소리.

나무 베는 소리.

잣 따는 소리.

디딜방아 딛는 소리.

돌질 소리.

우리 생활의 면면이, 삶의 체취가, 그리고 살아온 자취가 넉넉하게
담겨 있는 국악은 우리 문화의 총화(總和)입니다.

말하자면 국악은 한민족의 소리를 담은 그릇이라고 할 수 있습니다.
이런 '소리 그릇'이 바로 국악입니다.

실상 셋: 어쩔 수 없나 보다

초등학생 음악회에 간 적이 있습니다. 학생들의 빼어난 예능 솜씨가
단연 돋보였습니다. 어느 학교였던가. 디즈니 애니메이션인 '라이언 킹'
의 주제곡 'Can you feel the love tonight'을 발표했습니다. 노래와 연
극과 무용이 어우러진 뮤지컬 형태의 프로그램이었습니다. 음악은 양

악이었는데 그 가락은 뜻밖의 소리였습니다. 바로 우리의 가락, 국악 가락이었던 거지요.

'아아, 정말 이럴 수 있는가.' 탄성이 저절로 나왔습니다. 틀림없는 우리의 노래, 아이들의 순수한 노래였으니까요(채보: 박학범).

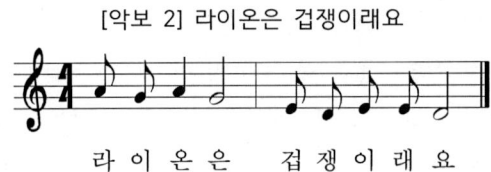

[악보 2] 라이온은 겁쟁이래요

라 이 온 은   겁 쟁 이 래 요

어떻게 저런 소리를 할 수 있을까?

그들은 양악의 텃밭에서 자란 아이들이 아니란 말인가?

세상에….

왜 놀라웠을까요?

그것은 지난날의 모습은 절대로 가시지 않는다는 믿음, 바로 그 믿음 때문이었습니다. 서양음악이 아무리 강하다고 하더라도, 이들의 뇌리에는 여전히 우리의 정서가 남아 있다는 것! 그리고 앞으로도 얼마든지 살아날 가능성이 있다는 것! 어찌 놀라지 않을 수 없겠습니까.

이들의 노래가 비록 양악 세상의 한가운데 위치하고 있지만, 그 내면에 일고 있는 음악의 텃밭은 바로 국악이라는 사실 때문이었습니다. 아이들의 노래인 전래동요의 잔영(殘影)이 아직도 살아 있다는 사실, 바로 국악 교육의 현주소를 확인하는 순간이었습니다.

무엇보다도 소중했던 소득, 바로 전래동요라고 이름하는 우리 식 노래를 가르칠 수 있는 명분이 얼마든지 있다는 것, 그 자신감 때문이었습니다. 아! 기뻐라.

실상 넷: Renaissance

소리는 음(音)이고 음이 모여 장단을 이루고 그 장단에 우리의 한과 멋과 힘과 흥을 실었으니, 이 소리는 우리의 소리요 멋이요 힘이요 흥입니다. 이 소리에 생각을 싣고 느낌을 나타냈으니 국악은 우리 삶에 대한 사랑입니다.

학생들에게 가소성(可塑性)은 말뿐이 아닙니다. 아이들은 그릇의 모양에 따라 변하는 물처럼 학생들은 가소성의 산실입니다. 학교는 그 산실의 주인공들이 모여 사는 공간입니다. 우리 소리 문화의 총화(總和)인 국악을 마땅히 가르쳐야 하는 당위적 공간이고, 나아가 국악 전수의 요람입니다.

여기엔 다양한 아이들이 존재합니다. 둥근 병의 물은 둥근 모양이 되고, 길쭉한 병의 물은 길쭉한 모양이 되며, 잘록한 그릇의 물은 잘록한 모양이 됩니다.

7차 교육과정의 음악 교과서에는 모두 53곡이나 되는 전래동요가 실려 있습니다.[5] 모두 53곡이나 실려 있습니다. 어느 책을 열어도 양악이 주인이었던 시절을 생각하면 그때의 음악 교과서에는 국악이 단연 주인입니다.

굴러온 돌이 저만치 물러가고 박힌 돌이 안방을 차지한 것입니다. 소리 주권, 노래 주권, 그리고 음악, 곧 국악 주권의 시대가 돌아왔음을 의미합니다.

일컬어 국악의 르네상스(renaissance) 시대라고 표현해도 좋을 것 같습니다. 지금 우리나라 초등학교 교실에서는 국악의 독자성, 주체성,

---

5) 1학년 『즐거운 생활』 '남생아' 외 12곡, 2학년 『즐거운 생활』 '어깨동무' 외 10곡, 3학년 『음악』 6곡, 4학년 『음악』 7곡, 5·6학년 『음악』 각 10곡과 6곡.

정체성(identity)이 회복된 국악 부흥의 시대를 살고 있습니다.

얼씨구나, 좋을시고!

그러나 국악 교육은 그만 유탄을 맞았습니다. 국악 교육이 후퇴한 것입니다. 그 많던 국악 제재곡들이 음악 교과서에서 자리를 잃고 만 것입니다.

당시 세계일보는 이 현상을 다음과 같이 타전하고 있습니다.

…개정 7차 교육과정의 목표로 두고 있는 "우리 문화에 대한 이해의 토대 위에 새로운 가치를 창조하는 사람"은 공허한 울림일 뿐이다. 그 여파로 전통 관련 수업은 1학년의 경우 현행 7차 교육과정에서 30.8%(78시간 중 24시간)를 차지했으나 개정 교육과정에서는 16.7%(72시간 중 12시간)로 줄어든다. 2학년은 더 심하다. 현행 33.7%(104시간 중 35시간)에서 개정 교육과정은 7%(96시간 중 7시간)에 불과하다. (중략) 음악 교육 시간 중에서 국악 시간은 1학년의 경우, 현행 7차 교육과정의 48.1%(27시간 중 13시간)에서 개정 과정에서는 36.8%(19시간 중 7시간)로 줄어든다. 2학년은 더 열악하다. 현행 37.5%(32시간 중 12시간)에서 9.1%(22시간 중 2시간)로 크게 준다. 그나마 '즐거운 생활'에는 감상 곡으로 국악 곡이 단 한 곡도 제시되지 않았다…[6]

다행히 현재 적용되고 있는 '2022년 개정교육과정'의 검인정 도서에는 비교적 국악 제재곡이 제법 반영되어 있어 다행이라는 생각입니다. 이는 그간 홀대받은 국악 곡에 대한 반성에서 출발한 새로운 프레임

---

6) 세계일보, 박종현 기자(bali@segye.com), 기사입력 2008. 8. 11. (월) 21:12, 최종수정 2008. 8. 11. (월) 21:17.

의 형성으로 해석됩니다.

구분	양악	국악	비고
1단원	•새싹의 노래(4/4) •구슬비(2/4)	•꼭꼭 숨어라(자진모리)	
2단원	•리듬악기 노래(4/4) •소리가 있는 세상(4/4) •비행기(4/4) •나비야(4/4) •아침(3/4) •징글 벨(4/4) •기쁨의 노래(4/4)	•월월이청청(자진모리)	
3단원	•별나라(3/4) •우산(2/4) •매미(3/4)	•꿩꿩 장서방(자진모리)	
4단원	•행복한 우리 가족(6/8) •가을바람(4/4)	•훨훨이(중중모리) (전래동요) •달넘기 •콩 받아라 •참빗 줄게 별나라 •이 거리 저 거리 각 거리	
5단원	•우리 다함께(6/8) •어여쁜 마음(3/4) •소방차 가족(4/4)	•쥐생원(자진모리) •아리랑(세마치)	
6단원	•꿈나라(6/8) •눈(4/4) •설날(4/4)		
친구와 함께 불러요	•퐁당퐁당(2/4) •돌과 물(4/4) •이 빠진 날(4/4) •모두모두 자란다(3/4) •보물(4/4) •종이접기(4/4)	•훨훨이(중중모리)	
계	28곡(72%)	11곡(28%)	

[표 1] 초등학교 '2022 개정 교육과정(2022~)' 제재곡 분석[7]

---

7) 홍종건 외 6인, 음악(3~4학년군) 3, 서울: ㈜와이비엠, 2024. 3. 1. 7쇄발행, 교육부 검정 2017.
9. 8.

무엇을 어떻게 가르칠 것인지에 대한 자신감을 상실한 현장의 선생님들만을 탓할 수 없습니다. 지도 전략 상세화를 위한 연수와 연찬의 자리를 만들어주지 못한 교육행정가들의 잘못이라고 말해야 옳습니다. 전략 없는 명분은 한낱 값싼 감상에 지나지 않기 때문입니다.

실상 다섯: 국악에도 음 이론이 있다

허상을 논의할 때 국악 이론에 대한 이야기를 자세히 하기로 하고, 여기서는 구체적인 내용은 적지 않겠습니다.

5차 교육과정에서부터 '포괄적 음악 개념'이 도입되기 시작했는데, 그것은 음악이라는 학문은 음(소리)의 시간적 예술이라는 본질적 개념에서 출발하려는 데 있습니다.

앞서 우리의 소리를 예시한 바 있는데, 이런 소리가 있는 곳에 으레 음악이 형성된다는 논리입니다. 인도에서 나는 소리도, 아프리카 원주민이 내는 소리도, 인디언들의 소리도 모두 음악이라는 범주에서 이해해야 한다는 논리입니다.

이들 세계에서 잉태되고 생산되고 조합되는 음악에 음악적 바탕을 인정하고 이해하자는 논리는 상당한 설득력을 가지고 있습니다.

모차르트와 베토벤의 클래식 음악에서 그 지평을 넓혀 다른 음악에도 관심을 가져야 하고, 다른 문화권의 음악도 존중해주어야 한다는 사실을 함축하고 있습니다.

소리의 세계에는 음 이론이 자리합니다. 포괄적 음악 개념은 그런 음 이론을 알아야 한다는 전제에서 출발합니다.

두말할 필요 없이 국악은 우리의 민족 음악입니다. 때문에 모차르트나 베토벤의 클래식 음악에 녹아 있는 음악 세상에 개념이 존재하듯이, 이러한 입장에서 국악을 음악적으로 이해하려는 시도가 바로 포괄적 접근법입니다.

포괄적 접근을 시도한 분 중에 성경희(1947~) 박사가 있는데, 성 박사가 주장한 포괄적 접근의 음 이론(기본 개념)에는 이와 같은 의도가 잘 스며 있습니다.

○ 셈여림: 셈여림의 변화는 악곡의 해석을 여러 면에서 할 수 있게 한다.
○ 빠르기: 빠르기는 악곡의 표정을 규정짓는 것으로, 곡마다 성격과 내용을 나타내기 위한 고유의 빠르기가 있다.
○ 리듬: 각 나라의 음악에는 그 나라의 독특한 리듬꼴이 발견된다.
○ 가락: 음정은 가락에 윤곽을 부여한다.
○ 형식: 형식은 흔히 곡이 작곡된 시대와 양식을 반영한다.
○ 화음: heterophony(다성음악)
○ 음색: 각 나라의 고유 악기들은 각각 독특한 음색을 지니고 있다.[8]

이분의 포괄적 개념을 근거로 '취타(만파정식지곡, 萬波停息之曲)'의 음 이론을 추출해보면 다음과 같습니다.[9]

○ 셈여림: 장구 장단에는 셈여림이 있다. 휴지부에서의 북장단의 셈여림이 있다.

---

8)　성경희, 초등학교 음악과 수업방법 개선에 관한 연구, 서울: 한국교육개발원, 1989, 23~29쪽.
9)　박학범, 프로그램화 학습지도를 통한 지각적 감상이 전통음악의 이해에 미치는 효과, 음악교육연구 제10집, 서울: 한국음악교육학회, 196~197쪽.

○ 빠르기: 기악곡이 대체로 느린 것은 선비들의 예약 사상에서 비롯된다. 느린 데서 빠른 순서의 배열이다(진양조 → 자진모리). 음의 시가(時價)는 주자의 예술성에 따라서 결정된다.

○ 리듬: 일정한 길이의 리듬형(rhythm pattern)을 장단이라고 한다. 전통 음악은 대개 일정한 장단에 맞추어 연주한다. 장단은 장구와 북으로 연주한다. 정악곡은 한 박자가 분할되는 리듬(triple rhythm)을 취하는 게 보통이다. 기악곡은 일정한 중심 리듬이 있는 것이 보통이다. 장단은 장식음으로 표현하며 장식음이 있다.

○ 가락: 전통음악의 음계는 율명으로 표시된다. 2음·3음·4음·5음 음계가 있다. 평조와 계면조가 있다. 장식음은 전통음악의 묘미를 느끼게 한다. 농현은 전통음악의 독특한 주법이다.

○ 형식: 도드리 형식, 연음 형식 등이 있다. 기악곡은 몇 개의 장으로 구분되며, 1장단을 1각이라고도 한다.

○ 화음: 음과 가락의 종적 구성

○ 음색: 우리나라의 악기는 60여 종에 이른다. 연주법에 따라 현악기, 관악기, 타악기로 구분되는데 취타는 관현악합주곡이다.

취타는 궁중음악, 즉 정악(正樂)이지만 정악에만 음 이론이 존재하는 것은 아닙니다. 민속악에도 그 이론이 있을까? 전래동요라고 하는 아이들노래에도 있을까? 과연 그럴까?

2. 국악 교육, 그 허상

왕대밭엔 왕대가 나오는 법인데, 유감스럽게도 국악은 그 실상에 버금가는 대접을 받지 못하고 있습니다. 국악은 장족의 발전을 거듭하여 오늘에 이르고 있고, 앞으로도 발전 가능성이 무궁하다는 점은 사실입니다. 하지만 명문가의 예술혼을 머금고 있는 명품으로서의 예술혼을 발휘치 못하고 있습니다. 앞서 지적한 것처럼 교과서에서 국악 제재곡보다 양악 제재곡이 많은 게 현실입니다. 왜 그렇습니까? 그것은 실상에 부응하지 못하는 허상에서 비롯되고 있습니다. 그 허상의 실체는 무엇입니까?

허상 하나: 지식인의 무지

국악 교육은 교과서에서만 이루어져서는 안 됩니다. 위가 맑으면 아래도 맑듯이 속이 좋으면 겉도 좋아야 합니다. 그런데 우리의 면면을 찬찬히 살펴보면 안과 밖이 다르고 겉과 속의 균형이 맞질 않습니다.

이를 국악의 허상(虛像)이라고 지적하고 싶습니다. 국악 교육은 많은 허상을 안고 이리저리 비틀대고 있습니다. 안타까운 현실입니다. 가장 대표적인 것을 국악 교육에 대한 무지(無知)에서 찾을 수 있습니다.

무학자가 무식하다면 그래도 이해가 됩니다. 그러나 지식인이 무지하다면 문제는 큽니다. 더구나 음악 하면 내로라하는 분들이 그럴 경우는 참 심각합니다. 지극히 일부에 지나지 않지만 그분들의 공통점은 양악을 중시하고 국악을 천시한다는 점이며, 문제는 이러한 잘못된 인식에서 비롯된다고 할 수 있습니다.

음악의 사대주의(事大主義)라고 하면 심한 표현인가요? 국악에 대한 양악의 천시, 그리고 국악에 대한 양악의 우월주의는 이 시점에서 경계해야 할 가장 중요한 부분이 아닐까 합니다.

뜬구름 잡는 지적이 아닙니다. 다음 이야기는 그 실례입니다. 국정 음악 교과서를 집필한 한 사람으로서, 교과서 개발에 따른 몇 번의 미팅에 참석한 적이 있습니다. 교육과학기술부(現 교육부)의 음악과 교육과정 편수관, 작곡가, 음악 교육과 교수, 음악 교육 관련 학회장, 그리고 일선 교사들이 모인 모임이었습니다. 그런데 이 자리에서 들은 말은 황당 그 자체였습니다.

지금까지 새로운 교과서를 만들 때마다 국악 때문에 아주 골치가 아프다. 국악 하는 사람들에게 교과서에 실을 것을 내놓으라 하면 내놓지를 못한다. 가르칠 것이 없으니까 내놓지를 못하는 것이 아니냐? 내가 생각하기에도 국악은 가르칠 만한 내용이 없다. 가르칠 것이 뭐가 있느냐?

필자는 이 말을 듣고 깜짝 놀랐습니다. 왜냐하면 이분의 말이 결코 옳은 말이 아니었기 때문입니다. 이분은 얼굴색 한번 바꾸지 않고 국악 교육의 내용과 방법에 무감각한 식견을 그대로 드러내고 있었습니다. 그럼에도 불구하고 그런 기색은 전혀 찾을 수 없었습니다.

아니, 국악에 대한 무지를 당당하게 대변했고 그걸 자랑하듯 의기양양했습니다. 그분은 국악과는 거리가 먼, 양악을 전공한 분이었습니다. 양악이 음악의 중심축으로 음악을 대변하고 있는 이상 구태여 음악 같지도 않은 국악을 알 필요가 없다는 논리였습니다. 그분은 국내 유수의 작곡가 중의 한 분이었습니다. 그분이 작곡한 곡명을 여기에 적으면 대부분의 사람들은 이분이 누구인지 이내 알 수 있습니다(그분의 프라이버시를 위해 이름은 밝히지 않겠습니다). 이 노래의 아름다운 멜로디와 심금을 울리는 가사 때문에 학창 시절 이 노래를 입에 올리지 않은 사람이 거의 없을 정도입니다.

물론 그분은 양악을 전공하신 분입니다. 그렇다고 하더라도 그렇게 일자무식의 소리를 하는 것은 전공한 양악의 권위를 스스로 폄하시킬 뿐이라고 믿고 싶습니다.

그러나 국악은 음악이 아니고 양악만이 음악이라는 편견을 가지고 있으니 어쩔 수 없습니다. 죄는 미워하지만 죄인마저 미워할 수 없듯이 그분에게도 돌을 던질 수는 없는 노릇입니다. 솔로몬의 지적처럼 무릇 슬기로운 자는 지식으로 행하거니와 미련한 자는 자기의 미련한 것을 나타낼 뿐이라(잠언서 13장 16절)는 성서의 가르침을 반추(反芻)해 볼 뿐입니다.

그 이유는 명확합니다. 음악이 어떤 학문인지를 안다면 그렇게 말할 수 없기 때문입니다. 음악이란 무엇인가요? 음악이란 음(소리)에 의한 예술입니다. 더 구체적으로 말하면 음에 의한 소리 예술입니다. 따라서 음, 곧 소리가 있는 곳에는 음악이 존재한다고 할 수 있습니다. 서양음악의 소리 세상에도 소리가 존재하지만, 국악이라고 하는 한민족의 소리 세상에도 음악은 존재한다는 논리입니다. 때문에 서양음악만이 음악이어야 한다는 논리는 부정되어야 합니다.

어찌 이뿐입니까? 서양음악이든 국악이든, 일본음악이든 인도음악이든, 아프리카 원주민의 음악이든 그 어떤 음악이라고 하더라도 소리가 있는 곳에 음악이 존재합니다. 소리가 모이면 음악의 모양이 만들어지고, 리듬이 자연스럽게 발생하며 오르내리는 가락 역시 자연스럽습니다.

하물며 반만년의 역사와 함께 한민족의 사상과 감정과 혼을 뒷받침해온 국악을 음악이 아니라고 주장한다면 이보다 더 큰 잘못이 어디 있겠습니까? 국악 역시 음, 즉 소리의 시간적 예술임을 절절히 깨달아야 합니다.

다만 형태는 다를 수 있습니다. 음빛깔이라고 하는 소리의 색깔이 다를 수 있습니다. 피아노 소리와 바이올린의 소리가 다르듯 가야금과 해금의 소리가 다를 수 있습니다. 아니, 달라야 합니다. 반면에 서양음악에 존재하는 리듬과 리듬꼴은 국악에서는 장단이나 장단꼴이란 모양새로 존재합니다. 서양음악에 음의 흐름결이 존재한다면 국악에는 소리의 장단결이 존재합니다. 아마도 그분은 리듬과 리듬꼴의 실체만 인정할 뿐, 장단이나 장단꼴의 실체는 인정치 못한 잘못을 저지르고만 것입니다. 무식하면 용감하다지요?

필자가 중앙 일간지에 국악 관련 글을 쓴 적이 있습니다. 국악의 음악적인 우수성을 간접적으로 역설한 글이기도 합니다.

10월 27일자 조선일보 10면에 보도된 「동요는 민족 얼 전승 매체」 제

하 기사를 읽고, 일선 교사의 한 사람으로서 시사 받은 바 크다. 외래 문화의 무분별한 수용과 대중문화가 창궐하는 작금의 사조, 민족 문화의 역량이 그 어느 때보다도 요구되는 때에 조상의 숨결이 살아 있고, 꿈과 추억이 서려 있는 동요 부르기 운동은 의미가 중차대하지 않을 수 없다. YMCA의 '민족정기찾기' 운동 기사는 여간 반가운 일이 아닐 수 없었다. 관계자들의 고마움은 한민족의 정신과 혈맥 잇기에 크나큰 지주가 될 것으로 확신한다.

잃었던 나라를 되찾고 나랏말도 되찾았지만 아직까지 찾지 못한 나라 음악인 국악을 제자리에 갖다 놓기 위해서 미력이나마 노력하고 있는 교사 중의 한 사람이다. 우리가 우리의 것을 되찾는 것이 당연한 일임에도 불구하고 그렇지 못한 애석함이 있기 때문이다.

구전동요가 국악과 무슨 관계가 있느냐고 반문하실 분이 계시겠지만, 넓게는 전통문화의 계승과 조상들이 아껴온 음악이라는 점에서, 좁게는 전통음악의 한 분야로서 상통하는 면이 있다해도 크게 잘못됨이 없다고 생각한다. 모두 국악 교육의 필요성을 민족 문화의 계승과 발전이라는 차원에서 긍정적 아량을 베풀지만, 구체적 실천 과정에서 주춤대는 것이 우리의 현실이다.

예를 들면 우리 어린이들은 서양 악기의 혜택은 많이 받고 있지만 우리의 전통 악기인 가야금이나 거문고는 한번 만져보기는커녕 구경조차 못 하고 상급 학교에 진학한다. 이런 현실에 통탄을 금치 못함이 솔직한 고백이다.

서양음악이 물론 과학적, 객관적, 일반적임을 부정치 않는다. 또 사실 우수하다. 그렇다고 우리 음악과 악기를 도외시할 수 있겠는가. 결단코 그럴 수는 없다.

서양음악의 우수한 점과 접목시켜 오늘의 문화로 승화, 재생산하는 지혜와 노력이 필요치 않겠는가.

오히려 우리 국악이 우수한 면도 없지 않다고 본다. 꽹과리 연주가 그저 두들겨대는 것 같지만 사실 그 속에는 심오한 음악적인 리듬이 살아 숨 쉬고 있다.

비단 꽹과리뿐인가. 궁중음악 여민락(與民樂)은 서양음악에서 느낄 수 없는 은은하고 여유 있는 음악적 정감이 있다. 시조 또는 가곡도 그렇다. 거기에는 정확한 박자와 장단이 있고, 서양의 성악가들이 감히 모방조차 못 할 기법이 있다. 어찌 음악적 우수성뿐이겠는가. 한국인의 독특한 선비 의식과 관용과 아량이 숨 쉬고 있으며 깊은 사색이 있다.

도대체 이 지구촌의 어느 민족이 이와 같이 우수한 음악을 또 가지고 있겠는가. 마침 국가적으로는 문화부를 독립시켜 문화 발전 10개년 계획을 세운다니 다행한 일이며, 교육비 특별 회계 또한 마련된다고 하니 벌써부터 가야금 몇 대 살 수 있을 것이라는 기대감 때문에 못내 훈장의 가슴은 설렘만 더한다.

– 1989년 11월 5일 자 조선일보에 기고한 글

허상 둘: 궁악입국(窮樂立國)

문화체육관광부 산하에 국립국악원이 있습니다. 국립국악원은 국악인에게는 생명의 터전이자 어머니의 품입니다. 여기에 가보면 별 희한한 국악기가 많이 있습니다. 소극장을 비롯한 여러 공간에는 가야금을 비롯하여 눈에 익은 악기들이 즐비하게 전시되어 있고, 처음 보는 국악기도 여럿 있습니다. 생전 보지도 못하고 듣지도 못하던 그런 악기들입니다. 소극장에 있는 편종과 편경은 보기 좋게 전시되어 있었습니다. 역시 국악원다웠습니다.

국립국악원이 국악인에게 생명의 터전이라면 학교는 내일의 국악인을 양성하는 배움의 터전입니다. 세 살 버릇 여든까지 간다는 속담이 구구절절 옳은 표현이라면, 반성할 점 또한 적지 않습니다. 국립국악원에서 본 편종이나 편경은 만질 수도 없고 쳐볼 수도 없으니 그림의 떡이었습니다. 명화 감상하듯 물끄러미 쳐다나 볼 뿐, 만져보고 싶고 또 쳐보고 싶은 욕구를 채울 수 없었습니다.

그래도 국립국악원에서 그런 악기를 볼 수 있다는 것만으로도 행운입니다. 그나마 여기를 가보지 못한 사람은 평생 구경 한 번 못 할 수도 있으니까요.

국립국악원에서 본 편종과 편경이 학교에도 있다면 얼마나 좋을까요. 이 악기들은 그렇다 치고 가야금과 거문고, 그리고 해금 등 우리나라 악기가 한 점씩 있다면 또 얼마나 좋을까요.

대부분 오르간은 교실마다 한 대씩 있습니다. 요즈음은 디지털(digital) 피아노가 대세로 굳어지고 있어서, 이제 오르간은 구세대 악기가 되고 말았습니다. 아날로그(analogue) 피아노가 발을 붙이는 시대는 저만큼 가고, 이제는 디지털 피아노가 안방과 교실의 주인 대접을 받고 있습니다. 까짓 디지털 피아노가 늘어나도 좋습니다. 디지털 피아노를 몇 대 살 때 국악기도 사야겠다는 마인드가 있었으면 좋겠고, 실제로 그랬으면 절씨구일 것입니다.

피아노 없는 피아노 학원은 생각할 수 없습니다. 이렇듯 국악기 없는 교실도 생각할 수 없습니다. 그러나 교실에는 국악기가 없다고 말하는 것이 솔직합니다. 그러니까 교실은 바로 궁악(窮樂)의 현장입니다. 다행히 장구가 점점 그 세를 불리고 있고, 학교마다 장구가 필수 국악기처럼 굳어지고 있는 현상은 매우 바람직합니다.

타악기 리듬 연주도 심오한 음악의 세계를 연출합니다. 한국의 사물놀이가 유엔본부(김덕수 사물놀이와 정명훈 오케스트라 협연)에서 그 위세를 떨칠 수 있는 수준까지 이르렀고 세계인들이 경탄했습니다. 국악 타악기 연주는 위대한 리듬의 세계를 연출합니다.

그러나 타악기로만 국악 교육이 된다고 생각하면 큰 오산입니다. 타악 연주가 마치 국악의 전부인 것처럼 굳어지는 경향이 있는데 이를 바로잡아야 합니다. 음악은 타악의 리듬과 함께, 선율감이 따라주어야 균형 잡힌 음악이 됩니다. 선율감 없는 음악은 무미건조할 뿐입니다. 현악기 없는 국악 교육은 빛 잃은 태양과 같습니다.

따라서 선율을 연주할 수 있는 현악기가 보급되어야 합니다. 국악기가 그렇게 궁(窮)해서야 어디 국악 교육이 되겠습니까? 가난은 나라도 못 구한다고 했습니다. 국악이 궁악이 되면 국악의 르네상스는 음악책 속의 그림 잔치로 끝나고 맙니다. 궁악입국은 안 됩니다. 국악입국(國樂立國)이어야 합니다.

허상 셋: 소경들의 잔치

국악기가 없는 이유는 뻔합니다. 세계 무역 10대 교역국인 우리나라의 학교 회계가 국악기 몇 대 못 살 정도는 아닙니다. 인사가 만사인 법인데 국악기가 없다는 것은, 국악기를 구입할 만한 마인드를 가진 인재(人才)가 없다는 것입니다. 현악 국악기가 없다는 것은 현악기를 연주할 만한 인재가 없다는 것입니다.

악기만 궁한 게 아니고 사실은 인재도 궁합니다. 국악의 르네상스는 국악기를 연주할 수 있는 인재를 키우는 데서 비롯되어야 합니다. 인재는 가장 큰 재화(財貨)입니다. 중국은 유능한 인재 몇 사람으로 인해 12억 9천만 명이나 되는 사람을 먹여 살린다고 합니다. 일당 백이고 일당 천이며 일당 억 이상이 될 수 있습니다. 그만큼 인재는 중요합니다. 한때 교육부의 명칭을 교육인적자원부라고 한 까닭은 무엇입니까. 중등교사 자격증을 가진 교사 지망생 중에서 국악의 현악기를 전공한 인재를 과감히 초등학교 국악 전담 교사로 배치했으면 좋겠다는 생각을 하곤 했는데 한국문화예술교육진흥원(arte)에서 이들을 각급 학교에 파견(사업명 '학교예술강사지원')[10]해서 국악수업을 돕고 있으니 퍽 다행스런 현상이 아닐 수 없습니다.

또한 농·산·어촌 등 문화소외 지역 학생들을 위한 '예술꽃 씨앗학교 지원' 사업 역시 같은 맥락으로 이해할 수 있습니다.

그러나 더 좋은 방법은 현장 교사들을 대상으로 국악기 연수를 실시하는 겁니다. 중등 교원들은 복수 전공 제도가 있어서 전공 과목 외에 부전공 과목을 두어 연수를 시키고 자격증을 부여합니다. 그처럼 초등 교원들도 국악에 대해서만은 복수 전공 방안을 고려할 필요가 있습니다.

안 된다고 하지 말고 할 수 있는 방안을 찾아야 합니다. 구호는 정신적인 상승 효과가 있을 뿐, 그것으로만 그쳐서는 소용이 없습니다. 이는 빛깔만 멋진 개살구에 불과합니다. 가능성을 찾아 실천해야 합니다. 한국 사람이 국악기 타지 못하면 누가 타란 말이냐고 강변하면서

---

10) 2005년 12월, 문화예술교육지원법 제정에 의한 예술현장과 공교육 연계, 분야별 전문 인력의 초·중·고등학교 방문 교육을 통해 학생들의 문화적 감수성 및 인성·창의력을 향상시키고 학교문화예술교육 활성화에 기여하려는 목적으로 운영. 인천 지역의 경우 80여 명(2024년 예산 12억 원 내외)의 국악 전공자들이 학교 현장에 파견되어 국악수업 지도에 임함.

필수 연수 과정을 설치하여야 합니다. 1인 1국악기 기능장 제도를 수립해서 이 과정을 통과하는 교사라야 교단에 설 수 있다는 정책 등은 바람직한 국악 진흥책이라고 생각합니다.

그러면 교실은 국악기가 살아 있는 현장이 됩니다. 여기저기서 국악기가 울리는 학교, 그런 학교는 좋은 학교입니다. 학교를 국악의 울림통으로 만들었으면 좋겠습니다. 그렇게 되는 날 국악의 르네상스는 책속이 아닌 학생들의 마음과 손에서 꽃이 만개할 것입니다.

1997년에 있었던 일은 가슴 아픈 일이었습니다. 어느 대학에서 국악 직무 연수 60시간을 개설한 적이 있습니다. 그러나 연수를 희망하는 교사들이 적어 자진 폐강되었고, 한번 폐강된 국악 연수는 더 이상 회복되질 않았습니다.

개설된 국악 강좌에 연수생이 미달된 것 자체가 가슴 아픈 일이지만, 폐강된 후에 개설의 기미를 보이지 않는 대학의 처사는 더 큰 실망입니다. 그러나 대학을 탓할 수는 없습니다. 우리의 근본이 그러니 대학인들 어쩌겠습니까.

과학과의 재교육 시스템은 잘되어 있습니다. 국악 교육하는 사람에게는 부럽기까지 합니다. 기본 교재 교구 확보율을 제시하여 강제적으로 확보하게 한다거나, 게다가 예산까지 지원해주고, 지역 교육지원청 단위로 사전 선도 실험을 실시하고, 5년 내지 6년 주기로 과학과 실험 연수를 기반으로 하여 의무적으로 직무 연수를 받게 하고….

과학입국(科學立國)도 중요하지만 국악입국은 더 중요합니다. 빈들의 마른 풀처럼 말라비틀어져가는 아이들의 인성, 과잉보호에서 비롯되는 핵가족의 역기능, 거기서 오는 이기심과 자기중심적이고 독단적인 사고, 황금만능과 한탕주의가 가져오는 모방 충동 심리 만연, 국가 부도 사태와 경제 사정 악화에서 비롯된 실직 가정의 증가 등등.

이럴 때야말로 문화예술교육에 중점을 두어야 하고, 특히 음악 교육을 활성화하여 마음을 살찌워주어야 합니다. 돈을 잃으면 조금 잃는 것이요 명예를 잃으면 많이 잃는 것이지만, 인성이 비뚤어지면 모두 잃는 것입니다. 교실 현장은 인성 교육의 못자리입니다. 음악을 통해 안정된 정서를 살찌워 음악의 아름다움(음악미)을 구가하고 느낄 수 있도록, 국악의 못자리 교육을 강화해야 합니다.

허상 넷: 다양성의 빈곤

국악 교육의 허상이 또 하나 있습니다. 현직 교사들을 상대로 한 국악 연수의 내용이 그렇습니다. 어느 강좌를 가도 장구 치기와 단소 연습 일색입니다. 이들 강좌의 내용 선정에 불만이 있는 것은 아닙니다.

생각해 보면, 국악 하면 장구가 연상될 정도로 장구 장단 익히기는 매우 중요합니다. 국악의 생명은 장단에 있다고 할 수 있기 때문입니다. 단소도 마찬가지입니다. 단소 악기는 구입이 쉽습니다. 가격에 부담이 적기 때문입니다(경제성). 저렴한 가격은 단소 인구의 저변 확대를 꾀할 수 있습니다(대중성). 가장 큰 강점은 국악의 음정과 가락을 익히기 쉽고, 국악의 율명을 배우기에 이만한 악기가 없습니다. 본인의 의지만 있으면 특별한 레슨(레슨비)이 없이도 기능 연마가 가능하다는 장점도 있습니다(용이성). 그리고 소지가 간편한 것도 단소의 자랑입니다. 어디든지 가지고 다닐 수 있습니다(간편성).

그러나 연수의 내용이 천편일률적으로 장구 장단과 단소 익히기여서는 곤란합니다. 가야금과 거문고도 배울 수 있는 길을 열어야 합니다. 한 줄 악기 해금도 마찬가지입니다. 가격의 경쟁력을 낮추어 많은 사람들이 소지할 수 있도록 해야 합니다. 편종이나 편경을 배운다는 것은 우물에서 숭늉을 구하는 것과 같습니다. 편종과 편경 연주는 국립국악원의 정악 연주단만 가능한가요? 단소만 플라스틱으로 제작할 것이 아니라 편종과 편경도 대용 악기를 만들어서 교육용으로 보급해야 합니다.

두말할 필요 없이 학교는 문화 교육의 못자리입니다. 교실의 음악 시간에 국악 교육이 살면 우리의 소중한 문화 정책의 반은 이미 성공한 것이나 다름없습니다. 다행히 문화체육관광부 산하에 한국문화예술교육진흥원이 있는데 이곳에서 실시하고 있는 문화예술 지원 정책은 성공적인 실효를 거두고 있음은 앞의 지적과 같습니다.

특히 국악대학 졸업(예정)자나 국악 관련 전문 직종의 인재를 중용하여 학교 국악 교육을 지원하는 인재 지원 시스템은 매우 바람직한 정책 중의 하나입니다. 이들이 학교 음악 시간에 투입됨으로써 거두고 있는 효과가 만점 수준이기 때문입니다. 현장 교사들의 가려운 부분을 시원하게 긁어주고 있으니 이 사업은 소중한 정책 중의 하나임이 틀림없습니다. 욕심이 있다면 여기에 머물지 말고 더 합리적인 방안을 끊임없이 적용하여 학교 음악 교육, 특히 국악 교육의 마중물 역할에 분발해줄 것을 기대합니다.

허상 다섯: 어려운 이론

가장 중요한 것이 있습니다. 그것은 국악 이론 교육 쪽이 아닐까 싶습니다. 국악 교육의 이론은 보편적으로 어렵다고 합니다. 따라서 국악 교육 이론을 알기 쉽고 이해하기 쉽게 풀어주는 노력이 절실합니다. 앞서 설명한 포괄적 음악 개념을 되풀이하지는 않겠습니다.

국악 교육의 음 이론은 정악과 민속악에만 있는 것이 아닙니다. 전래동요의 경우도 그렇습니다. 여기에도 음 이론이 존재합니다. 우리는 전래동요의 이론을 꾸준히 정립해야 하고, 그 이론을 뒷받침할 만한 교수 자료와 학습 자료가 개발되어야 합니다. 노래만 가르치면 그것은 소리꾼의 몫이지, 교사의 몫은 아닙니다.

교사는 음악 교육을 하는 교육자입니다. 국악 교육자는 소리의 원리를 탐색하고 소리 속에 내재된 음악적 소재를 찾아 분석합니다. 전래동요의 구성음은 수가 적고 가락은 단순하지만 음악의 한 갈래임은 분명합니다. 음악인 이상 이 속에 음악적 재료가 들어 있습니다. 전래동요에는 음악의 단순성이 살아 있습니다. 그래서 어린아이들의 수준에 적합한 음악이고, 그 속에 스며 있는 단순한 음악의 원리 또한 어린아이들의 능력과 잘 맞아떨어진다고 할 수 있습니다.

더 중요한 것이 있습니다. 국악이 서양음악에 천시받듯이 전래동요가 국악 교육에서 천시받고 있지는 않은지 고민해야 합니다. 전래동요는 국악 교육의 모태요, 한국음악의 뿌리라는 사실을 인식해야 합니다. 인식한다는 것, 매우 중요합니다. 인식하면 국악 교육의 내일이 보이지만 인식하지 못하면 국악 교육의 내일은 요원하기 때문입니다. 이것은 마치 다이아몬드인 줄도 모르고 공기놀이를 하는 저 아프리카 시에라리온의 어린이들과 같다고 할 수 있으니까요.

우리 소리의 뿌리인 전래동요는 엄마와 아가가 주고받는 노래에서부터 시작합니다. 엄마와 아가의 노래는 태생적 음악의 실체입니다. 그 엄마가 부르는 노래와 아가가 부르는 노래는 하루아침에 만들어진 노래가 아닙니다. 오랜 세월이 흐르는 동안 구전되어 전해 내려온 생활방식과 사고방식의 총화입니다. 요람에서 시작된 음악의 정서는 어른이 되어서도 그대로 이어지는 지속성이 있습니다. 본태성 음악이라고 하면 좋을 듯합니다. 이렇기 때문에 전래동요는 한국 성악의 원형이라고 해도 지나침이 없습니다.

그런데 우리는 전래동요의 음악적 실체를 도외시하는 그릇된 습성이 있습니다. 서양음악을 가르칠 때 도입되는 기본 개념에 대한 지도는 전래동요에서도 그대로 적용되어야 합니다. 왜냐하면 여기에는 음악적 기본 개념이 한껏 들어 있기 때문입니다.

서양음악을 가르칠 때 어떻게 했습니까? 노래(제재곡)가 선정되면 우선 몇 분음 몇 박자인지를 묻고 보충 설명을 위해 사과, 막대 따위를 그려가면서 박의 개념을 가르쳤습니다. 박자에 따른 리듬 치기도 정해진 메뉴였습니다. 그 리듬감을 틀리지 않게 하려고 칠판이 뚫어져라 박자를 쳤습니다. 리듬 이어 치기도 했습니다. 율명(계명)을 못 외울 때는 손바닥을 때려서라도 외우게 했습니다. 이때 외운 율명은 일평생 서양음악의 음정을 이해하는 데 큰 도움을 주게 됩니다. 이런 과정을 몇 번만 거치면 아이들에게는 어느새 양악의 기본 개념의 기초가 형성되고, 이것은 곧 음악 이론으로 자리 잡았습니다. 이것이 바로 양악의 못자리 교육이었습니다.

국악의 원형인 전래동요에 대해서도 역시 이런 노력을 해야 합니다. 노래도 해야 하지만, 국악의 기본적인 이론의 틀을 가르쳐야 합니다. 국악이 흥미 없고 가르칠 것이 없다고 하는 분들의 공통점이 있는데, 그것은 노래 몇 번 들려주고 불러보고 다 가르쳤다고 하는 것입니다. 아니, 가르칠 것이 없다고 항변하기도 합니다. 그러나 그건 위험천만입니다. 아주 잘못된 발상입니다. 아이들이 어리고 전래동요가 단순하다고 하더라도, 전래동요 안에 들어 있는 음악적 소재(재료)는 얼마든지 있습니다. 이것을 찾아 이론이라는 이름으로 정리하고 체계화해야 합니다.

　[악보 3] '까치야 까치야'는 우리가 어렸을 적에 불렀던 친근한 노래입니다(채보: 박학범). 이 노래를 지도하기 위해서는 기본적으로 해야 할 과정이 있습니다. 정간보를 만드는 일입니다. 정간보는 음의 길이를 나타낸 리듬 악보입니다. 양악의 음표를 설명할 때 이런 방법을 곧잘 썼습니다. 즉, 사과의 한 개는 4분음표, 사과 반쪽은 8분음표 등으로 그리던 수고를 정간보에도 적용해야 됩니다.

　그런 다음 정간보의 칸 안에 장구 장단을 그려 넣습니다. 장구 장단은 국악 이론 중의 이론이므로 꼭 그려 넣어야 하는데, 합장단, 채편과 북편의 표시는 융통성을 발휘하여 처음에는 단순하게, 나중에는 복잡하게 학습을 이끕니다. 학년이 올라갈수록 복잡한 표기법을 쓸 수 있습니다.

[악보 3] 까치야 까치야

창: 박국환 옹

채보: 박학범

(단모리장단)

까치야 까치야　헌 이 줄게　새 이 다 오

(장구)	①		①		○	｜	○	
(구음)	덩		덩		쿵	따	쿵	
(가사)	까	치	야	–	까	치	야	–
(계명)	미	라	라	–	라	라	솔	–
(율명)	태	임	임	–	임	임	중	–

　양악은 손뼉이나 악기를 이용하여 리듬이나 박자감을 익히게 되는데 국악에서는 구음을 활용하면 더 실감 납니다. 구음을 익히는 동안

리듬감과 장단감이 생기게 됩니다. 구음 학습도 실시하고 장구 장단의 기호 이름이나 기능을 가르칩니다.

나아가 장구를 이용하여 실제 장단 치기를 합니다. 장단 치기는 참 재미있다는 것을 느낄 것입니다. 그러나 변형 장단을 칠 때는 만만치 않다는 것을 알고 기초 연습을 게을리하지 않아야 합니다. 장구 치기 학습은 왼손과 오른손에 의한 소리가 자연스럽게, 리드미컬하게 이어지는 손기술을 요구합니다. 처음에는 아주 천천히 연습하다가 점점 빠르기를 달리하는 반복 연습이 필요합니다.

마지막으로 율명 학습을 합니다. 율명은 국악의 음정감을 기르기에 절대적이므로, 교수-학습 과정 속에 반영되는 것이 좋습니다. 율명 외우기도 중요한데 국악의 음정과 음감을 익히기에 둘도 없는 방법입니다. 율명은 단소의 율명으로 하는 것이 좋습니다. 악보의 음과 단소의 음이 정확하게 대응되는 것은 아니지만, 조옮김의 관점에서 이해하면 큰 무리는 없습니다.

단소의 율명은 단소에 대한 두려움을 해소하고 단소를 불 때 많은 도움이 되기도 하는데, 선수 학습의 효과가 있습니다. 단소 율명은 양악의 계명으로 배우는 것이 좋은데, 세계 공통어인 계명 곧 율명을 함께 익히는 것이 좋습니다.

이상의 학습은 어느 곡이든 기초 기능 단계에서 필수적으로 들어가야 할 요소입니다. 몇 곡만 하면 아이들은 금방 따라옵니다. 이런 아이라면 국악 이론의 틀은 반절 성공한 셈입니다.

다음으로 가락을 유의해서 보아야 합니다. 우선 구성음이 몇 개인지 파악해야 합니다. 태(汰, 미), 중(沖, 솔), 임(淋, 라)의 3음을 이해합니다. 가장 낮은 음은 '태' 음이고, 가장 높은 음은 '임' 음이라는 점도 지적하면 분석적이어서 좋습니다.

다음은 시작하는 음과 끝나는 음을 공부합니다. 시작하는 음은 '태' 음이고 끝나는 음은 '중' 음이라는 사실을 숙지합니다. 양악의 종지음은 '도' 음으로 끝난다는 사실과 비교해서 설명해보는 것도 국악 이론을 이해하는 디딤돌입니다. 국악을 이해할 때 종지음을 이해한다는 것은 국악 이론 중의 이론을 섭렵했다고 할 수 있을 만큼 중요한 요소입니다.

[악보 4] 라이온은 겁쟁이래요

라 이 온 은   겁 쟁 이 래 요

[악보 5] 남생아 놀아라

남   생 아 놀 아   라   촐 래 촐 래 가 잘 논 다

'라이온은 겁쟁이래요' 노래(채보: 박학범)의 종지음은 '레' 음이고 반면에 '남생아 놀아라'의 종지음은 '라' 음입니다. 이렇게 종지음끼리 비교해보는 방법도 좋은 학습법입니다. 이런 학습을 통해서 국악의 종지음은 여러 갈래가 있음을 알고, 항상 '도' 음으로만 끝나야 끝나는 느낌이 드는 양악과 비교할 수 있다면 그 수업은 성공했다고 할 수 있습니다.

'남생아 놀아라'는 전라도 지방에서 구전되어온 노래입니다. '남생이'는 시냇가 강에서 서식하는 '자라'라는 동물입니다. 자라의 머리는 남성의 상징으로, 남아 선호 사상에서 비롯된 노래이기도 합니다. 어른들이 남생이는 존귀하게 여기니까 아이들도 남생이와 놀기를 주저하지 않습니다. 왜냐하면 아들 출산의 기쁨을 아는 어른들이, 자라와 함께 노는 것으로 대리 만족을 얻기 때문입니다.

이 노래의 다른 특징은 '미' 음을 떨어주는 데 있습니다. 이 음을 떨어주는 것은 어떻게 이해해야 할까요? 저는 이렇게 생각합니다. 음의 중요성 때문입니다. 흔히 반가운 사람을 만나면 손을 흔들기도 하고 소리를 질러 반가움을 표시합니다. 또 기쁜 일이 생기면 박수를 치거나 즐거운 비명을 지르기도 합니다. 반갑고 즐거운 일이 있으니 가만히 있을 수 없습니다. 반가운 표시를 해야 합니다. '미' 음을 떠는 것은 바로 이와 같은 맥락일 수 있습니다. 다른 해석도 가능합니다. 가슴에 맺힌 응어리를 이 음에서 푸는 것입니다. 쌓이고 맺힌 한(恨)을 노래에 얹습니다. 원통한 심정을 얹기도 하고 억울함도 노래에 싣습니다. 원통함을 노래하려고 하니 설움이 복받쳐 가만히 있을 수 없습니다. 하소연을 읍소(泣訴)합니다. 울면서 간절히 호소합니다. 복받치는 감정을 중심음에 풀다 보니 강렬히 떠는 것입니다.

또 다른 해석도 가능합니다. 잘못된 일을 뉘우치고 싶을 때의 감정이 있습니다. 뉘우침의 눈물을 흘립니다. 마음 깊은 데서 나오는 반성은 어깨를 추스를 수 없을 정도로 흐느끼게 합니다. 이 흐느낌이 노래의 근음에서 떨리는 것입니다.

'남생아 놀아라'에서의 근음은 어떤 의미로 해석하면 좋을까요. 아니, 전래동요에서의 근음을 어떤 이론으로 설명하는 것이 바람직할까요. 즐거워서 떠는 건가요, 아니면 한이 맺혀서 떠는 건가요. 즐겁게 놀이하면서 부르는 놀이이므로 한 맺힌 소리는 아닐 것입니다. 친구와 놀면서 신나서 부르는 소리입니다. 아이들에게 그런 배경을 설명해주면 더 신이 나서 근음을 떨 것입니다.

이번에는 5음 음계에 대해 이론의 근본을 살펴보겠습니다. 5음 곡은 양악에도 있습니다. '반달'도 5음으로 된 노래입니다. '놀라운 은총(Amazing Grace)'도 그렇습니다. 같은 5음의 음계를 가진 노래지만 이 노래를 국악이라고 보지 않습니다. 왜 그럴까요. 국악적 요소가 없기 때문입니다. 그 이유는 차차 밝힐 것입니다.

아무튼 양악에서 시도했던 학습의 과정을 국악에서도 적용한다면, 국악 이론 교육은 절반 이상 성공한 셈입니다.

허상 여섯: 이해하기 어려운 용어

국악의 이론은 양악의 악전(樂典)처럼 이해하기 쉽고 분명하게 정리할 필요가 있습니다. 용어를 현대화하고 알기 쉽게 풀어 써야 합니다. 국악 용어 중에는 순수한 우리말이 적지 않습니다. 현악합주를 줄풍류라 하고 관악합주를 대풍류라 하며, 빨리 친다는 뜻으로 '잦다'에서 비롯된 자진모리, 자진한잎 등이 그 한 예인데 모두 순수한 우리말입니다. 이런 용어에 대해 설명해주면 쉽게 이해됩니다.

문제는 한자 용어입니다. 한자 용어는 친절하게 풀이해 설명하고, 가급적 한글 용어로 바꾸어주는 노력을 해야 합니다. 자신의 이름 하나 간신히 쓸 줄 아는 자들이 바로 이즈음 사람, 신세대들입니다. '컴맹'이란 말이 한때 유행했던 때가 있습니다. 컴퓨터에 숙달되지 않은 '컴맹'들은 컴퓨터에 대한 두려움으로 가득 찬 사람들입니다. 558돌 한글날을 맞아 한글학회에서 컴퓨터 용어를 다음과 바꾸자는 제안을 했습니다. 인터넷은 누리그물, 홈페이지는 누리집, 이메일은 전자우편, 아이

디는 누리이름, 패스워드는 열쇠글, 로그인은 들어가기 등.

국악의 용어에도 이런 노력이 필요합니다. 평조(平調)와 계면조(界面調)만 해도 그렇습니다. 신세대들이 이해하기 쉽도록 비슷한 말로 바꾸어줄 수 있다면 그렇게 하는 것이 바람직합니다. 양악의 장조와 단조처럼 말입니다. 산조(散調)만 해도 그렇습니다. 기악 독주라고 하면 이해가 쉽습니다. 고정관념의 틀을 바꾼다는 것이 쉽지 않지만, 이해를 도울 수 있다면 그렇게 하는 것이 필요합니다.

이런 예가 아주 없는 것은 아닙니다. 국악 용어는 아니지만 이홍수는 리듬을 흐름결로 바꾼 예가 있고, 필자의 현장 논문에서는 리듬꼴 대신에 '장단꼴'이란 용어를 사용하기도 했습니다. 또 백병동(1936~)은 장식음을 '앞꾸밈음'으로, 부호를 '뒤꾸밈음'으로 불러서 신세대들의 이해를 도왔습니다.[11] 장단의 흐름을 '장단결'이라 하고, '삼분손익법' 같은 용어는 '⅓ 더하기 빼기 원리'라고 풀어써도 이해하는 데 아무런 지장이 없습니다. 오히려 한자 문맹의 신세대들이 이해하는데 더 합당하다고 봅니다. 어떻든 국악 용어의 현대적 적용은 모색의 여지가 많습니다. 처음에는 서먹할 것이나 차츰 일반화될 것입니다.

실상과 허상은 병존합니다. 실상 없는 허상 없고, 허상 없는 실상은 없습니다. 지혜로운 개인이나 공동체는 허상을 줄이려고 노력합니다. 그리고 소망 중에 즐거워합니다. 국악 교육의 허상은 곧 기회일 수 있습니다. 기회를 포착하는 개인이나 공동체는 내일에 대한 희망이 있습니다. 국악 교육의 허상을 실상으로 바꾸는 인내와 노력이 화두가 되면, 국악 교육은 천군만마(千軍萬馬)를 얻은 것이나 다름없습니다.

---

11) 백병동, 개정대학음악이론, 서울: 현대음악출판사, 2004, 303쪽.

3. 계기

    양악의 텃밭에서 자란 탓에 국악은 음악이 아닌 줄 알았습니다. 아침이면 해가 뜨고 저녁이면 해가 지는 것처럼 국악이라는 갈래가 흔히 있는 것으로 생각했습니다. 깊은 착각의 늪에서 살았습니다. 국악은 '니나노' 세상의 노래였고, 무당들이 경이나 굿을 할 때 부르는 몹쓸 소리였으며, 논이나 밭에서 일을 하면서 심심풀이로 불렀던, 말하자면 무식한 사람이 하고 무당이 하고 일꾼들이나 부르는 그런 노래였습니다. 말하자면 국악의 문맹자였습니다. 문맹자의 눈을 뜨게 한 것은 현장 연구였습니다. 음악에 대한 평소의 관심이 국악을 만나게 되는 접점이 되었습니다.

계기 1: 장단꼴 학습 전략

    1978년 3월 1일 자 초임지는 강화의 교동초등학교였습니다. 발령 소식을 들으니 교단에 선다는 설렘으로 가득했습니다. 강화에 섬이 많다는 것은 알았지만 '동(洞)' 자가 붙어 있으니 읍내 어느 학교려니 했습니다. 그러나 섬이었습니다. 여객선에서 내려 경운기를 타고 찾아간 학교, 그 학교에서 '일인일연구'라는 걸 알게 되었습니다. 선배 선생님들의 조언은 많은 자극이 되었고 덕분에 교사로서의 전문성 신장의 견인차가 되었습니다.

논문은 전혀 다른 또 하나의 학습의 대상이었습니다. 논리 학습은 머리를 피곤하게 했지만, 회를 거듭할수록 소득은 커져만 갔습니다.

논리 학습의 여정은 1989년 10월에 결실을 가져다주었습니다. 인천시 대회에서 1등급으로 선정되었을 뿐 아니라 전국 대회에 나갈 수 있는 자격도 획득했습니다. 기쁨도 잠시, 뒤통수를 얻어맞은 것 같은 사건이 있었습니다.

전국 대회 출품 10여 일 전에 지도교수로부터 전화가 왔습니다. 논문 지도를 받으러 오지 않는다고 걱정을 하셨습니다. 하지만 내 생각은 달랐습니다. 하위 등급만 계속 받다가 1등급을 받았으니 부러울 게 없었습니다. 게다가 전국 대회까지 간다고 하니까 그 기쁨에 그만 도취되고 말았던 것입니다. 그러나 그분의 안목은 달랐습니다. 전국 대회에 나가는 사람은 개인이 아닌 인천의 대표라는 말씀이었습니다. 공인 자격을 가진 신분상의 수직 상승을 가르쳐주셨고 이 말씀은 잠자는 필자를 깨웠습니다. 안이한 자신을 질타하면서 한달음에 달려가 지도받기에 혼신을 다했습니다. 그리고 밤을 낮 삼아 수정을 거듭했습니다.

결과를 기다리던 중 푸른 초장과 잔잔한 시냇가를 헤엄치는 꿈을 꾸었습니다. 예감이 참 좋았습니다. 결과는 전국 대회 1등급, '푸른기장'이었습니다. 그분의 가르침은 컸습니다. 한평생 사는 동안 두고두고 기억의 저편에서 생생하게 살아 움직일 것입니다. 값진 경험을 주신 교수님! 감사합니다.

주제는 「장단꼴 짝짓기를 통한 단계적 신체 표현이 전통음악의 이해에 미치는 효과」였습니다. 중모리, 중중모리, 자진모리, 휘모리, 단모리, 굿거리, 세마치 등의 장단을 분석하여 부분별 장단의 형태를 '장단꼴'로 보고, 이것에 대한 교수-학습 전략을 수립하여 실천한 것이 심사위원들로부터 높은 점수를 받은 것입니다. 이런저런 참고 문헌을 읽고 또 읽고 여러 편의 선행연구물을 뒤적이고 또 뒤적이면서 많은 것을 얻었지만, 그 영광보다는 국악 이론을 추수한 기쁨이 더 컸다고 해야 할 것입니다. 이 논문으로 '장단꼴'이란 용어가 양악의 '리듬꼴'에 필적할 만한 국악 교육 용어로 자리매김하였습니다(각주 39 참조).

계기 2: 프로그램화 감상 학습 전략

1991년 10월 어느 날 새벽에 꾼 꿈도 잊히질 않습니다. 노란 색깔 원 모양의 변을 누었습니다. 금 색깔의 원 모양이라! 금메달이라는 직감이 들었습니다. 그리고는 이번에도 전국 현장 연구 대회에 제출한 논문이 1등일 것이라는 예감이 들었습니다. 그 예감은 적중했습니다. 두 번째 '푸른기장'이었습니다.

6학년 음악의 감상 교재인 '취타'를, 지각적 감상이라는 이론에 얹어 프로그램화 학습 방법을 적용한 것이 인정을 받은 것입니다. 주제는 「프로그램화 학습을 통한 지각적(知覺的) 감상이 전통음악의 이해에 미치는 효과」였습니다. 조성보 님의 석사 논문인 「국악 감상 프로그래밍」에서 취타의 음악적 배경과 이론을 공부했습니다. 이 이론을 바탕으로 감상 요소를 찾았습니다. 최시원 교수의 「프로그램화 학습법」은 감상의 논리와 잘 맞았습니다.

한국교원단체총연합회의 문헌실에서 선행연구를 분석하고, 국립국악원 도서실에서 취타의 오선보를 찾았을 때 적잖게 놀랐습니다. 정간보의 취타를 보다가 오선보의 취타를 보니 눈이 번쩍 커졌습니다. 애인을 만난 반가움이라고 할까.

국립국악원 학예 연구사님의 조언은 이해를 새롭게 했습니다. 국회도서관에서 김기수, 장사훈, 한만영 님의 저서를 읽고 많은 것을 배웠고, 경인교육대학교에서 빌린 송방송(1942~2021) 님의 저서를 통해 한국음악의 개념을 새롭게 익힐 수 있었습니다.

계기 3: 특별연구교사

1998년 당시 교육부에서 '특별연구교사제' 시행 계획을 발표했습니다. 「인천 지방 무형문화재 3호의 음악 교육적 활용 방안(나나니타령을 중심으로)」을 주제로 계획서를 제출하였습니다. 평소 토속 민요의 지역화 방법을 연구해보고 싶었던 차여서, 이번 기회에 고삐를 당기기로 하였습니다.

음악 교과서는 전국 단위의 배움책이어서, 특정한 지역의 음악적 소재를 담을 수 없다는 한계가 있습니다. 그래서 지역화의 필요성이 대두되었고, 현장 교사들에 의해 지역 민요를 찾아 교육과정에 도입하는 일은 소중한 책무라는 것 역시 저의 소신이기도 했습니다.

'나나니타령'은 인천 지방의 부녀자들에 의해서 불리던 노래였습니다. 인천시에서는 무형문화재로 지정된 나나니타령의 기능 전수자들을 보호하고, 이 민요가 사라지지 않도록 기능자를 우대하고 전수자를 육성했습니다.

기능 보유자와 전수자의 노래를 녹음하고 채보하여 아이들에게 가르쳤습니다. 그들을 초빙하여 직접 노래를 들려주기도 했습니다.

인천광역시교육청의 특별연구교사 논문 심사에서 1등급의 영광이 주어졌습니다. 인천 고장 민요의 음악 교육적 지역화 방안의 가능성을 인정받은 셈입니다. 내 고장 토속 민요를 찾아 음악적 특성과 음악 개념을 추출하고, 지도 방법을 제시했다는 점에서 자부심을 갖습니다.

계기 4: 김영운 교수

1999년, 국립국악원에서 국악 강좌를 수강했습니다. 당시 한국정신 문화원의 한국학 정신 센터 소장이셨던 김영운(1954~) 교수(現 국립국악원장)의 '국악통론' 강의는 감명 깊었습니다. 스펀지에 스머드는 물처럼 이분의 강의가 귀에 쏙쏙 들어왔습니다. 국악의 궁금증이 일시에 해소되는 것 같았습니다.

듣기에 쉽고 이해하기 쉬우니 어떻게 시간이 흘렀는지 몰랐습니다. 시어머니 떡도 싸야 사서 먹는다는 말이 있습니다. 국악이 즐겁고 재미있고 쉬우면 배우기 또한 쉽습니다. 음악적 예술성이 뛰어나도 해법이 어려우면 소용없습니다. 국악을 가르쳐야 한다는 명분도, 높은 음악적 예술성도 어려우면 반감됩니다. 우선 설명이 쉬워야 합니다. 재미있어야 합니다. 그래야 배우고 싶고 알고 싶고 귀에 쏙쏙 들어옵니다.

김 교수님은 그렇게 하셨습니다. 참 쉽게 가르쳐주셨습니다. 그렇게 어려운 국악 이론을 풀어놓으니까 손에 잡히는 것이 많았습니다. 현장 연구를 하면서 도대체 알 수 없었던 이론들이 이 연수에서 풀어졌습니다. 대단한 음악성과 해박한 지식, 그리고 좌중을 압도하는 자신감!

이런저런 연수에서 가끔 강의 요청을 받을 때가 있습니다. 그때마다 김 교수의 강의 방식을 접목하려고 노력하는데, 그런 이유에서입니다.

특히 이분에게서 받은 진한 감동이 있습니다. 컴퓨터 워드프로세서 아래아한글의 한자 자판에 율명(律名)의 한자를 삽입한 점입니다. 이분의 노력이 없었더라면 율명의 한자 표기 때문에 적잖은 애로를 겪었을 것입니다.

본서에서 사용된 율명 역시 그분의 손때가 묻은 한자들임을 밝혀둡니다. 국악은 대중성, 합리성, 실용성, 용이성에서 양악과 대등한 관계를 정립해야 하는데 이런 면에서 한 발짝 다가섰다고 생각합니다. 그럴 때만이 국악은 민족 앞에 성큼 다가설 것입니다.

계기 5: 궁금증

현장 연구와 특별 연구 교사로서의 연구 영역은 국악적 소재였습니다. 연구 활동을 하면서 귀중한 결론 하나를 얻었습니다. 그것은 국악에 대한 궁금증을 어느 정도 깨달았다는 것이었습니다. 궁금증은 호기심으로 이어졌습니다. 양악과 국악을 비교해보고 싶었습니다.

단적인 예 하나를 들어보겠습니다. 국악의 5음 노래와 양악의 5음 노래를 비교해보고 싶었습니다. 특히 국악의 '중(仲), 임(林), 무(無), 황(黃), 태(汰)'의 5음과 같은 음 조직을 가진 양악의 노래와 비교해보았습니다. 분명히 특별한 이유가 있을 것 같았습니다. 같은 5음 구조의 노래임에도 불구하고, 국악 성악곡과 양악 성악곡의 느낌이 다른 이유에 대한 호기심 때문이었습니다.

[악보 6] Amazing Grace

흑인 영가

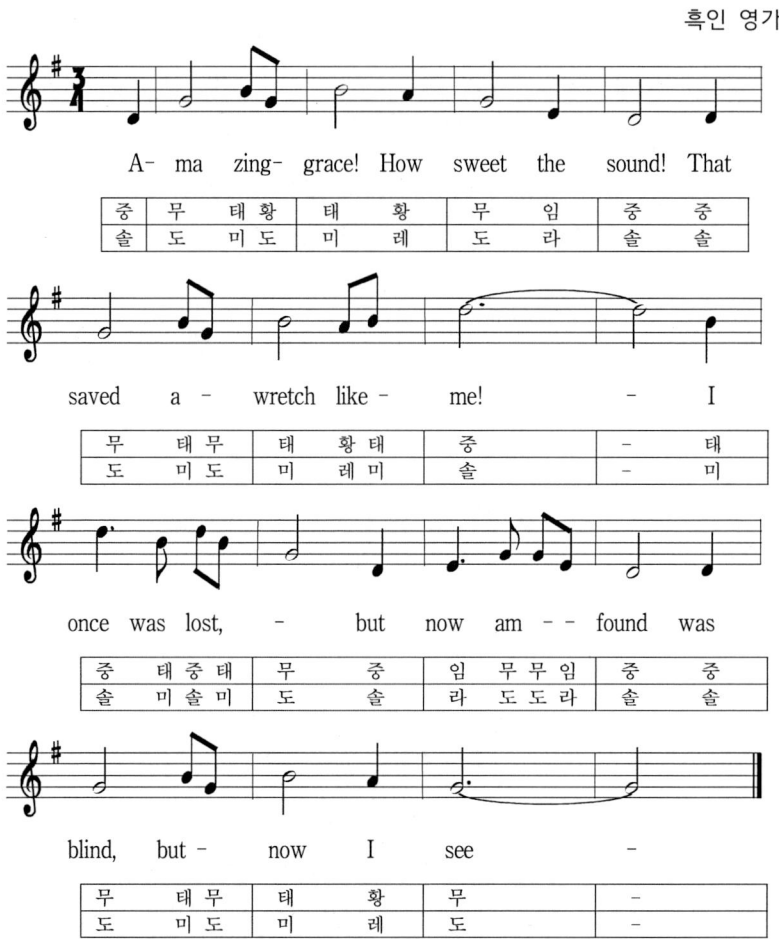

[악보 7] 나의 죄를

R. Lowry, 1876

나 의 죄 를 씻 기 는　예 수 의 피 밖에 없 네
다 시 성 케 하 기 는　예 수 의 피 밖에 없 네

무	무	무	황	태	중	태		무	무	황	태	태	태		황	무
도	도	도	레	미	솔	미		도	도	레	미	미	미		레	도

예　수 의 흘 린 피　날 희 게　하 오 니 -

중	태	황		태	중	태		황	황	무		황	황	태	중
솔	미	레		미	솔	미		레	레	도		레	레	미	솔

귀　하 고 귀 하 다　예 수 의 피 밖에 없 네

중	태	황		태	중	태		무	무	황	태	태	태		황	무
솔	미	레		미	솔	미		도	도	레	미	미	미		레	도

　　'Amazing Grace'는 흑인 영가이고 '나의 죄를'은 찬송가입니다. 앞의 노래는 '무(도), 황(레), 태(미), 중(솔), 임(라)'의 5음이고, 뒤의 노래는 '임(라)'이 빠진 4음입니다. 국악 음계와 같은 구조입니다만, 그렇다고 이 노래를 국악 성악곡이라고 말하는 사람은 없습니다. 왜 그럴까? 이것이 저의 호기심이었습니다. 뭔가 이유가 있을 것이라는 점, 그 점이 궁금했습니다.

　　종지음도 마찬가지입니다. 두 곡에서 알 수 있듯이 양악의 종지음은 장조의 경우 한결같이 '무(도)'로 끝나는데 국악의 종지음은 어떻게 끝날까? 이것도 궁금했습니다.

　이렇게 계속 이어지는 호기심은 국악에 대한 또 다른 지평을 열어주었습니다. 그러다가 양악의 장조와 단조, 그리고 국악의 평조와 계면조에 대한 구별이 눈에 선하게 잡혀왔습니다. 그리고 왜 국악이 양악의 느낌과 다른지를 깨닫는 실마리가 되었습니다. 궁금증은 이 책에서 계속 밝혀나갈 것입니다.

4. 침묵은 금이 아니다

앞서 지적한 음악과 교육과정 협의회에서 있었던 이야기를 한 번 더 하겠습니다. 국악 교육을 하려고 해도 가르칠 것이 없다고 갈파하셨던 그분의 이야기입니다. 그분의 말씀이 회중(會衆)에게 전달되면서 제 심기가 불편했습니다. 누군가가 나서서 그렇지 않다는 사실을 지적해주길 바랐습니다.

용기

만약 그렇지 않다면 부정되어야 할 그분의 말씀이 긍정되는 우를 범하기 때문입니다. 그렇게 되면 음악 교육에서 국악 교육의 설 자리는 찾을 수 없습니다. 매우 중대한 문제가 아닐 수 없었습니다. 필요악의 갑론을박은 도움이 안 되겠지만, 필요 선의 논의는 얼마든지 있어야 합니다.

그러나 협의회는 무거운 적막감으로 가득했습니다. 저라도 이야기하고 싶었지만 그럴 엄두가 나지 않았습니다. 그것은 신분상의 제약 때문이었습니다. 강의를 들어야 할 초등학교 교사가 강의를 한다는 것은 건방진 처사였기 때문입니다. 선무당이 사람 잡는다는 오해도 받을 것 같았습니다. 그러나 말하고 싶었습니다. 용기는 평범할 때 생기는 것이 아닌 법! 자리에서 일어났습니다.

국악이 음악의 한 분야임은 두말할 필요가 없습니다. 가르칠 것이 없다는 말은 음악 본질상 옳은 말이 아닙니다. 국악에도 셈여림이 있고 빠르기도 있으며, 리듬과 가락 등 기본 개념이 엄연히 존재합니다. 저는 그 부분을 말씀드리고 국악에 가르칠 소재가 무궁함을 지적하고자 합니다. 국악의 셈여림은 장구 장단에서 찾을 수 있습니다. 합장단은 강박이고 채편과 궁편은 약박입니다. '더러러러'는 아주 약한 약박입니다.

국악 관현악곡인 취타만 하더라도 그렇습니다. 셈여림은 첫째 박, 셋째 박, 다섯째 박, 아홉째 박에 놓이는데, 특히 아홉째 박에서 생명력 있는 강박이 있습니다. 빠르기를 말씀드리면, 국악 곡은 곡마다 성격 내용을 나타내는 고유의 빠르기가 있습니다. 취타는 대취타를 관현악곡으로 편곡한 곡으로, 임금의 행차나 군대의 개선 시 연주됐으므로 장엄하고 비교적 경쾌한 빠르기입니다.

리듬에 필적하는 장단이 있습니다. 일정한 길이의 리듬형(rhythm pattern)을 장단이라고 합니다. 장단은 대개 장구로 치며 구음이 있는데, 점사분음표가 기본박이 되는 독특한 형태를 취합니다. 취타의 한 장단은 12박인데, 지루한 느낌의 장단과 일정한 장단에 의해 연주된다는 사실을 알면, 국악도 과학적입니다.

국악의 가락은 양악의 7음과 달리 2음, 3음, 4음, 5음 음계로 되어 있습니다. 장조와 단조에 견줄 수 있는 평조와 계면조도 있습니다. 특히 농현 가락은 국악의 두드러진 특징입니다. 농현은 왼손으로 음의 강약을 조절해서 아름답게 표현하는 기법인데, 영산회상의 '상영산'으로 쉽게 이해할 수 있습니다.

국악에도 형식이 있을까요? 있습니다. 엄연히 존재합니다. 도드리 형식, 연음 형식, 환두 형식 등이 그것입니다. 취타의 경우 기악곡 초장 3박으로 반복되는 도드리 형식이며, 연음 형식은 휴지부에서 서로 다른 악기들이 연주하는 것으로 '수제천'이 그 좋은 예입니다. 국악의 연주 형태도 양악만큼 다양합니다. 독주, 병주, 세악, 줄풍류, 대풍류, 삼현육각, 합악 등의 연주 형태가 있는데 취타의 경우, 관현악 합주로 연주되며 '합악'이라고도 합니다. 연주의 시작과 끝을 알리는 '박'은 오케스트라의 지휘자입니다.

장시간 대변했던 것 같습니다. '취타'의 이론을 예로 들면서 말씀드렸습니다. 장내가 숙연해졌습니다. 국악 교육에 한창 물이 오른 때였기 때문에, 가르칠 것이 없다는 말에 대한 의분(義憤)은 당연한 것이었는지도 모릅니다.

국악 곡을 4분음 3박자로 표기하는 데 대한 지적도 했습니다. 음악적 배경이 다른 국악 곡을 양악의 옷을 입혀 표기하는 것은 음악 본질에 크게 어긋나기 때문입니다.

박자 하나만 봐도 그렇습니다. 박자! 가르칠 것이 많습니다. 현행 교과서에 민요 노래가 4분음 3박자나 8분음 6박자로 표기되어 있는데, 이건 어불성설로서 전혀 음악적 개념에 어울리는 표기가 아닙니다. 음악 한다고 하는 사람들이 국정 교과서에 민요 박자 하나 제대로 나타내지 않는다는 것이 말이나 되는 이야깁니까?

우리의 노래에는 그런 박자 개념이 없습니다. 국악에서의 박자란 장단의 숨의 개념에서 그 원인을 찾아야 하고, 이런 본질에 충실하려면 '4분음 12박자' 내지는 '8분음 12박자'의 장단 개념의 박자로 표기해야 마땅합니다. 왜 그렇게 표기해야 하는지, 그리고 왜 그렇게 표기했는지, 그리고 양악 노래의 박자와 우리 노래의 박자의 차이는 무엇인지 가르칠 것이 무궁무진합니다.

양악처럼 표기하는 것이 틀린 것은 아닙니다. 음악의 온정주의라고 할까요. 그러나 그렇게 하면 중대한 오류를 범할 수 있습니다. 왜냐하면 3박자로 표기했을 때 양악과 국악의 셈여림이 충돌합니다. 그리고 국악 장단의 흔적이 소멸되어 원칙적으로 장단 개념이 부정되기도 합니다.

따라서 음악적 온정주의를 국악에까지 확대할 필요는 없다고 생각합니다. 그 후로 초등학교 음악 교과서의 민요곡은 8분음 12박자나 4분음 12박자로 표기되었습니다. 옳은 표기입니다. 장단 교육의 설 자리를 확보한 것입니다.

Upgrade 국악

국정 교과서의 국악 선점은 그냥 우연히 이루어진 게 아닙니다. 국악에 대한 기회 선점 의지와 준비된 노력, 그리고 우리 것을 찾으려는 소박하면서도 강렬한 열정이 꿈틀거렸기 때문입니다.

국가의 국악 진흥 정책과 국악인, 그리고 국악 교육자들이 그렇게 만든 것입니다. 이제는 국악의 품질 경영에 나설 때가 되었습니다. 업그레이드된 최고의 품질로 만들어야 합니다.

교육은 문화의 못자리입니다. 국악의 업그레이드는 교실에서 출발해야 합니다. 그 못자리의 주인이 교사입니다. 그래서 교사 교육은 매우 중요한 핵심입니다.

지금 현장 선생님들은 국악 교육 때문에, 조금 보태서 표현하면 난리법석입니다. 선생님 자신이 잘 모르는데 어떻게 가르칠 것이냐는 반문 때문입니다. '무엇을' 가르칠 것인가, '어떻게' 가르칠 것인가에 대한 해법을 가지지 못하기 때문입니다. 교사들의 질을 돌아보면 한심하다는 생각이 들 때도 있습니다. 음악 교과서에 국악적 소재는 잔뜩 집어넣긴 했는데, 정작 가르쳐야 할 선생님들에게 이걸 소화해낼 만한 능력이 있을 것인가 하는 의구심 때문입니다.

오래전 일로 기억됩니다. 수학과 교육과정에 '집합'이 도입되었던 때가 있었습니다. 그때 집합에 대한 교사 연수가 있었습니다. 당시 20대 후반이었던 저는 이미 집합을 배운 세대였으므로 문제가 없었습니다. 하지만 사오십 대를 넘긴 선생님들에게는 골칫거리였습니다. 집합은 듣지도 못했고 알지도 못한 생소한 분야였습니다. 그래서 당시 교육 당국에서는 전면적으로 15시간 내외의 교사 재교육을 실시했습니다. 때문에 집합은 연착륙에 성공했습니다.

그런데 음악과의 경우는 어떤가요? 국악 교육에 대한 재교육은 수학과나 앞서 지적한 과학과처럼 조직적이지 못하고 의도성 역시 엿보이지 않습니다. 그러다 보니 국악에 대한 교사의 질을 업그레이드할 만한 에너지가 부족합니다.

물론 한국문화예술교육진흥원(arte)의 '학교예술강사지원' 프로그램으로 국악 교육의 빈자리를 성공적으로 메우고 있습니다만 어디까지나 현장에 계신 선생님들을 위한 국악 이해와 기능 향상을 위한 재교육은 본질적으로 매우 중요함을 말씀드리고 싶습니다.

코다이 & 오르프

교사의 재교육 문제만큼 중요한 것이 음악과 교육과정에 대한 성찰입니다. 저학년 학생들의 음악적 성장은 전래동요로부터 시작되어야 한다는 주장이 일찍부터 제기되었습니다. 7음의 양악보다는 2음 내지 5음의 국악 소재의 노래가 학생들의 발달 단계에 적합하다는 것입니다.

권오성(1941~2020) 교수는 저학년 교과서에 전래동요만 담자고 주장하는 커리큘럼 주창자입니다. 양악적 소재는 고학년 때 시작해도 늦지 않는다는 주장을 제기했습니다.

우리나라 학자만 그런 주장을 한 것은 아닙니다. 현대 음악 교육의 금자탑을 이룬 헝가리의 졸탄 코다이(Zoltan Kodaly, 1882~1967) 역시 자국 민요에 의한 음악 교육을 주장했습니다. 독일의 작곡자이며 음악 교육자인 칼 오르프(Carl Orff, 1885~1982)도 5음 음계의 지지자였는데, 5음 음계를 자연스러운 음계로 보고 5음 음계를 충분히 교육한 다음 장음계와 단음계는 훨씬 나중에 가르쳤다[12]고 했습니다.

이 주장은 결코 헛된 것이 아닙니다. 망상이나 허튼소리가 아닙니다. 본서에서 구체적으로 논의가 되겠지만, 국악적 소재로 얼마든지

---

12) 김현숙, 국민학교음악과교육과정의 분석, 서울: 국립국악원, 1989, 132쪽.

음악적 소양과 예술성을 키울 수 있는 힘을 국악은 가지고 있습니다.

고등학교 학창 시절에 클라리넷을 불었습니다. 밴드부 활동을 하면서 트럼펫, 트럼본 등 양악기를 조금씩은 해보았습니다. 왜 국악기 배울 생각은 안 했느냐고 항변하실지 모릅니다. 하지만 양악기는 배우고 싶어서 배웠느냐고 되묻고 싶습니다. 양악기를 접할 수 있는 기회가 있었으니까 배운 것뿐입니다.

경인교육대학교 야간 강좌에서 생전 처음 가야금을 쳐봤습니다. 우리나라 악기를 만져보고 직접 연주를 하면서 들은 소리가 신비로워서 어린아이처럼 기뻤습니다. 한편으로는 서른 살이 넘어서야 우리 소리를 듣게 되는 현실이 안타깝기도 했습니다.

'아리랑'을 처음 팅겼을 때 신선의 세계에 들어온 것 같은 착각이 들 정도로 너무 좋았습니다. 가야금에도 피아노의 검은 건반(반음계) 같은 선이 있을 것으로 착각했었는데, 그렇질 않았습니다. 징검다리 건너듯 순서대로, 또 어떤 때는 뛰어넘으면서 팅겨주니까 노래가 되었습니다. 반음의 공포가 사라지고 차례로, 그리고 뛰어가면서 연주함으로 얻어지는 가락이 재미있었습니다.

한국 사람이 한국악기를 대학에 들어가서나 만질 수 있다는 것, 생각하면 비극일 수도 있고 한편으로는 한심하기도 했습니다. 그래도 저는 나은 편입니다. 교육대학의 음악 심화반 학생이었으니까 그런 기회나마 주어졌던 것입니다.

5. Kid's song(아이들노래)

　세상 모든 것이 신비하고 경이롭게 느껴지는 어린 시절, 동무들과 해 저무는 줄 모르고 놀면서 불렀던 아이들의 노래. 내가 불렀고 너도 불렀던 친근한 노래. 아이들의 노래는 전래동요라는 이름으로 불리며 오늘까지 명맥을 이어오고 있는데 전래동요가 왜 중요한지 알아보겠습니다.

아이들노래의 세 가지 특징

　첫째는 노랫말을 통한 언어 구사와 획득입니다. 동심의 세계를 언어에 담아내어 아이들다운 소박함을 노래합니다. 새는 나무에서 자고 쥐는 구멍에서 잠을 자듯, 자기네들은 엄마에서 잠을 잔다고 노래합니다. 그러면서 은근히 엄마를 자랑합니다('새는새는'). 모래알로 밥을 짓는다고 표현하거나 꽃잎을 따서 전을 부친다는 노랫말에서 무궁한 상상의 세계를 엿볼 수 있고, 풀잎 따다가 국을 끓인다는 천진한 생각에서 아이들의 동심의 세계를 들여다볼 수 있습니다. 소재가 그럴듯하고 내용도 문학적입니다('꼬방꼬방'). 아이들노래는 시간과 공간을 초월합니다. 달에도 갔다가 초가삼간에도 들릅니다('월워리청청'). 두꺼비와 얘기를 나누다가 집을 짓기도 하는데, 황새가 물을 길어오고 까치가 밟아서 집을 짓습니다. 그리고는 황소가 밟아도 튼튼하다고 너스레를 떱니다. 해학이 덕지덕지 묻어 있습니다('두꺼비 집이 여물까'). 꼬불꼬불하니까 고사리라고 이름 짓고, 넘나물은 이 산 저 산을 넘나든다고 운을 뗍니다. 가자고 갓나무요 오자고 옻나무라고 우스갯소리를 하는가 하면 배가 아프니 배나무요 가시가 많으니 가시나무라고 일침을 놓습니다. 참 재미있는 표현이니 저절로 말을 배우고 익힙니다. 아이들노래를 들여다보면 상상력에서 비롯된 소박한 표현들이 언어 문학의 천국을 만듭니다.

한국일보에서 읽은 최승호의 동시집 중 세 편을 소개합니다(한국일보 2005년 4월 9일 자 『책과 세상』, 최승호 시인의 말놀이 동시집에서).

「귀뚜라미」
라미라미 맨드라미 / 라미 라미 쓰르라미 / 맨드라미 지고 귀뚜라미 우네 / 가을이라고 가을이 왔다고 우네 / 라미라미 동그라미 / 동그란 / 보름달 /

「저어새」
저어새야 저어새야 / 고개를 저어라 / 이리저리 저어라 / 저녁까지 저어라 / 저어라 저어라 저어새야 / 배고프면 잠이 안 온단다 /

「으스름 달밤」
으슬으슬한 / 으스름 달밤에는 / 으쩍으쩍 호두를 깨자 / 으스러지게
호두를 깨자 / 으흐흐 이 빠졌다 /

둘째는 의사소통입니다. 말이라는 매개체를 통해 자신의 생각을 나타내면서, 자기 자신에게 말하고 또 상대방에게도 자신의 생각을 전달합니다. 그러면서 사회생활을 배웁니다. 동무들과 어깨동무하고 어디든지 같이 가겠다고 우정을 다지며 같이 놉니다. 점차 아이들이 많아지고 해와 달까지도 친구로 만듭니다('동무동무'). 아이들의 활동 무대는 우주로까지 확대됩니다. 동무하고 애기를 나누다가 구름 여행을 떠나고, 별과 만나 속삭이는가 싶으면, 다시 지구로 내려와 바다에서 뱃놀이를 합니다. 나무에 잠시 걸터앉아 쉼을 청하고는 다시 송아지와 친구하고 물레놀이를 합니다('저 달 봤나').

셋째는 음악 예술성입니다. 노랫말을 가지고 흥얼거리다 보면 어느새 노래가 만들어집니다. 리듬을 얹고 음정을 실어 노래라는 매개체를 수단으로 하여 느낌과 생각을 노래합니다. 앞서 지적한 바와 같이 2음, 3음, 4음, 5음 등 표현의 폭이 제한적이지 않고 다양화합니다. 마치는 음(종지음)은 '솔'이 되기도 하고 '라'가 되기도 합니다. 그리고 '미' 음으로 종지되기도 합니다. 간단하게 반복하는 노래에서는 '레'로 끝내기도 합니다. 모두 네 가지 음에서 종지되는 형태의 아이들노래는 양악의 '도' 종지(장조)와 '라' 종지(단조)에 비하면 여러 줄입니다. 운신의 폭이 양악보다 그만큼 넓다는 것인데, 이는 우수한 성악 예술의 반증입니다.

저절로 배우는 말과 노래

표현의 예술성은 그림과 흥얼거림으로 나타나게 되고 흥얼거림을 통해서 노래에 입문하게 되며, 음악이라는 예술 문화 속으로 들어갑니다. 그래서 아이들노래는 노래 예술의 원형을 형성하고 국악 성악의 기초를 만듭니다.

아이들노래는 저절로 말하고 저절로 노래하는 소중한 노래 예술의 보고이므로, 학교의 음악 교실에서는 아이들노래가 당연히 음악의 기초가 되어야 했습니다. 그러나 안타깝게도 그렇지 못했습니다. 저학년 음악 교과서는 아이들노래가 없었고 아이들노래와는 거리가 먼 노래가 가득했습니다. 모두 양악적 소재의 노래였습니다.

한국 아이들의 노래가 갑자기 서양 아이들의 노래로 변신한 것입니다. 아이들은 울며 겨자 먹듯 서양 노래를 배워야 했습니다. 이것은 바다에서 꽃을 찾는 것처럼 아주 잘못된 것이었습니다. 저절로 말하고 저절로 노래했던 패턴이, 억지로 말하고 억지로 노래하는 패턴으로 바뀐 것입니다. 말하자면 속 사람은 한국인의 정서를 노래하려고 하는데, 겉 사람은 얼토당토않게 서양인의 정서를 노래했던 것입니다.

옳은 지적

권오성(1941~2020)은 저학년의 음악과 교육과정을 아예 전래동요로 악곡을 선정하고, 고학년부터 양악을 도입하는 커리큘럼을 짜야 한다고 주장했습니다. 헝가리의 졸탄 코다이(Zoltan Kodaly, 1882~1967)나 독일의 칼 오르프(Carl Orff, 1885~1982) 역시 5음 음계의 지지자였습니다.

오르프는 아이들에게 자연스러운 음계인 5음 음계를 충분히 교육한 다음 장음계와 단음계는 훨씬 나중에 가르쳤다[13]고 했는데, 결국 권오성의 주장과 같은 맥이라고 할 수 있습니다.

이들의 주장을 요약하면 먼 곳보다는 가까운 곳에서, 복잡보다는 단순에서, 그리고 어른들의 노래보다는 아이들의 노래에서 음악적 소재를 찾아야 한다는 지론입니다.

옳은 지적인 것 같습니다. 저절로 말하고 거기에 리듬과 가락을 얹어 저절로 노래한 아이들의 노래가 음악 교실에서 이루어져야 함을 강조한 말입니다. 지극히 교육적입니다.

한국코다이협회에서 아주 핵심적인 민요 지도의 당위성을 제공한 자료를 읽고 공감한 바 컸습니다. 민요와 모국어 개념이 얼마나 아이들의 음악성을 키워주기에 적절한 것인지 설득력 있게 주장했습니다.

- 민요를 통한 교육 -[14]
코다이는 어린이들에게 적합한 가창 교재와 귀를 훈련시키는 새로운 교육 자료들을 만들었는데 그것은 다름 아닌 민요이다.
각 나라마다 민요를 가지고 있는데, 이 민요들이야말로 학생들을 가르치기에 가장 적합한 것이다. 왜냐하면 민요는 그 나라의 말로 가장 부르기 좋고, 모국어의 알맞은 억양과 국민적 요소를 담고 있는 음악이기 때문에 귀에 익숙하여 음악의 새로운 기초적 요소를 가르치고 보여주는 데 알맞다.
만약 우리가 다른 나라의 어떤 것을 이해하기 원한다면 먼저 우리 것부터 이해하여야 한다. 다른 나라의 민요를 안다는 것은 다른 나

---

13) 김현숙, 국민학교음악과교육과정의 분석, 서울: 국립국악원, 1989, 132쪽.
14) http://kodaly.or.kr/main1.htm

라 사람들을 이해하는 최선의 지름길이다. 다시 말해 다른 나라의 사람들을 이해하려고 한다면 반드시 그 나라의 민요를 알아야 한다. 민요란 세련되지 않은 원시음악을 뜻하는 것이 아니라 수천 년 동안 다듬어지고 성숙한 성악 예술인 것이다.

– 모국어 개념 –

코다이 교수법에서 강조하는 민요란 모국어와 같은 뜻을 가진다. 아이가 태어나서 자연스럽게 어머니의 말을 따라 배우고 익혀나가듯이, 어머니가 부르는 민요를 따라 익힘으로써 자연스럽게 음악을 익혀나가는 것이다.

어린아이가 자라면서 말을 배울 때 처음에는 들은 대로 모방하면서 배운다. 그다음 글자의 자모를 배워 글을 읽고 적을 수도 있게 된다. 점차로 지속적이고 반복적인 교육을 함에 따라서 글을 받아 적기도 하고 짧은 글을 짓기도 한다. 그러고 나서 본격적인 창작을 할 수 있는 것이다. 음악도 이와 같이 차례로 듣고 쓰고 적고 창조하는 과정을 지나게 된다.

분명히 모국어는 저절로 배우는 것이다. 음악적 모국어인 민요를 어릴 적부터 듣고 배워 저절로 배워진 음악 구조를 익히며, 그 위에 체계적이고 효과적인 교육을 통해 음악을 자연스럽게 듣고, 쓰고, 즐기게 되는 것을 뜻한다.

이미 앞서 아가랑 부르는 엄마의 노래에 대해 말씀드렸습니다. 우리말과 우리 소리는 한 몸이고, 거기에서 발생하는 음악적인 요소(리듬, 장단, 구성음, 박자, 억양 등)는 저절로 형성된 음악 구조를 가지고 있습니다. 때문에 아이들에게 자연스러운 것이라는 점을 말씀드린 바 있습니다.

'아이들노래'라고 하자

아이들이 부른 노래를 '전래동요'라고 합니다. 하지만 전래동요라고 부르는 데 석연찮은 거부감이 있습니다. '전래동요'라고 특별히 용어를 지정하여 말하는 것은, 단절되고 실종되었던 노래를 찾자는 의미에서 사용된 용어입니다. 때문에, 현시점에서 오늘을 사는 아이들에게 군이 그렇게 부를 필요가 없습니다. 아이들노래라고 해야 옳습니다. 옛날의 아이도 아이이고 현재의 아이 역시 아이입니다.

따라서 현재의 아이들에게 전래동요를 배우자고 가르치는 것은 아주 잘못된 시각입니다. 전래동요란 용어를 사용하는 것은 아이들을 어른 취급하는 우를 범하는 것입니다. 왜냐하면 전래동요는 지금을 살고 있는 아이들이 어른이 되었을 때, 어린 시절을 반추하면서 추억을 회상하는 그런 노래이기 때문입니다. 아이들이 불렀던 노래를 아이들이 부르면 아이들노래이고, 어른들이 불렀던 노래를 어른들이 부르면 어른들노래입니다.

차제에 민요도 짚어보겠습니다. 민요도 '어른들노래'라는 용어로 바꾸어야 옳습니다. 그리고 전통음악 역시 음악이라고 해야 합니다. 이런 견해가 비단 저의 아집만은 아닙니다.

우리 음악을 국악이라고 하고 서양음악을 그냥 음악이라고 하지요? 이것은 서양음악 중심으로 생각하기 때문에 그렇습니다. 그러므로 우리 음악을 그냥 음악이라고 하고 서양음악을 양악이나 서양음악이라고 해야 합니다. 게다가 국악이란 말은 '신일본 국민음악'의 준말이니, 국악이라는 말보다는 그냥 음악이라고 해야 올바른 표현이

지요.[15]

　전래동요도 (아이들의) 노래이고, 민요도 (어른들의) 노래입니다. 전통
음악이나 국악은 그냥 음악이라고 하면 그만입니다. 앞으로는 전래동
요니, 민요니, 전통음악이니 하는 용어는 사용하지 않았으면 좋겠습니
다. 그렇게 한다면 우리 노래를 세련되지 않은 원시음악 정도로 폄하
시키려는 의도가 다분히 숨어 있습니다. 창가가 노래이고 우리 노래가
아닌 것은 '양악'이라고 해야 옳습니다. 양악이 아닌 것을 전래동요와
민요라고 표현하는 것은 스스로 우리의 음악을 평가절하하려는 잘못
된 인식에서 비롯된 용어입니다.
　어떻든 아이들노래는 수천 년 동안 다듬어지고 성숙한 성악 예술의
한 분야이고, 그 원조는 바로 아이들노래에 있습니다.

국악, 한국음악, 전통음악, 향토음악

　차제에 이 말은 꼭 해야겠습니다. 국악을 공부하다 보면 용어에 대
한 궁금증이 적지 않습니다. 예를 들면 '국악', '한국음악', '전통음악',
'향토음악' 등이 그것입니다. 같은 뉘앙스의 용어이기 때문에 편리한
대로 사용하는 것이 보통입니다. 쌍둥이도 뭔가 다른 점이 있듯이 이
용어들에도 조금씩 차이가 있습니다.
　'국악(國樂)'은 우리 음악의 정통성을 존중하고 옛 음악을 훼손하지
않으면서, 가급적 있는 그대로 고스란히 보존하고자 하는 계승적 의미

---

15)　김태균, 얼씨구국악이야기들어보세요, 서울: 도서출판 산하, 2003, 6쪽.

가 강한 용어입니다. 말하자면 다분히 보수적이고 과거 지향적입니다. 전통 없이 미래 없다는 논법입니다. 전통성을 강조합니다.

반면에 '한국음악(韓國音樂)'은 계승과 더불어 발전적 의미를 짙게 내포하고 있는 용어입니다. 말하자면 전통도 좋고 맥을 잇는 것도 좋지만 알기 쉽고 배우기 쉽게 가다듬어보고, 많은 사람들이 어떻게 하면 우리 음악에 관심을 가지게 할 것인가 궁리하려는 측면이 강합니다. 전통도 중요하지만 시대적 감각을 외면할 수 없다는 논법입니다. 과거를 소중히 하면서 내일을 관망하려는 발전적 성격이 강합니다. 미래 지향적입니다. 송방송(1942~2021) 님은 '한국음악'이라는 용어에 더 매력을 느끼는 분 중의 한 분이십니다(송방송, 한국음악통사, 서울: 일조각, 2004, 577~579쪽).

'전통음악'은 국악과 한국음악을 모두 아우를 때 쓰는 포괄적인 용어라고 생각하면 좋습니다. 교육과정이나 교과서에서는 전통음악이란 용어로 통일하여 사용하고 있습니다. 그러니까 우리 음악의 지도법을 연구하고 학습 자료를 제작, 구안하고 수업의 효과를 진작시키는 일련의 교육 활동과 관련된 용어로 보면 됩니다. 말하자면 교육적 측면이 강한 용어입니다.

'향토음악'은 말 그대로 향토 냄새가 진하게 풍기듯이 지방의 노래, 토속민요를 가리킵니다. 마을과 고장의 주민들에 의해서 형성된 노래입니다. 인천의 예를 들면 인천 근해의 갯가노래나 뱃노래를 가리킵니다. 인천의 향토요입니다. 향토음악은 지방의 기능 보유자가 있게 마련입니다. 향토음악은 토속민요와 같은 뜻을 가지고 있다고 할 수 있습니다.

민요냐 노래냐

'민요'라는 용어도 그렇습니다. '민요(民謠)'보다는 '노래'라고 부르는 것이 옳습니다. '노래'는 순수한 우리말입니다. 그런데 서양 성악을 '노래'라고 하고 토박이 노래는 그렇게 부르지 않는 경향이 짙습니다. 왜냐하면 노래라는 말 대신에 '민요'라고 하기 때문입니다. 우리 노래를 노래라고 하고 서양 노래를 '서요'라고 불러야 하는데, 서양 노래는 그냥 노래라고 하면서, 우리 노래는 굳이 민요라고 하는 것은 주객이 바뀐 표현입니다.

우리 노래를 무시하려는 인식이 바탕에 깔려 있다고 하면 잘못된 표현인가요? '민요'를 한잔 술에 설움을 달래기 위해서 부르는 노래, 그래서 고리타분한 노래, 술집에서 젓가락을 두드릴 때나 부르는 노래(일러 '니나노')로 치부하려는 경향에서 연유한 것은 아닌지요?

민요는 토박이 노래요, 생활 노래요, 숨결 어린 노래요, 정감 어린 노래요, 혼이 담긴 노래이므로 순수한 우리말인 '노래'란 표현이 제격입니다. 황해도 민요라고 하지 말고 황해도 노래라고 하면 됩니다. 경상도 노래, 경기도 노래, 평안도 노래, 함경도 노래, 강원도 노래, 얼마나 좋은 표현입니까?

다만 이런 때는 필요합니다. 예를 들어 우리 노래의 갈래인 '민요(서민층 노래)', '가사(상류층 노래)', '시조(평민층 노래)'를 구별할 필요가 있을 때만큼은 그렇게 사용해도 좋습니다.

국악이니 전통음악이니 한국음악이니 하는 표현도 이런 관점에서 보면 반성의 여지가 있습니다. 우리 노래, 우리 소리, 우리 음악! 이렇게 부르면 되는 것입니다.

성악 예술의 원조, 아이들노래(Kid's song)

'아이들노래', 자연스러운 우리말입니다. 아가의 노래가 엄마와 아가 사이에서 발생된 언어를 바탕으로 노래가 이루어진다면, 아이들노래는 아이들과 아이들 사이에서 발생된 언어를 매개로 형성된 노래입니다.

때문에 아이들노래는 뚜렷한 작자나 시창자(始唱者)가 없습니다. 오랜 세월 동안 자연발생적으로 생겨서 구전되고, 그러는 동안 어린이들의 마음에 맞도록 다듬어진 노래입니다. 따라서 형식이나 모양 그리고 내용에 있어서 음악적인 틀이 잡힌 노래입니다. 다시 말하면 아이들의, 아이들에 의한, 아이들을 위한 노래라고 표현하면 좋습니다.

아이들노래의 몇 가지 특징을 살펴보면 왜 아이들에게 아이들노래가 좋은지, 그리고 학교 음악 교육의 악곡 선정에 왜 아이들노래를 실어야 하는지 확연히 알 수 있습니다.

아이들노래의 특징

문학적으로 더듬어보면 아이들노래는 4·4조, 3·4조를 바탕으로 같은 내용의 시행(詩行)을 되풀이하는 반복의 내용이 많고, 이런 언어 구사를 통해 언어 발달과 사회성 발달이 이루어졌던 것입니다.

아이들노래의 소재는 보고 듣고 느낀 것을 그대로 노래하기 때문에 주변에 있는 모든 것이 노래의 소재가 되며, 민요의 토리처럼 지역의 가사와 가락이 독특하고, 놀이를 하면서 부른 노래(놀이요)라고 할 수 있습니다. 반드시 곡조의 제약을 받지 않고, 노래로 불리거나, 웅얼거리는 소리로서 구연되며, 경우에 따라서는 변모·개작되기도 하면서 어린이의 꿈과 의식을 담습니다.

수많은 전쟁과 난리와 혼란을 겪으면서도 소멸되지 않고 전승된 까닭은 바로 아이들노래가 어린이들의 고운 꿈과 동심과 혼이 스며 있기 때문입니다.

아이들노래에는 계급 의식과 비판 의식이 결여된 순수성이 나타나 있는데 해, 달, 별, 나무, 꽃, 새, 짐승, 곤충, 자장노래, 사랑노래, 가족 인사, 놀이 등 소재의 다양성과 함께 아무런 비판도 철학도 내포되어 있지 않은 순수성 그 자체를 찾아볼 수 있습니다. 다음 노래는 경북 영덕 지방의 '우리 마을'이라는 아이들노래인데, 이 노래에는 달, 해, 구름, 물, 별, 배, 사람, 돌, 나무, 사지(송아지)가 하나의 가사에 모두 담겨 있습니다.

「우리 마을」
저달 봤나 난도 봤다 저해 봤나 난도 봤다 저구름 봤나 난도 봤다 저물봤나 난도 봤다 저별 봤나 난도 봤다 저배 봤나 난도 봤다 저사람 봤나 난도 봤다 저돌 봤나 난도 봤다 저나무 봤나 난도 봤다 우리 사지 어디 갔노 음매 돌아간다 돌아간다 물레 실실 돌아간다.

'두꺼비 집이 여물까'도 경상도 지방의 아이들노래인데요, 두꺼비, 까치, 황새, 애기, 황소 등의 동물들이 나타납니다.

「두꺼비 집이 여물까」
1. 두꺼비집이 여물까 까치집이 여물까
2. 두꺼비는 집짓고 황새는 물 긷고

3. 동구바리 쨍쨍 큰 애기는 밖으로

4. 작은애기 안으면 동구바리 쟁쨍

5. 까치가 밟아도 탄탄 황소가 밟아도 탄탄

희·노·애·락은 있으나 증오나 추악은 없으며 슬픔과 긍휼이 있으나 미움이나 저주 등은 없는 세계가 전래동요, 곧 kid's song의 세계입니다. 직선적인 표현, 솔직한 비유, 순진한 감정이 그대로 표현되어 있습니다.

이래서 국정 교과서에 아이들노래를 많이 넣은 것이고, 우리 선생님들은 이런 좋은 노래들의 음악적 특징을 이해하여 학습할 개념과 지도의 소재를 찾고, 최적화된 학습 자료를 제작하여 가르친다면 역동적인 학습이 될 것으로 사료됩니다.

현재 시행되고 있는 '2002년 개정교육과정'에서 국악적 소재의 아이들노래가 전(前) 교육과정보다 줄어든 것은 유감입니다. 아이들노래의 비중을 높이도록 힘써야 합니다.

하늘 천, 따 지

[악보 8]은 필자가 어릴 때 귀가 닳도록 들었던 노래(채보: 박학범)입니다. '하늘 천, 따 지, 검을 현, 누루 황, 집 우, 집 주, 넓은 홍, 거칠 황'이 그것입니다. 당시는 국어책에 한자가 혼용되던 시절이었습니다.

한자가 꼬리를 내린 지 어언 이십사오 년이 되고 요즘 아이들은 한자와 다른 세상을 살고 있는 처지가 되었습니다.

[악보 8] 하늘 천 따 지

하늘 천 따 지 　검을 현 누루황
집 　우 집 주 　넓을 홍 거칠황
날 　일 달 월 　찰 　영 기울측

　당시 어른들은 아이들을 무릎에 앉혀놓고 이걸 주문 외우듯 했고 아이들 역시 이걸 따라 하면 큰 벼슬이나 하는 것처럼 자부심에 들떠 있었습니다.

　"하늘 천 따 지…."

　"하늘 천 따 지…."

　누가 박자를 가르친 일도 없고 음높이를 말한 적도 없지만 자연스럽게 이런 소리를 읊조렸습니다. 이것이 바로 우리말에 의한 노래인데, 생체리듬이 만들어낸 몸의 소리라고 할 수 있습니다.

　이 노래는 구성음이 셋입니다. '미'(나는 이 음을 '생명음'이라는 이름으로 부릅니다), '라'(나는 이 음을 '배려음'이라는 이름으로 부릅니다). '솔'(나는 이 음을 '마침음'이라고 부릅니다)의 3음으로 되어 있는데, 종지하는 음이 마침음인 '솔'임을 알 수 있습니다.

　'솔'음 종지를 여러분들은 어떤 이론으로 설명하시겠습니까. 필자는 평조의 '솔' 선법으로 해석하고 싶습니다. 다음 장에서 논의가 되겠지만 평조는 '솔, 라, 도, 레, 미'의 5음으로 구성된 어른들의 노래(민요)인데 평조의 노래는 마침음인 '솔'로 종지되는 특징을 가지고 있습니다.

　그러니까 아이들노래는 마침음인 '솔' 음으로 끝나는 경향을 보이는데 이는 어른 노래의 평조에서 비롯된 것으로 '레' 음과 '미' 음이 생략된 3음 구조의 노래라고 할 수 있습니다.

다음은 구구단을 외울 때 나오는 소리인데 이 역시 '하늘 천 따 지'
와 흡사합니다.

고무신타령

필자가 어릴 때 불렀던 구구단(채보: 박학범)은 [악보 9], [악보 10]과
같습니다. 박자를 살펴보면 3박에서 4박으로, 4박에서 다시 3박으로
박자가 아주 자연스럽게 바뀝니다.

[악보 9] 충청도 지방의 구구단(3박)

이 일은 이   이 이는 사   이 삼은 육   이 사   팔

[악보 10] 충청도 지방의 구구단(4박)

이 육 십 이   이 칠이 십 사   이 팔이 십 육   이 구 십 팔

서양음악은 안 그렇습니다. 박자가 바뀌는 것을 변박이라고 하는데,
변박 부분에서는 흐름이 전혀 달라요. 서양인들은 변박의 개념을 두
어 인위적인 흐름을 시도하지만 우리 노래는 변박의 개념이 없어요.
왜 그럴까요? 우리말 때문입니다. 낱말 한 자 한 자를 음절이라고 하
는데(예: '학교'는 2음절, '학교종'은 3음절), 이 음절은 우리의 몸과 밀착되어
있기 때문에 1음절이든 2음절이든 또는 그 이상의 음절이든 구사하는

데는 전혀 어려움이 없습니다. 그러니까 구구단의 박자가 자신도 모르게 변하는 것은 우리말인 음절의 변화에서 비롯된 거라고 생각하시면 틀림없습니다.

리듬이 자유롭고 구성음은 배려음 '라'와 다리음 '솔'이 사용되고 있고 완성음 '도'가 선율감을 더해줍니다.

배려음 '라' 음과 다리음 '솔' 음이 빚어내는 단순한 가락과 마지막에 결정적으로 나타나는 '도' 음. 서양음악이 한 옥타브내의 음(7음)을 거의 사용하여 노래하는 반면 우리 노래의 아이들노래는 3음이면 충분한 겁니다.

3음이 쉬운가요, 7음이 쉬운가요? 3음이면 촌스럽고 7음이라야 멋스러운가요? 3음이면 바보 같고 7음이라야 똑똑해 보이나요?

그 이유는 3음으로 충분하기 때문입니다. 세 개의 음으로도 우리의 생각과 감정을 표현하는 데 어려움이 없기 때문입니다.

필자의 어린 시절, 어느 고무신 광고 문구를 읽었을 때 시사하는 바가 있었습니다.

"고무신이면 다 고무신이냐 타이아표 고무신이 진짜 고무신이지"란 구절 말입니다. 지금도 이 문구가 잊히지 않는 것은 철학이 묻어 있고 자기주장이 분명하기 때문입니다. 노래면 다 노래냐? 아이들의, 아이들에 의한 노래가 진짜 아이들노래지….

이 선율감은 형식을 동반합니다.

[악보 8]의 '하늘 천 따 지'는 '하늘 천 따 지'의 한 마디가 반복되는 리듬 구조인데, 이렇게 한 마디만 가지고도 음악이 되는 것은 우리말에 의한 우리 노래의 장점이자 특징입니다.

[악보 9]의 구구단의 경우 하나의 단(예: 2단)을 하나의 흐름으로 보고 한 숨으로 노래하는 경향이 있습니다. 처음 2단은 느리게 노래하게

되는데, 이때는 숨을 두 번 내쉬는 두 숨의 노래가 되다가 점차 흐름이 빨라지면서 9단에 이르러서는 한 숨으로 끝내기도 합니다.

(2단) 이일은 이 이이는 사 이삼은 육 이사 팔 이오 십(한 숨) 이육 십이 이칠이 십사 이팔이 십육 이구 십팔(두 숨)

(9단) 구일은 구 구이 십팔 구삼 이십칠 구사 삼십육 구오 사십오 구육 오십사 구칠이 육십삼 구팔이 칠십이 구구 팔십일(한 숨)

'이일은 이'가 한 마디가 되고 하나의 단은 모두 9마디의 구조입니다. 9마디의 구조, 이게 구구단의 형식인데 서양음악의 한도막형식(8마디)과 비교해봅시다.

이 구구단은 저의 고향인 충남 태안의 태안반도 지역에서 부르던 구구단인데, 초임발령을 받아 간 강화 교동초등학교 아이들은 구구단을 사뭇 다른 느낌으로 불렀습니다(채보: 박학범).

[악보 11] 교동초등학교 아이들의 구구단(4박)

이 일은이   이 이는 사   이 삼은 육   이 사 팔이

구 육오십사   구칠이육십삼   구팔이칠십이   구구팔십일

교동초등학교의 아이들이 부른 구구단은 태안의 구구단과 상이한 면이 있었는데, 변박이 없었고(오로지 4박), 같은 리듬과 음정이 계속 반복되고 있는 점이 그렇고, 같은 점은 끝마디의 음정과 구성음이었는데 한결같이 '라-도-라-솔'로 끝나는 '솔' 종지였습니다.

두 지방의 공통된 특징을 하나 더 찾으라고 한다면 생명음 '미'가 다리음 '솔' 음으로 변화했다고 할 수 있는데 이 '솔' 음 때문에 태안의 구구단보다 좀 더 율동적인 느낌이 들었습니다. 그리고 '미' 음까지 내려가지 않고 '솔' 음에서 그친 것은 시간 절약과 외우기에 초점을 둔 단순성의 지혜로 해석할 수 있습니다.

우리 노래의 음 이론

이것이 바로 아이들노래의 음악적 특징이라고 할 수 있고 아이들노래의 음 이론이 되는 건데, 이러한 우리 노래의 음 이론의 체계를 속히 수립해야 하고 교육과정에 반영하여 가르쳐야 합니다.

우리 노래의 음 이론을 찾는 일은 교육과정의 의도성에 비추어 볼 때 매우 소중한 일임에 틀림없습니다.

음악을 전공했다고 하는 분들 중 어떤 분들이 우리 노래에서 가르칠 것이 뭐가 있느냐고 눈을 똥그랗게 뜨고 반문하는 것은 이런 의도성의 도외시 내지는 몰이해에서 비롯된 것이라고 하겠습니다.

이런 분들이 가르칠 '무엇(what)'과 '어떻게(how)'를 규명한 우리 노래의 음 이론 체계를 진작 알고 있었더라면 그렇게 하지는 않으셨을 것입니다.

평가를 예로 들어본다면 노래의 구성음을 묻는 문제를 출제한다거나 같은 리듬을 찾아보게 한다거나 노래가 어떤 음으로 끝났는지를 묻는다거나, '하늘 천 따 지'의 구성음과 '구구단'의 구성음 수를 비교해 본다거나, 생략된 음이 있는 노래를 찾는다거나, 어떤 음이 새로 추가 됐는지 알아본다거나, 완성음 '도'가 출현한 마디를 찾게 한다거나, 우리 노래의 주요 3음(줄기 세포 음)을 구별해보고 생략된 음을 찾아낸다 거나, 변박이 되는 이유를 묻는다거나 변박의 느낌이 어떠냐고 묻는다 거나, 노래의 느낌을 신체로 나타내본다거나….

여기서 우리가 간과해서는 안 될 것이 있는데, 아이들노래의 음 이 론은 서양음악의 음 이론에 절대로 뒤지지 않는다는 사실입니다. 박 자가 있고 리듬(장단)이 있고 선율이 있고 반복이 있고, 구성음이 있고 무엇보다도 중요하고 중요한 것은 우리 음 이론이 무척 알기 쉽고 재미 있다는 점입니다.

단순, 간단, 반복, 명료한 음 이론 체계는 아이들의 이해를 돕고 음악 과의 궁극적 도달점인 음악성 계발을 이룰 수 있다는 점입니다.

한 번 더 말씀드리지만 한국의 권오성(1941~2020) 님이 저학년 교과 서에 우리 노래를 모두 넣자고 주장한 것이나, 헝가리의 졸탄 코다이 가 자국 민요를 충분히 가르쳐야 한다고 한 근거나, 칼 오르프가 5음 음계를 충분히 교육한 다음 장음계와 단음계를 가르치자는 주장은 모 두 명백한 뜻이 있습니다.

때문에 저학년 교과서에 우리 노래가 반백 퍼센트를 초과했다는 것 은 우리 노래의 르네상스를 이루어낸 쾌거요 어떻게 보면 기적이라고 도 할 수 있습니다.

이제는 교과서의 르네상스를 아이들에게 가르치는 실천과 지도의 현장 교실에서 르네상스가 빛을 발해야 됩니다. 교과서의 르네상스가 지(知)라면 교실에서의 교수-학습은 행(行)이라고 할 수 있고, 이 두 가지가 조화를 이룬다면 지행일치(知行一致)가 이루어지는 것입니다.

불행하게도 현장 선생님들의 국악에 대한 지식과 기능 부족으로 지난 개정 7차 교육과정에서 그 많던 국악 곡들이 꼬리를 내린 것은 참으로 가슴 아픈 사건이 아닐 수 없습니다. 필자가 이 책을 쓰는 결정적 이유입니다.

현대적 접근

7차 교육과정(1997~2007)의 음악 교과서(저학년의 경우 『즐거운 생활』 포함)에는 어른들의 노래(민요) 3곡과 아이들노래(전래동요) 36곡이 실려 있습니다.

언어, 즉 말은 매우 중요한 역할을 한다고 말씀드렸습니다. 요즘 아이들은 옛날 아이들의 노랫말을 알 턱이 없습니다. 잘 쓰지 않는 말로 노래를 하려니까 서먹서먹하고 얼른 마음이 안 가고 생경(生硬)스럽습니다.

그래서 노랫말을 현대적인 용어로 풀어쓰고 노랫말로 현대적 감각을 다듬어 싣는 노력이 필요하지 않을까 합니다. 예를 들면 1학년 1학기 교과서에는 '남생아 놀아라' 노랫말이 '남생아 놀아라 촐래촐래가 잘 논다'라고 표기되어 있는데, 여기서 '남생이'는 '자라'이고, '촐래촐래'는 '졸래졸래'이므로, '자라야 놀아라 졸래졸래 잘 논다'라고 표기하면 좋겠다는 것입니다.

또 1학년 2학기에 '달두 달두 밝다'라는 아이들노래가 있는데, '달두 달두 밝다 명달두 밝다 남호장 저고리 어화둥 백항라 저고리 어화둥'으로 되어 있습니다.

여기서 '남호장 저고리'란 저고리의 겨드랑이로부터 소매까지 남색으로 된 저고리를 가리키고, '항라'는 명주나 모시 등으로 짠 옷감이라고 합니다. 따라서 이 노랫말은 '달도 달도 밝구나 정말로 밝구나 남색 저고리도 예쁘고 모시 저고리도 예쁘구나'와 같이 나타내면 눈높이에 적당한 가사가 아닐까 생각합니다.

6. 4성 4강의 악기
- 단소 이야기

단소는 짧은 퉁소입니다. 어렸을 때 단소라는 말을 들은 기억은 없지만, 퉁소라는 말은 참 많이 듣고 자랐습니다. 현직 시절 경주로 수학여행을 갔을 때 아이들이 퉁소를 가지고 칼장난 놀이를 하는 모습을 보고 묘한 기분이 들었습니다.

우리 곁에서 자취를 감춘 지 오랜 악기였기 때문입니다.

절박과 유장의 명수

단소나 퉁소는 앞으로 부는 대나무 악기입니다. 대금이나 소금은 옆으로 해서 부는 악기입니다. 그러니까 '소' 자가 붙은 악기는 앞으로 해서 불고, '금' 자가 붙은 악기는 옆으로 해서 부는 악기라고 하면 이해가 빠를 것입니다.

단소는 초·중등교육을 막론하고 이 시대 국악 교육의 필수 악기처럼 되어버렸습니다. 왜 그럴까요?

단소는 크기가 작고 소리 또한 영롱하고 아름다워 그 음악적 우수성을 인정받고 있기 때문이라고 생각합니다. 절박하게 툭 끊겼다가 다시 유장하게 흘러나오는 그 맑디맑은 가락은 하늘의 신비를 전달하러 온 천사의 소리라고 할까요. 단소의 유장한 소리를 듣고 있노라면 예가 이승인지 아니면 천국인지 분간이 어려울 정도입니다. 황홀경은 이를 두고 한 말인지도 모릅니다.

4성 4강

4성이라 함은 자연의 소리, 화합의 소리, 선견지명의 소리, 반복성의 소리요, 4강이라 함은 값싼 경제성, 휴대가 편리한 이동성, 연주가 쉬운 간편성, 국악 음정 학습의 국악성 때문입니다.

4성을 풀이해보겠습니다.

첫째, 자연(自然)의 소리입니다. 대나무로 만들었으니 단소에서 나오는 소리는 자연의 소리입니다. 자연의 소리는 바람 소리요 새소리요 물소리입니다. 단소의 소리를 주의 깊게 들어보십시오. 영락없는 바람소리요 새소리요 물소리입니다.

자연의 소리는 태초의 소리입니다. 태초의 소리는 신의 소리입니다. 신의 소리는 영혼의 소리입니다. 영혼의 소리는 사람의 혼이 담긴 소리입니다.

무지몽매했던 우리는 단소 악기의 선율을 귀신이 내는 소리라고 무서워한 적이 있습니다. 참으로 가슴 아픈 이야기가 아닐 수 없습니다.

둘째, 화합(和合)의 소리입니다. 악기와 사람이 하나가 되어야만 소리가 납니다. 하나가 되지 않으면? 절대 소리가 나질 않습니다. 하나가 된 기(樂器)와 인(人)의 조화가 아니고서는 결코 소리가 나질 않습니다. 기와 인의 하나 됨, 바로 일체성의 소리입니다. 화합의 소리란 일체성의 소리입니다. 아이건 어른이건 기와 인의 마음이 하나가 되지 않고서는 소리가 나질 않습니다. 어른이 분다고 소리가 나고 아이들이 분다고 소리가 나는 것이 아닙니다. 어른이든 아이든 기와 인의 마음이 합해진 사람에게만 소리가 납니다. 자연의 소리는 마음의 소리입니다. 지성이면 감천인 법, 온갖 정성을 다해서 소리를 내려고 노력할 때 단소는 소리를 제대로 내줍니다.

셋째, 선견지명(先見之明)의 소리입니다. 흔히 국악 하면 5음을 생각합니다. 물론 옳은 생각입니다. 그렇다고 꼭 옳은 것 또한 아닙니다. 왜냐하면 5음 이외의 소리가 또 있기 때문입니다. 단소의 소리는 서양 음악적으로 표현하면 '솔, 라, 도, 레, 미'의 5음으로 설명할 수 있습니다. 국악의 율명으로 '중, 임, 무, 황, 태'입니다. 그러나 이 소리 이외에도 소리를 표현할 수 있는데 그 이유는 다음과 같습니다.

단소는 앞구멍 4개와 뒷구멍 1개 등 모두 다섯 개의 구멍으로 되어 있습니다. 가장 낮은 음인 '솔' 음을 연주할 때면 앞구멍의 맨 아랫구멍은 막지 않습니다. 막지 않는다는 건 쓰지 않는다는 겁니다. 때문에 맨 아랫구멍은 있으나 마나 한 구멍인 셈입니다. 사용하지 않는 구멍이라 이 말입니다.

좀 말을 바꾼 후 이야기를 해야 이해가 될 듯합니다. 국악엔 서양음악의 '파' 음이 없습니다. 전문가 입장에서 없다고 하면 틀린 말이지만 일반인들이 생각하는 상식으로는 파 음이 없다는 말이 옳습니다. 파 음을 거의 쓰지 않기 때문에 보통 사람들은 없는 것으로 알고 있습니다. 민요가 그렇거든요. 민요에는 파 음이 들어가는 노래가 단 한 곡도 없습니다.

그런데 사용하지 않는 구멍을 왜 뚫어놓았을까요. 맨 아랫구멍을 막고 소리를 내보십시오. '파' 음과 비슷한 소리가 납니다. 그건 서양음악이 들어올 것을 대비하기 위함이었습니다. 그러니 신기하지 않습니까? 파 음이 들어 있는 서양음악의 노래를 단소 악기로 연주할 수 있는 겁니다.

이는 전적으로 우리 선조들의 탁월한 통찰력에서 비롯되었다고 하면 틀림이 없을 것입니다.

넷째, 연습(演習)의 소리입니다. 모든 악기들이 그렇지만 유독 단소는 더 그렇습니다. 한두 번에 소리 나는 법이 없습니다. 소리내기를 반복해서 연습하지 않으면 절대로 소리가 나질 않습니다. 앉으나 서나 연습을 해야 합니다. 안방에 가서도 불어야 하고 건넌방에 있을 때도 연습을 해야만 합니다. 쉼 없이 반복해서 연습하지 않으면 안 됩니다.

4강을 풀이해보겠습니다.

첫째, 경제성(經濟性)입니다. 단소는 시중에서 삼천 원 정도면 손에 쥘 수 있습니다. 돈 삼천 원으로 국악기를 구입한다? 신기하지 않습니까. 그럴 정도로 값싼 악기입니다.

둘째, 이동성(移動性)입니다. 휴대가 편리합니다. 가방에 넣을 수도 있고, 외투 안주머니에도 들어갑니다. 외국 갈 때 가방 한 켠에 단소를 휴대하고, 그쪽 사람들에게 아리랑을 단소로 연주한다고 생각해보세요. 짜릿하지 않습니까? 대한민국을 대표하는 노래를 대한민국 악기로 연주해 들려준다? 정말 짜릿한 선물이 아닐 수 없습니다.

셋째, 간편성(簡便性)입니다. '도, 레, 미, 솔, 라' 다섯 음으로 연주가 가능한 우리의 민요, 우리의 노래를 표현할 수 있으니 얼마나 간편합니까? 현란하지 않고 소박하며 즐비하지 않고 간단한 우리의 노래, 단소로 연주하는 게 제격입니다. '미, 라'의 두 음으로 된 '남생아 놀아라', 여기에 '도' 음이 하나 더 있는 '청어엮자'를 단소로 연주해봅시다. 복잡하지 않게 노래할 수 있고 연주할 수 있습니다. 간편하기 때문입니다.

넷째, 국악성(國樂性)입니다. 단소엔 국악의 흐름이 숨어 있습니다. 꺼내서 나타내주기만 하면 국악의 느낌이 그대로 묻어나옵니다. 서양에서 느낄 수 없는 현란한 소리의 기교를 창의적으로 표현할 수 있습니다. 국악의 소리를 말입니다. 국악성 때문입니다. 특히 '청성자진한잎'이라 불리는 청성곡을 단소로 들어보세요. 단소로 표현되는 국악성의 의미를 확인할 수 있을 것입니다.

단소의 음 체계

우선 단소의 소리를 피아노(평균율)와 비교해보겠습니다. 우리가 보통 악보를 표기할 때 음의 실제 소리(실음)를 오선보에 나타내보면, 한 옥타브 올리고 다시 반음을 올린 소리가 됩니다. 반대로 흔히 오선보에 나타내는 단소의 '중, 임, 무, 황, 태, 협, 남'의 소리는 실음보다 한 옥타브 내리고 다시 반음을 내려서 오선보에 적습니다('8'자에 유의하세요).

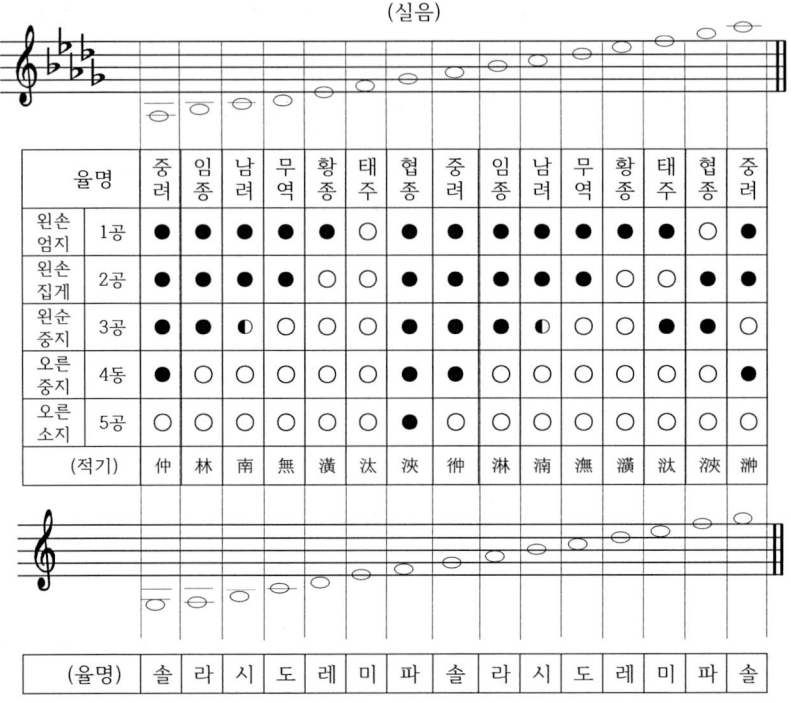

율명		중려	임종	남려	무역	황종	태주	협종	중려	임종	남려	무역	황종	태주	협종	중려
왼손 엄지	1공	●	●	●	●	●	○	●	●	●	●	●	●	○	●	●
왼손 집게	2공	●	●	●	●	●	○	●	●	●	●	○	○	●	●	●
왼손 중지	3공	●	●	◑	○	○	○	●	●	●	◑	○	○	●	●	○
오른 중지	4동	●	○	○	○	○	○	●	●	○	○	○	○	○	○	●
오른 소지	5공	○	○	○	○	○	○	●	○	○	○	○	○	○	○	○
(적기)		仲	林	南	無	潢	汰	浹	㳞	淋	湳	潕	潢	汏	㴺	㴊
(율명)		솔	라	시	도	레	미	파	솔	라	시	도	레	미	파	솔

(실음보다 반음 낮춤)

[그림 1] 단소의 음 체계

[그림 1]에서 보면 '솔(仲) - 솔(㳞) - 솔(㴊)'의 음 체계 곧, 두 옥타브의 소리 영역을 보유하고 있습니다. 양악에서는 오선보에 음을 표시함으로써 음높이의 시각성을 높입니다만, 국악에서는 정간보를 사용하기 때문에 음이름에 각기 다른 표기를 해서 옥타브 아래 소리와 옥타브 위 소리로 구분합니다.

두 옥타브 낮은 음 배탁성(倍濁音)	한 옥타브 낮은 음 배성(倍音)	기준 음역 중성(中聲)	한 옥타브 높은 음 청성(淸聲)	두 옥타브 높은 음 중청성(淸聲)
'㘉'	'㑃'	'黃'	'潢'	'㶂'
→ (국악의 음 영역) →				
인변 두개 (두 인변)	인변 하나		삼수변 하나	삼수변 두개
·	솔(仲)	솔(仲)	솔(㶡)	솔(㴼)
		→ (단소의 음 영역) →		

[그림 2] 단소의 음 영역

단소 불기는 왜 어려운가

첫째, 단소의 음 체계에서 알 수 있듯이 단소는 높은 음가를 지니고 있기 때문입니다. 기준 음역인 중성에서 오른쪽으로 치우쳐 있습니다. 단소는 약 40센티미터밖에 안 되는, 매우 짧은 악기입니다. 이런 악기는 대체로 높은 음역의 음가를 지닙니다. 그렇기 때문에 높은 음 중심의 소리 세상을 지니고 있습니다. 높은 음역은 매우 민감합니다. 정확한 소리의 양을 불어넣어야 하고 취구와 입술의 위치에 매우 예민해야 합니다. 그렇기 때문에 부는 사람 또한 예민하게 반응해야 합니다. 4강에서 지적했듯이 인(人)과 기(器)가 한 몸이 되어야 하고, 온갖 정성을 다해 불어야 합니다. 반복 훈련 과정이 요구되는 배경은 바로 여기에서 찾을 수 있습니다.

둘째, 호흡 조절이 까다롭기 때문입니다. 호흡은 숨이고, 숨을 잘 조절한다는 것은 말처럼 그렇게 쉽지 않습니다. 호흡이 짧은 사람은 그만큼 단소 불기가 어렵고, 호흡이 긴 사람은 단소의 음 조절에 여유가 있습니다. 고음 영역의 단소는 적지 않은 폐활량을 필요로 하는데, 기도하는 자세로 단소를 대하지 않으면 호흡은 단번에 공기 중으로 흡수되어 허공을 치고 맙니다.

셋째, 단소의 다양한 장식음(꾸밈음) 때문입니다. 장식음은 크게 세 가지의 부호로 되어 있는데, 부호와 장식음 그리고 겹꾸밈음 등입니다. 부호는 율명을 꾸며주는 역할을 하고 부호는 율명을 생략해서 적을 때 쓰는 기호인데, 『단소민요곡집』에는 부호는 36개, 장식음은 13개, 겹꾸밈음은 6개를 제시하고 있습니다.[16] 예를 들어보면 본음보다 하나 위 음 또는 두 음을 먼저 내고 본음을 내는 표가 있고, 본음보다 한 음 또는 두 음을 먼저 내고 본음을 내는 표가 있는데 간단히 살펴보겠습니다.

부호	구음	표기	설명	연주	비고
ㄱ	로	潢 ㉠	下一	潢 (無)	
ㅋ	로	汰 ㉪	下二	汰 (無)	
ㄴ	니	潢 ㉡	上一	潢 (汰)	

[그림 3] 부호(뒷꾸밈음)의 예

부호	구음	표기	설명	연주	비고
∧	니레	潢 (∧)	上一. 本.	汰 潢 - -	
ㅅ	니라	潢 (ㅅ)	上二. 本.	㳞 潢 - -	
ㄱ	노네	潢 (ㄱ)	下一. 本.	無 潢 - -	

[그림 4] 장식음(꾸밈음)의 예 ①

16) 허화병·김관희, 단소민요곡집, 서울: 세광출판사, 1995, 11~14쪽.

넷째, 시김새 때문입니다. 시김새란 국악에서 선율을 이루는 골격음의 앞이나 뒤에서 그 음을 꾸며주는 부호와 장식음을 말합니다. 뿐만 아니라 음에 짧은 잔가락을 표현하기도 하고, 음의 끝은 슬쩍 밀어주면서 올리기도 하며, 반대로 슬쩍 내리기도 합니다. 어떤 때는 음에서 갑자기 꺾어 내리기도 합니다. 시김새는 곡의 전체 분위기에 결정적인 영향을 주며 세련미, 화려함, 유연미를 더합니다. 서양음악에도 시김새가 있나요. 물론 있습니다. 주로 악보상에 잔가락을 아주 자세하게 음표로 나타냅니다. 물론 소리의 맛깔스러움은 서양음악의 그것과 비교할 수 없을 정도입니다. 시김새가 있는 청성곡을 들어보셨나요? 깊은 계곡의 물소리요 울울창창 새소리이니 사람의 마음에 내려앉아 휘감는 맛이란 어떤 말로 표현하기 어려울 정도입니다.

부호나 장식음 이외의 시김새는 다음과 같습니다.

 ⟿	소리를 위아래로 폭넓게 떠는 표
 ⌇	소리를 위아래로 잘게 떠는 표
 ⌇	처음은 굵게, 나중은 가늘게 떠는 표
⌣	소리를 위로 밀어올리는 표
 ⌐	소리를 아래로 끌어내리는 표
 ⌣	소리를 점점 여리게 밀어올리는 표
 ⌐	소리를 점점 여리게 끌어내리는 표
 ⟳	소리를 떨며, 끌어내리는 표

[그림 5] 장식음(꾸밈음)의 예 ②

어떻든 시김새 표현 기법으로 인해 일반인들이 국악에 대한 인식을 어렵게 갖는 것은 틀림없다 할 것입니다. 그렇다고 걱정할 이유 또한 없습니다. 왜 그럴까요.

단소를 화려하고 유장하게 불지 못하는 것은 장식음의 테크닉에서 비롯되는데 이 기능에 적응하기란 쉬운 일이 아닙니다. 참 어렵습니다. 아니 할 말로 밥 먹고 똥 싸는 일 외에는 여기에 매달려야만 합니다. 그러나 실망할 필요는 없습니다.

즐길 줄 아는 여유

우리는 그 소리를 즐기면 되는 것입니다. 못 불면 못 부는 대로 즐기고, 잘 불면 잘 부는 대로 즐기면 됩니다. 힘들면 쉬었다 불고 바쁘면 잠시 손을 놓으면 됩니다. 내 나라 음악 우리가 듣지 않으면 누가 듣겠습니까. 마음을 정결하게 가다듬고 즐기겠다는 마음가짐으로 단소를 대하면 됩니다.

어떤 사람이 즐기는 사람인가. 여행을 갈 때 단소를 챙길 수 있는 사람이라면 이 사람은 즐기는 사람입니다. 그곳에서 한적한 공간을 찾아 한 곡조 가락에—몇 줄 안 되는 가락이지만—느낌을 실어 바람에 날려 보내는 사람은 즐기는 사람입니다. 산행하는 사람이 단소를 허리춤에 차려는 자세를 가진다면 이 사람은 낭만의 사람, 즉 즐기는 사람입니다. 한적한 숲속에서 옷깃을 여미고—비록 유장한 가락이 아니더라도—입술에서 뿜어져 나오는 입김의 맛을 느낄 수 있는 사람이라면 이 사람 역시 사색의 사람, 즉 즐기는 사람입니다. 아니, 소리 내지 못해도 소중히 간직하고 있는 것만으로도 즐기는 사람입니다. 당신 곁에는 단소가 있습니까.

손 짚는 법

손가락은 삶의 젓가락입니다. 삶의 젓가락은 소리의 젓가락입니다. 소리의 젓가락이 단소에 얹어지면 연주가 시작되는데, 단소 구멍이 다섯 구멍밖에 되지 않는다고 한 손으로 적당히 불어볼 요량이라면 천만의 말씀입니다.

두 손 열 손가락이 모두 필요합니다. 앞의 네 구멍, 뒤 한 구멍으로 된 단소는 이 중에서 윗부분에 있는 세 구멍만 여닫고 맨 아랫구멍은 열어둔 채로 놓아둡니다. 동시에 위에서 두 번째 구멍까지는 왼손의 검지(둘째손가락)와 장지(셋째손가락, 가운뎃손가락)로 여닫고, 세 번째 구멍은 오른손의 장지로 여닫습니다.

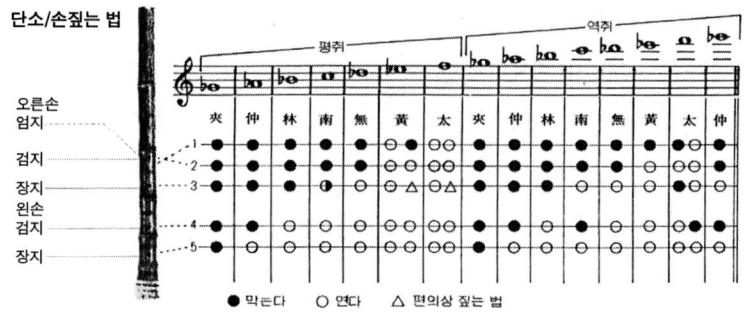

[그림 6] 단소의 손 짚는 법

뒷구멍은 한 개인데 이 구멍의 주인은 오직 왼손의 엄지손가락입니다. 그러니까 왼손은 엄지, 검지, 장지로 세 개의 구멍을 여닫게 되고, 오른손은 장지 한 개의 손가락으로 여닫으니까 단소에서는 왼손의 움직임이 단연 앞섭니다.

그렇다고 오른손의 움직임이 둔하다고 할 수는 없습니다. 오른손의 엄지와 검지는 무척 중요한 역할을 하고 있는데 이 두 손가락으로 몸체의 앞뒤를 거머쥠으로써 안정된 자세를 갖게 해줍니다.

사용하지 않는 손가락은 왼손이나 오른손을 막론하고 무지라고 하는 약지와 새끼손가락인데, 그렇다고 이들의 역할이 아주 없는 것은 아닙니다. 약지와 새끼손가락의 역할은 미미하지만 공손히 대접하지 않으면 안 됩니다. 화사한 연미복에 립스틱 짙게 바른 채 공연장에 나가는 공주님처럼 잘 모셔야 합니다. 단소의 몸체에 조심스럽게 그리고 살그머니 얹어서 자상하게 모셔야 한다 이 말입니다. 강한 터치나 무뚝뚝한 감각은 사절입니다. 만일 그랬다가는 이내 자기를 푸대접한다고 인정하고 불협화음을 질러대기 일쑤이니까요. 유능한 단소 주자일수록 이 두 손가락의 섬섬옥수가 단연 돋보이는 까닭은 바로 여기에 있습니다.

단소에도 손맛이 있습니다. 구멍을 여닫을 때 느낄 수 있는 손가락 맛이 미세한 감각을 타고 뇌파에 전달될 때의 짜릿함을 느껴보시기 바랍니다. 특히 왼손의 장지에서 그렇습니다. 장식음을 살려 연주하다 보면 더 그렇습니다. 살아 있는 소리가 구멍 언저리에서 맴돌면서 자신의 소리가 장지 끝 지문에서 가늘게 떨 때의 손맛은 불어본 사람이나 느낄 수 있습니다. 낚시꾼에게만 손맛이 있는 것이 아닙니다.

양악도 연주할 수 있나

국악기이니까 5음의 국악만 연주한다고 생각할 수 있습니다. 그러나 꼭 그런 것만은 아닙니다. 5음의 국악 곡이면 더 좋지만 2음이나 3음의 전래동요도 연주할 수 있고, 양악 동요도 얼마든지 연주할 수 있습니다. 동요뿐만이 아닙니다. 사실은—전문가의 경우—어떤 노래든지 소화해낼 수는 있습니다. 물론 한계는 있습니다. 임시표에 의한 반음 올림음과 반음 내림음은 어려운 부분입니다만 반복 연습으로 극복할 수는 있습니다.

그래서 북한에서는 개량 단소를 만들어 단소의 대중성을 높이는 노력을 하고 있습니다. 단소는 단소인데 남한의 단소와 모양이 다소 다른 것은 이런 이유에서입니다. 그러나 대한민국에서는 개량 단소를 만들지 않습니다. 그 이유는 국악의 음악적 특징을 소화해내려는, 전통 보수 입장을 고수하려는 의지 때문이라는 말을 전해 듣고 동감했습니다.

고등학교 학창 시절 밴드부에서 클라리넷을 불었습니다. 당시 '애모'라는 대중가요가 인기였고, 클라리넷으로 이 노래를 연주한 적이 있습니다. 지금도 그때 그 시절을 생각하면서 단소로 애모를 불어보는데 길이가 짧고 장식품 없는 대나무에 불과하지만, 가락이나 느낌은 완벽하게 이끌어낼 수 있습니다. 클라리넷의 저음과 고음을 단소에서도 느낄 수 있습니다. 단소는 그래서 아주 훌륭한 악기입니다.

단소 꼭지, 가능한가

단소는 불기가 정말이지 만만치 않습니다. 그래서 좀 쉽게 불 수 있는 단소가 있었으면 하는 아쉬움이 있습니다. 이런 이유에서인가요? 국악에 관심을 가지신 현장 선생님 한 분이 단소 꼭지를 만들어 특허를 획득했습니다.

이 꼭지를 끼워서 단소를 불어보니 리코더를 부는 것 같은 효과가 있었습니다. 정말 자연스럽게 소리가 났습니다. 신기했습니다. 그렇게 어렵던 단소가 이렇게 쉽게….

그런데 이 꼭지는 실용화가 어려웠습니다. 대나무의 직경이 다르고 제조 회사별 적용이 어렵기 때문입니다. 시판되는 플라스틱 단소 악기 회사에서만이라도, 자기 회사 제품에 끼울 수 있는 꼭지를 제작해서 곁들어 판매했으면 하는 생각이 들었습니다. 꼭지와 몸체가 분리되는 분리용도 좋을 것이고, 하나로 된 일체형도 좋을 것입니다. 더 나아가 제작 회사와 상관없이 끼워 쓸 수 있도록 표준화된 생산 체제—KS 제품처럼—였으면 하는 바람입니다.

단소 꼭지로 분다? 논란이 있을 수 있습니다. 우선 단소의 이미지에 어울리지 않고 단소의 묘미를 느낄 수 없다는 문제점 때문일 것입니다. 취구의 감각을 익힐 수 없으니 떠는 음과 미는 음, 그리고 흘러내리는 음 등의 시김새를 나타낼 수 없는 맹점이 있습니다.

틀린 말은 아닙니다. 하지만 쉽게 단소의 음감과 음정을 익힐 수 있다는 강점은 한 번쯤 긍정적으로 고민해볼 필요가 있지 않을까요. 사실 서양음악 음계(scale), 즉 '도, 레, 미, 파, 솔, 라, 시, 도'의 7음 음계에 익숙해져 있는 현대인들에게 국악의 5음 음계인 '도, 레, 미, 솔, 라'의 음계는 생소합니다. 서양 7음 음계는 반음과 온음이라고 하는 음 구조인데 비해, 국악 5음 음계는 이런 반음과 온음 구조가 아닙니다.

특히 '미-라-도' 음정의 체득은 매우 중요하다고 필자는 주장하고 싶습니다. 남도 민요인 '육자배기 토리'에서 3음의 음정은 가히 압권이기 때문입니다. 이 음정을 귀에 익힐 수 있다면 국악 교육에서 음감의 반은 국악의 5음 음계에 대한 교육적 배려를 인정했으면 합니다. 교육적 배려란 국악적 배려입니다. 국악적 배려란 국악의 음정에 대한 배려입니다. 플라스틱 단소는 같은 음정에 의한 통일성을 추구하려는 교육적 배려에서 만들어졌고, 여기에 이의를 제기하는 사람은 거의 없습니다.

앞서 지적했듯이 생명음, 배려음, 완성음 간의 음정을 익힐 수 있도록 하는 노력이 반드시 필요한데, 단소를 쉽게 불 수 있다면 이 문제는 간단히 해결될 수 있습니다. 3음뿐 아니라 '중, 임, 무, 황, 태'의 5음정을 익히기 위해서도 쉽게 불 수 있는 단소는 필연입니다. 그러려면 개량 단소를 만들어야 합니다. 물론 필자의 생각이지만 리코더처럼 아예 취구 꼭지를 달아 제품화시키는 것도 하나의 방법입니다.

저학년에는 전래동요가 많이(7차 교육과정 교과서에는 물 반 고기 반일 정도로) 나옵니다. 1학년에는 13곡이나 나오고 2학년에는 11곡이나 나옵니다. 전래동요가 전래동요인 까닭은 다른 데 있지 않습니다. 음정을 익히는 것, 이것이 키입니다. 그러니까 기교를 원하는 수준의 단소는 꼭지 없는 순수 자연산 대나무 단소가 제격이지만, 저학년 아동들이 국악의 음정을 익히기 위해서는 꼭지 달린, 정형화된, 일반화된, 규격화된 단소가 꼭 있어야 한다는 것입니다.

잘 불고 못 불고가 아니라 어떻게든 불어서 음과 음 간의 음정을 익혀야 한다는 것입니다. 간과해서는 결코 안 될, 매우 중요한 지적입니다. 2음, 3음, 4음, 5음에 의한 음악은 국악의 장점이고, 이 장점은 저학년 학생들의 음악 교육에 더할 나위 없는 교육적 강점을 줄 수 있습니다.

여기서 획득된 음정에 양악 음계인 7음까지 확대되면 튼튼한 반석 위에 집을 짓는 것과 같습니다. 권오성 교수가 저학년 아동들에게 전래동요를 지도하고, 학년이 오를수록 양악 교육을 해도 손색이 없다는 주장은 바로 이런 배경에서 비롯된 것입니다. 그리고 현행 음악 교과서에 전래동요가 많이 실린 것도 같은 맥락입니다.

국악 음정 익히기가 강 건너 불구경하듯, 땅 짚고 헤엄치듯 그렇게 쉬운 것이 아닙니다. 어려서부터 익힌 감각이 아니고서는 좀처럼 국악 음정을 구별하기가 쉽지 않습니다. 듣기는 쉬워도 소리내기는 어렵다는 것입니다. 양악의 7음보다는 수량이 적은 국악의 5음 음악의 접근이 훨씬 용이합니다. 그럼에도 불구하고 양악의 계명은 줄줄 외우면서 국악의 율명이 막히는 것은, 어린 시절의 음악 감각 학습이 이루어지지 않고 있기 때문입니다. 음정을 익히기 위해서는 쉽게 불 수 있어야 하고 그러자면 초급 단소인 꼭지 달린 규격화된 단소를 도입할 필요가 있습니다. 오히려 불기 쉬우니 규격화된 단소가 금상첨화라는 인식을 전제로 하여 교육용으로 제작, 보급하는 방안을 검토하는 것도 고민해볼 필요가 있습니다.

이 악기로 저학년 아동들이 국악의 음정을 체득하고 중학년이나 고학년에 가서 꼭지 없는 단소를 이용하여 한 단계 높은 기악 학습을 하는 것은 당연한 순서입니다.

제2부

'율(律)'을
제자리에

1. 아름다운 우리말, '율(律)'

　국악에도 양악의 '도, 레, 미…'와 같은 계명이 있을까 하는 점도 궁금했습니다. 그런데 국악에도 그런 용어가 고스란히 살아 있었습니다. '율(律)'이 그것이었습니다. 놀라운 사실은 단지 글자만 다를 뿐, 양악의 그것과 유별나게 다르지 않았다는 점입니다. 꾀죄죄한 국악, 곰팡이 슨 국악, 박물관으로 보낼 국악이 아니었습니다. 소리 세상을 한 아름 품고 있는 음악 보물단지였습니다. 이렇게 좋은 소리의 세상이 묻혀 있다는 것이 안타까웠습니다. 잘 닦아주면 살아날 음악, 가까이하면 깨달을 수 있는 음악, 소리 맵시가 아주 괜찮은 그런 음악이었습니다. 국악에 '율'이 있다는 것은 문화 민족의 단면이었습니다. 그런데 언제부턴가 소중한 우리의 말, '율'이 사라졌습니다. 국악 르네상스의 이 시점에서 회복해야 할 것 중의 하나를 들라면 그것은 '율'의 제자리 찾기입니다.

아름다운 우리의 말, 율(律)

'율(律)'은 '법, 법령, 정도, 비율'이란 뜻과 함께 '자리, 지위, 등급' 등의 뜻도 있었습니다. '자리'는 오래전부터 음악에 도입되어 사용하고 있는데, 높은음자리표와 낮은음자리표의 '자리'가 그것입니다. 말하자면 율은 이미 양악 이론에서도 그 위치를 확보하고 있던 겁니다. 국악에도 그런 높은 음의 영역과 낮은 음의 영역이 있음을 뜻합니다.

'지위'의 사전적 풀이는 '위치', '처지'란 뜻인데, 여기에는 음의 높낮이와 음의 길이가 담겨 있음을 알 수 있습니다. 다시 말하면 '율(律)'에도 음계와 리듬이 존재한다는 것입니다. 따라서 '율'이란 용어가 음악적으로 합당하다는 것입니다.

'율'의 세계로 조금 더 들어가보겠습니다. 우리나라 역사와 함께 음악 역시 문화의 흐름 안에 있었습니다. 그럼에도 불구하고 우리 선조들은 우리 음악의 주권을 열었고 지켰습니다.

향악(鄕樂)이 그것입니다. 고구려의 왕산악은 중국 진나라의 칠현금을 개량하여 거문고를 만들었고 신라의 우륵은 자체적으로 가야금을 발명했는데, 모두 모방품이 아닌 창안품(創案品)이었습니다. 향피리도 마찬가지입니다. 이 악기는 우리나라의 순종 피리입니다. 그래서 '향' 자를 앞에 두어 당피리와 구별했습니다. 악기에도 독립성, 주체성, 정체성이 살아 있습니다.

여기서 '향악'이란 용어를 생각해보렵니다. 이 용어야말로 완전 국산이고 전형적인 토종이었습니다. 게다가 조상들의 창조적 음악 세계가 올곧게 살아 숨 쉬는 숨결 어린 용어라는 생각이 들었습니다. 그리고 호기심이 생겼습니다. '왜 이렇게 순수하고 창안적이고 역사의 흔적이 서려 있는 향악이라는 용어를 쓰지 않았을까? 국악보다도 좋은 용어

가 향악인데… 한민족의 소리 주권을 함초롬히 머금고 있는 말인데…'
궁금했습니다. 앞으로는 국악이란 낱말 대신에 향악이라는 낱말로 바
꾸어도 좋을 것이라는 바람이 생겼습니다. '국립국악원'보다는 '국립향
악원'이 더 좋을 것 같습니다.

문화 착시 현상

역사와 함께, 향악과 함께 음악 문화의 중심에 있었던 '율'은 소리 주
권의 대변자였습니다. 그런데 여기서 의문이 생깁니다. 왜 '율명'이라는
용어를 쓰지 않았을까? 왜 '율명(律名)'이 단절되고 '계명(階名)'에 익숙해
져 있는가. 이런 수수께끼를 어떻게 이해해야 할까.

서양 사람들에 의해 근대식 학교가 세워지면서 모든 것들이 서양화
되기 시작했습니다. 핫바지, 까까머리, 짚신을 보다가 신사 바지, 신사
머리 곧 하이칼라 머리, 신사 구두 곧 때 빼고 광낸 구두를 보고는 그
만 홀딱 반해 버렸습니다. 밝은 전등불에 욕심이 생겨 선을 잘라 자기
집으로 가져가겠다고 말할 정도로, 서양 문화는 한국인의 혼을 홀딱
빼앗아 갔습니다. 남의 떡이 커 보였나요? 우리 것은 사그라지고 흔적
은 자취를 감추기 시작했습니다. 자연히 고유의 정서도 멀어져 갔습니
다. 문화적 착시 현상에 정신을 빼앗기고 말았습니다.

음악 역시 예외일 수가 없었습니다. 서양음악을 들어보니 '괜찮다' 싶
었습니다. 템포가 빨라 흥을 돋우기 좋고, 7음의 음계가 만들어내는
선율감이 기가 막히게 좋았습니다. 서양식 근대 교육이 자리를 잡아가
자 이 기막힌 양악이 그만 향악의 음악 세계를 점령해버렸습니다.

'율(律)'도 이런 맥락이었을 것이란 추측은 얼마든지 가능합니다. '율'

운운하다가는 구태라고 비난받을 게 뻔했을 것입니다. 시쳇말로 쪽팔렸을 것입니다. 바꾸지 않으면 왕따를 당한다는 위기의식으로 가득했을 것입니다. 그래서 생각한 것이 층계의 모양에 따라 음이 올라가고 내려가는 '계(階)'라는 글자였습니다. 사다리 '계' 자를 쓰고 보니 양악 음계를 설명하기에 그만이라고 여겼을 것입니다.

부드러운 선율감, 율(律)

'계명(階名)'의 '계(階)'는 '섬돌, 층계, 사닥다리'의 뜻입니다. '도, 레, 미…'의 음계를 설명하려고 할 때 이 용어가 훨씬 실감 날 수가 있습니다. 층계로 설명하면 시각적인 설득력이 있기 때문입니다.

하지만 이 설득력은 '율'이 함축하고 있는 음악적 의미를 설명하기에는 역부족입니다. '계(階)'를 능가하는 어떤 깊은 의미가 여기에 담겨 있기 때문입니다. 우리말에 '선율', '운율', '음률'이라는 말은 있어도, '선계', '운계', '음계'란 말은 없습니다. 따라서 계명은 어디에선가 가져다 썼거나 만들어낸 말임이 틀림없습니다.

부드러운 선율감이 숨어 있는 '율'이 좋은가, 아니면 각(角)의 느낌이 있는 '계'가 좋은가. 이 시점에서 이미 굳어져버린 '계명'이란 말을 고사시킬 생각은 없지만, 그렇다고 '율명'이란 말을 고사시켰어야 할 이유 또한 없었다고 생각합니다. '율명'이라는 용어를 썼어도 전혀 문제가 없었다는 것입니다.

이 용어 속에는 음의 오르내림을 상징하는 사닥다리의 개념을 고스란히 담고 있습니다. 따라서 악화(惡貨)가 양화(良貨)를 밀어낸 셈이고, 들어온 돌이 박힌 돌을 뽑아낸 형국이며, 개개비 둥지에 탁란(托卵)한

뻐꾸기 녀석의 횡포와 다를 바 없습니다.

빼앗긴 '율'은 다시 찾아야 합니다. 그래서 제자리에 가져다놓아야 합니다. 고착화된 '계명'이라는 용어를 바꾸기는 하늘의 별 따는 것만큼이나 어려울 수 있습니다. 그러나 하늘이 무너져도 솟아날 구멍이 있고, 불가능이란 가능함의 전제일 수 있습니다.

이 전제는 학교 음악 교실에서 가능합니다. 국민 보통 교육을 실천하여 문화 전수의 맥을 이어가는 초등학교 교실에서 시작되면 희망이 있습니다.

유치원의 음률 교육

유치원 교육과정은 음악적 영역이 '음률' 영역으로 되어 있습니다. '음률'이란 용어가 참 좋았습니다. '율'이 살아 있는 유치원 교육과정은 그래서 희망적이었습니다. 아름다운 우리말 '율'의 흔적이 살아 있는 것만으로도 참 다행이었습니다.

유치원은 율을 얻을 수 있는 황금 어장입니다. 그러려면 유치원 선생님들에게 유아용 국악 성악(전래동요)의 음악적 원리와 구조와 특징을 연수할 필요가 있습니다. 유치원 선생님들의 1정 강의에서 느낀 것이 있습니다. 그것은 전래동요에 대해 유치원 선생님들이 가진 음악 정보가 너무 부족하다는 것입니다. 알고 가르치는 것과 모르고 가르치는 것에는 현격한 차이가 있습니다. 모르고 가르치는 것은 소경이 소경을 인도하는 것과 다를 바 없습니다. 유치원 교사들의 전래동요에 대한 맛을 알고 깨닫고 느낄 수 있다면, 그 지도 효과는 배가될 것입니다.

김포에 있는 단설 유치원에 견학을 간 적이 있습니다. 유치원 교사들에게 전래동요에 대한 강의를 했던 터여서 남다른 관심이 있었습니다. 시설하며 교육 내용하며 모든 것이 유아들의 교육 천국이었습니다. 선생 중에서 가장 행복한 집단을 들라면 유치원 교사 집단이 아닌가 생각하였습니다.

여러 코너 중 국악 코너에 눈이 머물렀습니다. 율명을 적은 곳에 그 음을 소리 낼 수 있는 종(鍾)이 놓여 있었습니다. 그러나 그 작은 코너에도 국악의 모습은 일그러져 있었습니다. '황, 중, 임…' 대신에 '도, 레, 미…'로 쓰여 있었습니다. 그리고 있어서는 안 될 '파'도 있었습니다. 숨어 있어야 할 '파' 음이 버젓이 있다는 것은 다분히 양악의 스케일에 젖은 소치입니다.

인솔 유아 담당 장학사에게 율명과 숨은음에 대한 이야기를 들려주었습니다. 누구나 그렇듯 그분도 금시초문인 눈치였습니다. 남의 나라 음악은 잘 알면서 제 나라 음악을 모르고 사는 이상한 보통 사람의 모습이 그분에게서도 영락없이 발견되었습니다. 초라한 형색은 유치원 선생님들도 마찬가지였습니다. 이게 우리 모습의 단면이니 어쩔 수 없는 법, 속히 이 땅에 국악 세상이 전개되기를 소망합니다.

율(律)을 찾아라

과거를 거울삼아 업그레이드한 역사를 꾸려나갈 때 시대를 살아가는 이들에게 꿈이 됩니다. 계명에게 빼앗긴 율명의 자리를 되찾아야 하고, 음악 교실에서 율명이 넘실거린다면 조상들은 회심(會心)의 미소를 보낼 것입니다.

양악의 틈바구니에서 어쩔 수 없이 자신(선배 교사)도 모르게 버렸던 율명을, 우리 후배들이 찾아 회복해야 합니다.

그것은 그렇게 어려운 일이 아닙니다. 선생님들이 계명을 말하지 말고 율명을 말하면 됩니다. 으뜸음의 계명이 무엇이지 하고 묻지 않고 으뜸음의 율명이 무엇이냐고 물으면 됩니다. 다장조의 계명이 무어냐고 묻지 말고, 다장조의 율명이 무어냐고 물으면 됩니다. 그러면 계명이 꼬리를 내릴 것입니다. 율명이 음악 교실 수업의 용어가 된다면 회복의 꿈은 출산의 윤곽선을 그리기 시작하는 것입니다.

학교는 배움의 요람이고 교육의 못자리이고 그 관리자는 교사입니다. 세 살 버릇 여든까지 간다는 속담은 못자리 교육의 소중함을 그대로 대변하고 있습니다. 선생님이 어떻게 담느냐에 따라 아이들의 모양이나 형태가 판가름됩니다. 가소성이 가장 예민한 대상이 바로 아이들입니다.

초등학교에 입학한 귀염둥이에게 '율'을 줍시다. 율을 먹입시다. 율의 옷도 입혀줍시다. 어떻게 하는 게 좋을지 모르신다고요? 문제는 간단합니다. 어렵게 생각할 필요가 없습니다.

산에서 소금물을 얻으려 한다거나 바다에서 나물을 찾으려고 하면 문제는 커집니다. 난관을 만들려고 한다면 현명한 방법이 아닙니다. 그저 산에서 나물을 얻고 바다에서 소금물을 찾듯이 쉽게 해결하면 됩니다. 우물에서 숭늉을 찾는다는 속담이 있습니다. 업은 아기를 찾으려고 3년씩이나 고생할 필요도 없습니다. 문제는 가까이에 있고, 푸는 방법도 가까이에서 찾으면 됩니다.

1학년 입학식에 참석하여 부르는 노래가 있습니다. '학교종'입니다. 이 노래를 부를 때 계명으로 가르치지 말고 '율명'으로 가르치면 됩니다. '학교종'은 국악 음계와 흡사합니다. '도-레-미-솔-라'의 5음 음계로 되어 있고 양악의 흔하디흔한 '파(협)' 소리가 없어서 더 좋은 노래입니다. 이 노래를 율명으로 부른다는 것은 땅 짚고 헤엄치는 것과 같습니다.

학교 종이 / 땡땡땡 / 어서 모이자
(중중 임임 / 중중태 / 중중 태태황)
선생님이 / 우리를 / 기다리신다
(중중 임임 / 중중태 / 중태황태무)

'율명'은 두 자로 되어 있습니다. '황종, 대려, 태주, 협종, 고선, 중려, 유빈, 임종, 이칙, 남려, 무역, 응종'이 그것입니다. 보통 표기할 때는 머리글자만 써서 '황, 대, 태, 협, 고, 중, 유, 임, 이, 남, 무, 응'으로 나타냅니다. 오선보로 표시해보면 다음과 같습니다.

[악보 12] 향악의 12율명(거문고, 향피리)

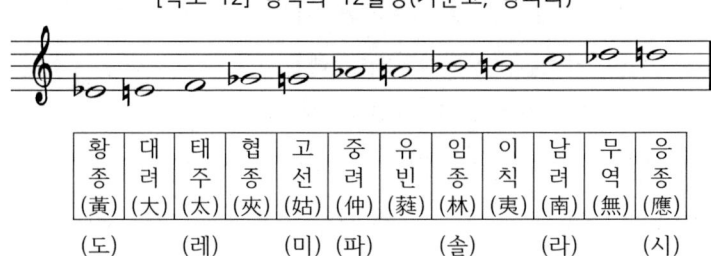

황종(黃)	대려(大)	태주(太)	협종(夾)	고선(姑)	중려(仲)	유빈(蕤)	임종(林)	이칙(夷)	남려(南)	무역(無)	응종(應)
(도)		(레)		(미)	(파)		(솔)		(라)		(시)

[악보 13] 당악, 향악의 12율명(당피리, 편종, 편경)

황종(黃)	대려(大)	태주(太)	협종(夾)	고선(姑)	중려(仲)	유빈(蕤)	임종(林)	이칙(夷)	남려(南)	무역(無)	응종(應)
(도)		(레)		(미)	(파)		(솔)		(라)		(시)

자, 어때요. 놀라울 정도로 완벽하지 않습니까. 국악이 양악과 어깨를 나란히 할 수 있는 것은 율의 완벽성 때문입니다. 요즘 국악과 양악이 함께 연주되는 현상을 자주 목도할 수 있습니다. 이것은 율의 완벽성에 기초한 퓨전(fusion) 능력에서 비롯됩니다. 최근에 양악과 국악이 어우러지는 연주 무대가 적지 않습니다.

크리스마스 시즌에는 캐롤송이 국악으로 멋스럽게 연주되어 점차 양악의 국악화가 이루어지고 있습니다. 해금을 주선율로 하는 슈베르트의 군대행진곡(Trois Marches militaires)이 국악 관현악으로 연주될 때는 오케스트라 못지않은 들을거리가 있습니다. 한국적인 것이 세계적인 것이고, 국악이 곧 세계음악이 될 수 있는 명백한 이유가 있다면 바로 국악의 퓨전성 때문이라고 할 수 있습니다. 지화자 좋다, 얼씨구 좋다!

참고로 한국문화예술진흥원의 출판물에서는 악보를 표기할 때 많은 플랫 기호를 임시 기호로 사용하게 되는 폐단을 없애기 위하여 다음과 같이 반음씩 낮추어 표기하기도 했습니다.[17] 양악의 계이름은 필자가 독자의 이해를 돕기 위해 제시한 것입니다.

여기서 유의할 점 하나를 지적하고 싶습니다. 거문고나 향피리의 음은 'Eb'이 아닌 'Eb'에 가까운 음이라고 생각해야 하고, 당피리나 편종 그리고 편경은 'C'가 아닌 'C'에 가까운 음이라는 점을 염두에 둘 필요가 있습니다. 그래야 양악의 평균율에 의한 음과 국악의 음 사이에서 혼동을 예방할 수 있고 생각의 폭을 넓힐 수 있습니다. 그러니까 국악의 율을 공부할 때는 절대 음정이라는 선입견은 갖지 않는 것이 좋습니다.

---

17) 한만영, "중학교 교사용(감상편)" 국악 교육지도서, 서울: 한국문화예술진흥원, 서울: 대한공론사, 1976, 29쪽.

[악보 14] 한국문화예술진흥원의 악보 표기

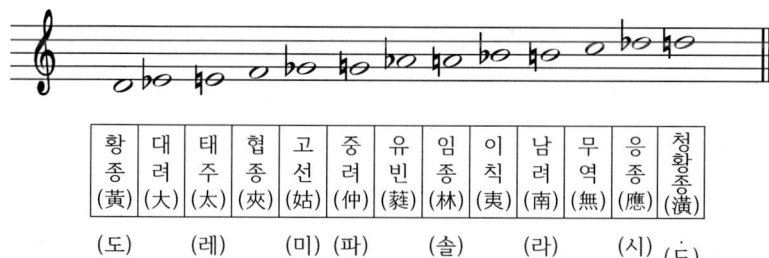

황종(黃)	대려(大)	태주(太)	협종(夾)	고선(姑)	중려(仲)	유빈(蕤)	임종(林)	이칙(夷)	남려(南)	무역(無)	응종(應)	청황종(潢)
(도)		(레)		(미)	(파)		(솔)		(라)		(시)	(도)

항간에 국악이 촌스럽고 천박하고 귀신이 나올 것 같은 못된 소리라고 생각하는 풍조에 젖은 사람들이 적지 않은데, 이것은 '율'에 대한 명확한 개념이 없어서 그렇습니다.

이제 율의 과학성에 대한 이야기를 해보겠습니다. '율'은 주먹구구 식으로 만들어진 것이 아닙니다. 평균율만큼 과학적입니다.

기본음이 되는 황종(黃鍾)의 소리를 내는 율관(律管)을 기준으로 하여 그 율관 길이를 3등분 하고, 그중에서 1/3을 제거한 나머지에 해당하는 길이의 율관으로 소리를 내었을 때 완전5도 높은 소리가 나는데 이 소리를 임종(林鍾)으로 삼는다. 이를 '삼분손일(三分損一)'이라 한다. 그리고 임종 율관의 길이를 3등분 하여 그 1/3에 해당하는 길이만큼을 임종 율관에 더한 길이의 율관에서 나는 소리는 임종보다 완전4도 낮은 소리가 나는데, 이 소리를 태주로 삼는다. 이를 '삼분익일(三分益一)'이라 한다. 삼분손일과 삼분익일을 반복하여 12율을 얻게 되는데, 삼분손일에 의하여 만들어진 여섯 음을 음려(陰呂)라 하고, 삼분익일에 의하여 만들어진 여섯 음은 양률(陽律)이라 한다.[18]

---

18) http://www.ncktpa.go.kr:8080/html/jsp/kookac/index.jsp

여기서 '삼분손익법'이란 생소한 말이 나옵니다. 다소 번잡하게 풀이했지만 찬찬히 들여다보면 그렇게 어려운 것은 아닙니다. 이 말을 쉽게 풀이하면 '⅓을 더하고 빼는 원리'라고 할 수 있습니다. ⅓을 더하고 ⅓을 뺀다는 것은 초등학교 아이도 이해할 수 있습니다.

⅓을 뺀다는 것은 기준이 되는 율관에서 ⅓을 잘라낸 율관, 즉 ⅔의 율관에서 나는 음으로 이를 '삼분손일(三分損一)'이라고 합니다. 그리고 ⅓을 더한다는 것은 기준이 되는 율관을 3등분하고 이 길이의 ⅓을 더한 율관, 즉 ¾의 길이가 되는 율관에서 나는 소리로 이를 '삼분익일(三分益一)'이라고 합니다. 백병동(1936~)이 이러한 원리를 알기 쉽게 나타낸 그림이 있습니다.[19]

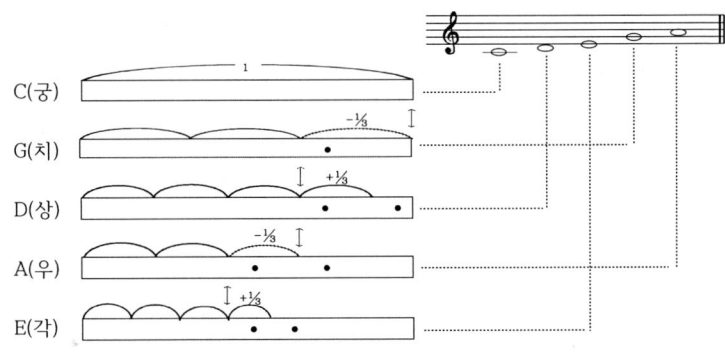

[그림 7] 알기 쉬운 삼분손익의 원리

이런 원리에 의해 얻어진 율은 크게 두 그룹으로 나누어지는데, 한 그룹은 '음률(陰律)'이고 또 한 그룹은 '양률(陽律)'입니다.

기준음의 ⅓을 잘라낸, 곧 ⅔의 율관에서 나는 소리는 완전5도 높은

19) 백병동, 개정대학음악이론, 서울: 현대음악출판사, 2004, 301쪽.

소리가 나게 되는데 이런 그룹의 율들을 '음률(陰律)'이라 합니다. 기준
음의 ⅓을 더한, 곧 ¾의 율관에서 나는 소리는 완전4도 낮은 소리가
나는데 이런 그룹을 '양률(陽律)'이라고 합니다.

이동남은 이 두 그룹을 다음과 같이 나타냈는데[20] 양률과 음률을
두 칸으로 나눈 것은 필자의 의견을 덧붙인 것입니다.

[악보 15] 양률과 음률

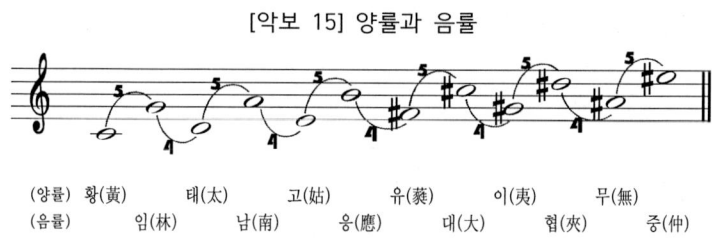

| (양률) | 황(黃) | 태(太) | 고(姑) | 유(蕤) | 이(夷) | 무(無) |
| (음률) | | 임(林) | 남(南) | 응(應) | 대(大) | 협(夾) | 중(仲) |

즉, 위로 완전5도(⅔)와 아래로 완전4도(¾)을 더해가는 음열(音列)로
서, 이는 피타고리안(Pythagorean) 음열과 같다[21]고 하니 조상들의 혜
안에 절로 머리가 숙여질 따름입니다. 우리는 여기서 선조들의 높은
식견과 과학적인 음악의 원리를 높이 사지 않을 수 없습니다. 반만년
의 역사 속에 국악 예술이 제자리를 지킬 수 있었던 것은 바로 이런
연유에서입니다.

율의 과학성은 곧 국악의 과학성입니다. 과학성에 바탕을 두고 긴
역사의 흐름에서 음악 예술성을 고양할 수 있었으니 우리들은 국악의
이런 면에서 자부심을 가져야 합니다.

그런데 여기서 궁금증이 생깁니다. 어째서 국악의 12음(十二律)들을
모두 쓰지 않았나 하는 점입니다.

---

20) 이동남 외, 새로운 음악통론, 서울: 학문사, 1998, 227쪽.
21) 장사훈·한만영, 국악개론, 서울: 서울대학교출판부, 1975, 4쪽.

그건 바로 2음이나 3음, 4음 그리고 5음만으로도 얼마든지 노래를 할 수 있기 때문입니다. 양악처럼 반음계를 굳이 구사하지 않아도 우리 한국인의 사상과 감정을 표현하기에 아주 자연스럽기 때문입니다.

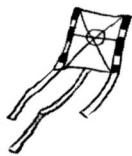

2. '미', 생명의 소리

왜? 무엇 때문에? 국악의 12음(十二律)들을 모두 쓰지 않을까? 이 질문은 필자에게 적잖은 호기심을 불러일으켰습니다. 양악에 의한 음악 예술의 패러다임에 묶여 있는 인식의 틈바구니에서 국악의 설 자리를 찾기란 좀처럼 쉽지 않았습니다.

촌스럽고, 늙수그레하고, 너절하고, 시끄럽고, 꾀죄죄하기가 이를 데 없고, 촌로의 막걸리 타입이고, 바닷가 부녀자들의 설움 타령이고, 혼령의 넋두리에 불과하고….

양악과 대비해 본 국악은 의문투성이였습니다. 그런데 이제는 그 해답에 가깝게 근접할 수 있습니다. '국악은 음악'이고, 독특성을 바탕으로 한 음악 예술의 '특급 프로젝트'임을 깨닫게 되었습니다. 이제 그 세계로 국악 여행, 아니 음악 여행을 떠나보려고 합니다.

여운

2003년 12월 23일 송정미(CCM 가수)의 'Christmas in love' 콘서트에 간 적이 있습니다. 건국대학교 새천년홀에서의 공연은 인상적이었습니다. 양악의 선율과 화음감은 감동적이었습니다. 3화음을 기본으로 한 화음의 이동은 커다란 양악의 밑그림을 그리며 관객의 느낌 속으로 파고들었습니다. 게다가 차용 화음이 만들어내는 화음감은, 또 다른 화음의 질감이었습니다. 크리스마스 트리처럼…. 양악이 만들어내는 크리스마스 콘서트는 매력 만점이었습니다.

하지만 율을 살려야 한다는 상념이 음악회의 뒷맛을 씁쓸하게 했습니다. 그러면서 '뱃노래'가 생각의 언저리에서 물살을 탔습니다. 이 노래를 양악으로 표현하면 어떻게 될까? 특유의 호기심이 생기기 시작했습니다. 작사자와 작곡자 불명의 경기도 노래인 뱃노래를 불러보기도 하고, 현제명(玄濟明 1920~1960)이 작곡한 '뱃노래'를 불러보기도 했습니다.

「뱃노래」— 경기도 노래(민요)

어기야 디여 차 어기야 디여— 어기여차
뱃놀이 가 잔다
부딪치는 파도소리 잠을 깨우니
들려오는 노랫소리 처량도 하구나
어이야 디여어차 어기야 디여어 어기여차
뱃놀이 가 잔다

[악보 16] 밴노래

경상도 노래

(중모리장단)

어 기야디여어 차 - 어기야디여어 어기 - 여 - 차

(중략)

어기야디여어 어기 - 여 - 차 뱃놀이 가 잔 다 -

입에서 입으로 전해온 노랫말이나, 5음으로 구성된 이 노래는 구성진 가락이 뱃놀이하는 이의 마음을 잘 나타내주는 듯했습니다. '어기야 디여 차' 할 때는 마치 노를 젓는 느낌이 들었습니다. '라' 음 종지의 계면조인 이 노래는 부딪히는 파도 소리를 처량하게 표현하여 애상적인 계면조의 선법과 잘 맞아떨어졌습니다.

반면에 부딪히는 파도 소리와 들려오는 노랫소리를 처량하게 표현했기에 뱃놀이의 분위기와는 사뭇 다른 면이 있어서 이해하는 데 어려움도 있었습니다. 아마도 뱃사람의 애환이 더 강하게 배어 있는 노래여서 그렇지 않을까 하는 생각이 들었습니다.

「뱃노래」 ― 현제명

두둥실 두리둥실 배 떠나간다
물 맑은 봄 바다에 배 떠나간다
이 배는 달 맞으러 강릉 가는 배
어이야 데에야아라 차 노를 저어라

현제명의 뱃노래는 장조라고 하기에는 좀 애잔했습니다. 바장조의 노래지만 단조로 작곡했으면 더 좋지 않았을까 하는 아쉬움도 있었습니다. 경기도 민요인 뱃노래가 5음에 의한 가락의 변화와 3분박이나 노랫말에서 실제 뱃놀이를 하는 분위기를 실감할 수 있는 반면, 현제명의 뱃노래는 추상적이고 감상적이었습니다. 장조의 노래이긴 했으나 부르는 이에 따라서는 단조 곡이었더라면 더 좋았을 거라는 느낌이 들기도 했습니다.

5음 입문

특급 프로젝트 국악은 5음 음계(pentatonic scale)가 우리 음악 세상의 발원지입니다. 이제 5음 속으로 들어가보겠습니다. '뱃노래'는 다른 경기도 노래(민요)처럼 '미, 솔, 라, 도, 레'의 다섯 음입니다. 국악의 민요는 왜 5음 음계로 구성되어 있을까? 양악 7음 음계(diatonic scale)의 '시' 음이나 '파' 음은 왜 사용하질 않았을까?

이유는 어렵지 않습니다. 5음만 있어도 한국인의 사상과 감정을 음악적으로 충분히 소화해낼 수 있다는 자신감의 반증입니다. '5음의 신비'라고 말하면 어떨까요?

일반적으로 국악 하면 '5음'으로 통하지만, 사실은 5음보다 많은 6음 음악이나 7음 음악이 없는 것은 아닙니다. 문묘제례악과 종묘제례악은 7음 구조이고, 궁중음악(정악)에는 6음 구조의 음악도 있습니다.

현재의 문묘제례악은 중국 아악의 음악 양식을 따라 세종 때 만든 음악인데, 이 음악은 다음과 같은 7음 음계로 되어 있다.

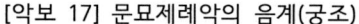
[악보 17] 문묘제례악의 음계(궁조)

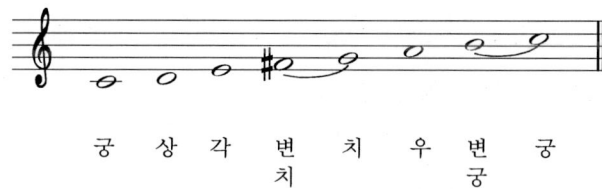

궁　　상　　각　　변　　치　　우　　변　　궁
　　　　　　　　　치　　　　　　　　궁

[악보 18] 종묘제례악의 음계(치조)

치　　우　　변　　궁　　상　　각　　변　　치
　　　　　　궁　　　　　　　　　치

(중략) 한편, 당악에 속하는 '낙양춘'이나 조선 세종 때 중국 당악의 음악 양식을 따라 만든 '여민락령' 또는 종묘제례악 중 '진찬'은 모두 7음 음계로 되어 있으나, 궁조인 문묘악과는 달리 치조(徵調)이다. (중략) 궁중음악 계통의 음악에는 부분적으로 6음 음계도 발견된다.[22]

6음 음계의 음악이 있고 7음 음계의 음악이 있다는 것은, 결국 국악의 운신의 폭이 그만큼 넓다는 것입니다. 그러니까 국악이 꼭 5음만 가지고 있는 음악이라는 한계에서 일단 벗어날 필요가 있습니다.

유아 국악 성악(전래동요)은 5음보다 더 적은 2음, 3음으로도 노래합니다. 갓난아이에게 음악이 존재할까요? 갓난아이에게 율이 있으면 음악이 존재할 것입니다. 김재은과 이성진은 갓난아이 시기를 '율조(律調) 있는 발성기'라는 표현을 쓰고 있습니다. 갓난아이 자신의 언어인

---

22) 국립국악원 홈페이지(http://www.ncktpa.go.kr)의 '국악개론'에서 인용한 글

옹알이(rabbling)[23]를 일컬음인데, 갓난아이가 즐겨 쓰는 특유의 옹알이인 랄모노로그(lallmonologue)는 아기의 발성 자체에 율조가 있다는 사실을 지적하고 있습니다.

그리고 음률에 대한 자기의 감흥을 표현할 줄 안다고 합니다. 소리 나는 노리개를 흔들고 두드리면 관심을 보이기 때문에 나무토막을 쌓는 놀이를 하면서도 "영차영차여영차 / 나무토막 쌓고 쌓아 / 우리 아기 집을 짓고…" 등의 가사를 자유자재로 변형시키는 음률 있는 놀이를 주문하고 있습니다.

옹알이는 노래의 옹달샘

말(언어)과 소리(노래)는 불가분의 관계에 있습니다. 우리만 그런 게 아닙니다. 지역과 민족을 초월해서 모두 그렇습니다. 말이 있는 곳에는 소리가 있습니다.

말하자면 말은 소리의 씨앗입니다. 소리의 한자말은 '음(音)'이니까 소리는 곧 음입니다. 엄마는 아가만 잉태한 것이 아니고 아가의 말도 잉태했습니다. 그렇기 때문에 엄마의 말은 아가에게는 소리의 씨앗입니다. 엄마의 눈과 아가의 눈이 마주칠 때 엄마는 산고의 고통과 아가를 바꾸었노라고 말합니다. 아가는 엄마의 눈빛을 보고 엄마의 고통에 따뜻한 감사를 보냅니다. 그 엄마는 다시 말합니다. 건강하고 지혜롭게 자라서 엄마의 기쁨이 되어달라고…

사랑의 눈짓으로 말하는 언어가 싹을 내기 시작하면 유형의 말이 이

---

23) 김재은 외, 유아교육전서 6, 예술을 통한 교육, 서울: 배영사, 1982, 196쪽.

루어집니다. 아가도 엄마의 말귀를 알아차리고 옹알이로 답합니다. 옹알이로부터 시작하는 엄마와 아가의 말은 소리의 뿌리입니다.

엄마와 아가가 주고받는 소리는 곧 한국인의 생각(사상)과 느낌(감정)의 발원지입니다. 영화 '나비효과'는 과거의 작은 변화가 현재 삶에 어떤 영향을 끼치는지 잘 보여주는 영화라고 합니다. 나비의 날갯짓이 지구 반대편에서는 태풍을 일으킬 수 있다는 카오스 이론에 근거해 보면, 엄마의 눈빛과 아가의 옹알이는 성악 국악 세상의 날갯짓이고, 국악 세상을 여는 노래의 옹달샘입니다.

아기 어르는 소리

따라서 엄마와 아가가 주고받는 매개체인 말은 소리이고, 이 소리는 음이며, 엄마와 아가가 주고받는 소리는 엄마의 생각(마음)과 아가의 느낌(감정)이 담겨 있는 음악입니다. 누가 시켜서도 아니고 가르쳐준 소리도 아닌, 자연발생적이고 태생적인 소리입니다. 저절로 형성된 이 소리는 곧 성악 국악의 원형(the original form)이라고 할 수 있습니다. 예를 들어보겠습니다.

지게지게[24] (짝짝) 잠잠[25] (짝짝) 도리도리 (짝짝)

엄마와 아가가 주고받는 이 소리를 신경을 써서 들어보면 몇 개의

---

24) 경기도에서는 '곤지곤지'란 말을 많이 쓰더군요. '지게지게'는 충남 태안에서 쓰는 사투리인 셈이죠.

25) 우리 지방 사투리인데요, 어렸을 때 '잠잠'이란 말을 들으며 자랐지요.

다른 소리들의 집합체이고, 소리가 위로 아래로 오르내리면서 음정, 곧 율정(律程)이 이루어집니다. 그리고 율의 길이에 따라 리듬, 곧 장단(長短)이 형성됩니다. 율과 장단이 반복되면 형식(form)이라는 음악의 틀이 형성됩니다. 이 틀은 성악 국악의 원형이고 정체성(identity)입니다.

[악보 19] 아기 어르는 소리 ①

창: 김동임[26]
채보: 박학범

지 게 지 게 (짝 짝)
쟘   쟘   (짝 짝)
도 리 도 리 (짝 짝)

엄마의 말은 노랫말(가사)이 되고, 노랫말은 리듬을 만들어냅니다. 그리고 엄마의 억양은 셈여림이 됩니다. 이때 같은 높이의 소리가 이어지면 음악적으로는 이미 1도 음정에 의한 노래가 형성된 셈입니다.

1도 음정의 소리에도 남부럽잖은 음악성이 내재되어 있습니다. '마하반야바라밀다심경…', '하늘에 계신 우리 아버지…'처럼 반야심경(般若心經) 독경이나 주기도문은 엄연한 1도 음정에 의한 노래(소리)입니다. 이 노래를 하찮게 생각해서는 안 됩니다. 1도 음정은 노래의 기본이고 바탕이기 때문입니다. 최근에는 이 음정이 엄청난 폭발력을 발휘하고 있습니다. 한류(韓流) 열풍의 주역이 이 노래에서 비롯되었다고 해도 지나침이 없을 정도입니다.

---

26) 충청남도 태안군 출생, 성별: 여, 1919년생. 1999년 채록.

서태지와 아이들

신세대 가수들은 1도 음정의 실세입니다. '서태지와 아이들'이 부른 곡 '난 알아요'는 엄청난 반향(反響)을 불러일으켰습니다. 1989년 1월, 17세의 나이로 시나위 멤버로 프로 무대에 데뷔하여, 1992년에 서태지와 아이들을 결성(20세)하면서 그의 인기는 하늘로 치솟았습니다. 인기의 비결은 1992년 3월 23일에 발표된 '서태지와 아이들'의 '난 알아요'에서 촉발되었습니다.

노래와 댄스가 혼합된 새로운 형태의 이 노래는 요원의 불길처럼 번지기 시작하였고, 가요의 한 장르로 자리매김하여 오늘에 이르고 있습니다. 지금 전면에 나서지는 않고 있지만, 수면 아래에 잠긴 그의 인기는 여전히 엄청난 폭발력을 간직하고 있습니다. 또한 그 뒤를 이은 비슷한 조류의 신세대 가수들의 열정은 '한류(韓流)'라는 신조어를 만들어내며 국익에 한몫을 하고 있습니다.

그렇다면 '서태지와 아이들'의 이 노래가 왜 열풍의 진원지가 되었을까? 앞서 지적한 바와 같이 발랄한 노래가 청중을 자극했고, 지금껏 맛보지 못한 현란한 댄스가 청중들의 탄성을 자아낼 만큼 강렬했기 때문일 것입니다.

필자는 여기서 중요한 단서 하나를 제시하려고 합니다. 그것은 바로 노랫말의 위력입니다. "난, 알아요"로 시작하는 그의 노랫말이 노래의 핵심이 되었다는 사실입니다. 전통적 입장에서 보면 노랫말은 선율 다음이었습니다. 심금을 적시는 선율에서 뭉클한 감동을 받고 나면, 그 다음에 노랫말에 관심을 갖기 시작합니다. 이 말은 노랫말이 아무리 좋다고 하더라도 감흥을 불러일으키지 못하는 선율은 노래로서의 의미를 상실한다는 뜻이기도 합니다. 그래서 작곡자들은 아름다운 선율을 만들어내기 위해 갖은 묘책을 찾습니다.

그런데 이 노래는 이런 전통적 패러다임을 바꾸어놓고 말았습니다. 말하듯이 읊조리는 노랫말, 즉 1도 음정 중심의 노래가 중심이 되어, 듣는 이들의 정신세계를 파고든 겁니다. 말하듯 읊조리는 노랫말과 노랫말에 의한 자연스런 리듬의 현란한 몸동작(댄스)이 하나가 되었습니다. 그때 청중들의 청각(노랫말)과 시각(몸동작)은 감동의 물결에 빠져들었습니다. 노랫말에서 보듯이 기존의 노랫말과는 판이한 형태를 가지고 있습니다. 이 많은 노랫말을 노래로 소화한다는 것은 불가능한 일입니다. 때문에 노래에서 오는 선율의 변화를 도모하기 위해서, 말하듯 읊조리는 또 다른 형태의 노래가 요구되었습니다.

「난 알아요」— 서태지와 아이들

1. 난 알아요 이 밤이 흐르고 흐르면
2. 누군가가 나를 떠나버려야 한다는
3. 그 사실을 그 이유를
4. 이제는 나도 알 수가 알 수가 있어요
5. 사랑을 한다는 말을 못 했어
6. 어쨌거나 지금은 너무 늦어버렸어
7. 그때 나는 무얼 하고 있었나
8. 그대 미소는 너무 아름다웠어
9. 난 정말 그대 그대만을 좋아했어
10. 나에게 이런 슬픔 안겨 주는 그대여
11. 제발 이별만은 말하지 말아요
12. 나에겐 오직 그대만이 전부였잖아

13. 오 그대여 가지 마세요 나를 정말 떠나가나요

14. 오 그대여 가지 마세요 나는 지금 울잖아요

15. 난 알아요 이 밤이 흐르면 요!

16. 그대 떠나는 모습 뒤로하고

17. 마지막 키스에 슬픈 마음 정말 떠나는가

18. 사랑을 하고 싶어 너의 모든 향기

19. 내 몸속에 젖어 있는 너의 많은 숨결

20. 그 미소 그 눈물

21. 그 알 수 없는 마음에 마음 그리곤 또 마음에 마음

22. 그 어렵다는 편지는 쓰지 않아도 돼

23. 너의 진실한 모습을 바라보고 있어요

24. 아직도 마음속엔 내가 있나요 나는 그대의 영원한…

25. 난 정말 그대 그대만을 좋아했어

26. 나에게 이런 슬픔 안겨주는 그대여

27. 오 그대여 가지 마세요 나를 정말 떠나가나요

28. 오 그대여 가지 마세요 나는 지금 울잖아요

29. 오 그대여 가지 마세요 나를 정말 떠나가나요

30. 오 그대여 가지 마세요 나는 지금 울잖아요

1부터 8까지는 사설 형태의 노래를 하다가, 9부터 14까지는 멜로디로 노래하고, 다시 15에서 24까지 사설 형태로, 그리고 25부터 30까지 노래가 이어집니다.

이 노래를 유심히 살펴보면 판소리와 공통점이 있는데, 첫째는 선율, 즉 소리(노래)가 있다는 것입니다. 둘째는 노래의 사이사이에 노랫말, 즉 아니리와 같은 사설이 있다는 것입니다. 셋째는 댄스, 즉 발림이라

는 몸짓이 있다는 것입니다.

소리와 아니리와 발림, 그리고 변화 있는 악조로 구성된 판창(板唱), 즉 '판을 짜서 부르는 소리'가 아니고서는 판소리의 그 많은 이야기를 소화해낼 수 없듯이, 이 노래 역시 노래 한 부분만으로는 소화해낼 수 없는 이치와 같습니다. 말하자면 말하고 노래하듯이, 그리고 춤추듯이 노래함으로써 변화와 반전을 도모하며 노랫말을 소화해내고, 청자들과 함께 호흡하는 모습을 보임으로써 창자(노래하는 이)와 청자(듣는 이)가 하나가 되는 판짜기가 이루어졌다는 것입니다.

다시 말해서 사설에서 노래로 다시 사설로 이어지고 사설과 노래를 극대화하는 몸짓, 곧 댄스가 어우러진 현대판 판소리를 형성했다는 것입니다. 이게 한국인의 정서에 딱 맞아떨어졌다는 것입니다. 이것이 음악의 새로운 장르를 만들어낸 원동력입니다. 다음 노랫말은 아니리, 즉 사설 부분입니다.

난 알아요 / 이 밤이 흐르고 흐르면 / 누군가가 나를 떠나버려야 한다는 / 그 사실을 그 이유를 / 이제는 나도 알 수가 알 수가 있어요 / 사랑을 한다는 말을 못 했어 / 어쨌거나 지금은 너무 늦어버렸어 / 그때 나는 무얼 하고 있었나 / 그대 미소는 너무 아름다웠어 / (아니리)

노랫말에서 느낄 수 있는 사랑하는 사람에 대한 애타는 열정은 청중들의 마음에 강하게 아로새겨지고, 노랫말에 실린 의미가 그대로 청중의 불타는 연정에 각인되었습니다. 그러다가 아주 섬세한 선율로 청중 앞에 성큼 다가섰습니다. 서태지가 주선율을 노래하고 이어서 아이들이 코러스를 넣을 때는, 그 흠모의 연정이 극에 달했고 이별의 슬픔 속으로 풍덩 빠져버렸습니다. 가지 말라고 읍소하면서 울고 있는 이유

를 대변할 때 애가는 극에 달했으니 듣는 이들의 심금을 울리고 남음
이 있었습니다.

난 정말 그대 그대만을 좋아했어
나에게 이런 슬픔 안겨주는 그대여
제발 이별만은 말하지 말아요
나에겐 오직 그대만이 전부였잖아
오 그대여 가지 마세요 나를 정말 떠나가나요
오 그대여 가지 마세요 나는 지금 울잖아요
(노래)

2004년 12월 11일. DAUM은 서태지에 대한 기사를 이렇게 타전했습
니다.

가수 서태지의 라이브 앨범 'Seotaiji Live Tour Zero 04'가 지난 9일
발매와 동시에 하루 만에 3만5,000장이 판매되는 기염을 토했다.
특히 서울 유명 음반 판매처인 교보문고 핫트랙스 광화문점에는 오
전부터 서태지의 앨범을 사기 위한 팬들이 몰려 매장 진열대에서 지
하 3층까지 긴 줄이 이어지는 진풍경을 연출하기도 했다.[27]

현란한 가락의 오르내림이 없어도 연인의 숨결, 향기, 미소, 그리움
등을 포효하듯 토해내는 노랫말의 의미에 빠져들기 때문인가요? 그 의
미를 강하게 대변하려는 단순성에 바탕을 둔 음정 효과 때문인가요?

27) http://ucc.media.daum.net/uccmix/news/entertain/broadcast/

병아리가 태어나자마자 획득한 어미닭의 목소리를 본능적으로 구별하듯이, 엄마 품에서 느꼈던 잠재된 음률의 세계를 느끼고, 귀소(歸巢)의 음악 본능이 젊은이들의 의식을 두드렸기 때문인가요?

1도 음정의 노랫말이 무서운 인기를 끄는 이유는 명분이 뚜렷하다고 할 수 있습니다.

1도 음정

연세가 높으신 어른들의 소리는 성악 국악의 보고입니다. 그분들의 소리가 곧 우리의 소리이니, 성악 국악 자료의 원천입니다. 박국환 옹[28]의 소리를 채록한 것입니다.

한거리 징거리 대청거리
만자만자 주머니끈
똘똘마러 장구채
지비딱딱 무검주
대장부 허리띠

오랜 세월을 지나오면서 입에서 입으로 전해오는 소리는, 고리타분한 소리라고 손사래를 치실지 모르지만 천만의 말씀입니다. 몇 사람이 서로 마주 보고 다리를 엇갈려 쭉 뻗고, 한 다리 한 다리 짚어가면서 소리를 중얼거리다가, 마지막 끝말인 '허리띠'의 '띠'에 걸리는 사람의

---

28) 충청남도 태안군 출생, 성별: 남, 1920년생. 1999년 채록.

다리를 오므리는 술래놀이입니다. 마지막까지 다리가 남은 사람이 술래가 되고, 이 술래에게 적당한 벌(노래, 장기 등)을 주게 되는데, 필자도 어릴 적에 이런 놀이를 하면서 자랐습니다.

다음 노래는 어린 시절의 술래잡기 놀이였던 '무궁화 꽃이 피었습니다'인데 현재도 불리고 있습니다.

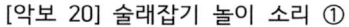

[악보 20] 술래잡기 놀이 소리 ①

창, 채보: 박학범

무 궁 화 꽃 이 피 었 습 니 다

[악보 21] 술래잡기 놀이 소리 ②

창, 채보: 박학범

무 궁 화 꽃 이 피 었 습 니 다

어려서 놀이할 때 하나에서부터 열까지 세는 것을 대신하여 불렀던 노래입니다. 처음에는 [악보 20]과 같이 여유 있게 부르다가, 흥이 더해지면 [악보 21]과 같이 빠르게 부릅니다. 놀이가 탄력을 받으면 주문 외우듯 눈 깜짝할 새에 읊으면서 술래를 잡던 놀이요입니다. 다시 엄마와 아가의 노래로 돌아가 보겠습니다.

엄마랑 아빠랑

아가가 자라면 아가를 즐겁게 해주는 놀이가 있습니다.

"응애-, 응애-."

엄마(아빠)가 누워서 두 다리를 모은 다음, 그 다리 위에 아가를 걸쳐 놓고 누워 있는 어른이 다리를 위아래로 흔들어주면서 이 소리를 아가에게 보냅니다. 그러면 아가는 좋아서 어쩔 줄 몰라 합니다. 또 다른 방법은 방바닥에 허리를 두고 누운 채 두 다리를 직각으로 세운 다음 발바닥 위에 아기의 배를 올려놓고 소리를 내는데, 위아래로 흔들거나 좌우로 빙빙 돌리기도 합니다.

"비호오 비호오."

좋아서 어쩔 줄 몰라 싱글벙글거리는 모습은 앞의 소리와 다를 바 없습니다.

다시 아기 어르는 소리로 가겠습니다. 흥이 나면 이 소리가 위와 아래로 조금씩 움직이기도 합니다. 그러면 음정이 생깁니다.

[악보 22] 아기 어르는 소리 ②

창: 김동임
채보: 박학범

지 게 지 게 (짝 짝)
쟘　　 쟘　 (짝 짝)
도 리 도 리 (짝 짝)

'미미미미 미 미'가 '미미미미 미 레'로 음 사이가 벌어졌습니다. 1도 음정의 노래가 2도 음정의 노래로 바뀐 것입니다. 부르는 사람이 누구냐에 따라 음높이나 음정이 조금씩 달라졌지만, 전하려는 메시지는 한 가지입니다. 다음 노래는 새끼(?)를 눈에 넣어도 아프지 않은 엄마의 소리입니다. 김동임 여사(85세)의 창입니다.

어머님의 사랑

[악보 23] 아기 어르는 소리 ③

창: 김동임
채보: 박학범

우리 애기 얼퉁 애기 엄마 품에 잘도- 잔다
은을 주고 너를 사며 금을 주고 너를- 사랴
꼬꼬 닭아 짓지 마라 우리 아기 잠을- 깬다

필자도 이런 소리에 젖어 자랐고, 필자의 자식 역시 이런 노래로 키웠습니다. 누가 시켜서 그렇게 한 것이 아닙니다. 들은 대로, 배운 대로 그렇게 한 것입니다. 비단 필자뿐이겠습니까.

노랫말을 보면 엄마의 아가 사랑이 잘 드러나 있습니다. 지구상의 어떤 나라가 이런 노랫말을 가지고 있을까요? 1913년에 노벨 문학상을 받은 인도의 시성 타고르(Tagore, 1861~1941)가 대한민국을 일컬어 '동방예의지국(東方禮義之國)'이라고 갈파한 배경에는, 이런 어머니의 자식 사랑이 있었기 때문입니다.

모정의 색채를 여실 없이 드러낸 사랑의 노래, 읽을수록 명문입니다그려. 왜 그럴까? 낳으실 때 서 말 서 되나 되는 피를 흘리시고, 여덟 섬 너 말의 젖으로 키우셨으니 어찌 그렇지 않겠습니까. 앓을 사 그릇

될 사 자식 생각에 손과 발이 다 닳아 해어지도록 고생하시는 어머니, 바로 나와 너 그리고 우리들의 어머니이십니다.

생전 불혹지년(不惑之年)의 끝자락에 와 있던 필자에 대한 사랑은 그윽하고 아련하기만 합니다. 출근할 때마다 구두코가 앞쪽으로 가게 가지런히 놓아주시고, 퇴근하여 집에 들어올 때까지 기다리셨던 분, 필자의 어머님이십니다.

그런데 아기 어르는 소리 ①, ②, ③과 술래잡기 노래 ①, ②의 공통점이 있습니다. 바로 '미' 음이 공통적으로 나타나고 중심음의 역할을 한다는 사실입니다.

생명의 음, '미'

'미' 음.

이 음을 설명하기에 앞서 심경부터 고백하겠습니다. '미' 음을 생각할 때마다 억누를 수 없는 벅찬 감정이 솟구칩니다. 그렇습니다. 감동 폭발! 바로 그것입니다.

조물주께서 천지를 창조하실 때 수면에 운행하시던, 음악 예술 영역의 기운을 이 '미' 음에 불어 넣으시고, 한반도 이즈음에 선물로 주셨습니다. 신의 선물, 은총의 소리입니다. 그러니까 이 음은 태초의 소리입니다. 태초의 소리는 자연의 소리입니다. 자연의 소리는 바람 소리이고 물소리이고 새소리입니다. 한반도 땅에 부어주신 소리이니 이 소리는 한민족의 소리입니다. 태초의 소리는 또한 생명의 소리입니다. 물이 생명이고 흙이 생명입니다. 유전 인자의 모든 것을 한 몸에 가지고 있는 핵(DNA)이요 씨앗입니다. 그러니까 국악 소리 세상의 핵심 소리입니다.

왜 그런지 아시나요? 성악 국악의 음계 때문에 그렇습니다. 어느 성악곡에나 들어 있는 이 소리는 소리의 근간입니다. 성악 국악의 뿌리인 아기 어르는 소리 ①, ②, ③에서 그렇고, 전래동요에서도 약방의 감초입니다. 음악과 국정 교과서의 전래동요 수록 실태(7차 교육과정의 경우)를 보면, 총 39곡 중 3곡을 제외하고 나면, 나머지 곡들에는 '미' 음이 꼭 들어갑니다.

곡명(학년-학기)	구성음	곡명(학년-학기)	구성음
남생아 놀아라(1-1)	미-라	기와밟기(1-2)	미-라-시-도
새는 새는(1-1)	미-솔-라-도-레	개구리(1-2)	미-솔-라-도
우리 형제(1-1)	미-라-도	이거리 저거리 각거리(1-2)	미-솔-라-도-레
우리 마을(1-1)	미-솔-라-도	널뛰기(1-2)	미-라-도
꾀꼬리 노래(1-1)	미-라-도	어깨동무(2-1)	미-솔-라-도
두꺼비 집이 여물가 (1-1)	미-라-도	덕석몰기(2-1)	미-라-도
두꺼비(1-1)	미-솔-라-도	에농데농(2-1)	미-라-시
이 박 저 박(1-2)	미-솔-라	둥개둥개 둥개야 (2-2)	미-라-도

[표 2] 전래동요의 구성음(예시)

보십시오. 어떻습니까. '미' 음이 안 들어가는 노래가 없습니다. 앞서 지적한 바처럼 아이가 성인의 축소판이 아닌 인격체이듯, 아이들노래, 즉 전래동요 또한 완전한 음악적 바탕을 겸비하고 있는 우리의 노래로서 국악 성악의 원형입니다.

이런 노래에 한결같이 '미' 음이 들어간다는 것은 대단히 중요한 의미를 지니고 있습니다. 잡초가 아닌 감초인 '미' 음은 노래의 기본음을 형성하고, 중심을 잡아주니 생명음이라는 명분에 손색이 없습니다.

육자배기 토리권의 노래에서는 더 그렇습니다. 여기서 호기심이 또 생겼습니다. 왜 떨까? 분명히 어떤 이유가 있을 것이라고 생각합니다. 왜냐하면 아니 땐 굴뚝에 연기 날리 만무하기 때문입니다. 결과는 원인에서 비롯되는 법!

'떠는 음'이라는 별칭까지 부여받았으니 그저 평범한 음이라고 하기에는 아쉬운 구석이 있습니다. 비범하다고 할 수 있는 어떤 뜻이 숨겨져 있다고 할 수 있습니다. 거기에 얽힌 자세한 이야기는 '육자배기 토리'의 '떠는 이유, 세 가지'에서 말씀드리기로 하겠습니다.

[악보 24] 육자배기 토리의 '미'

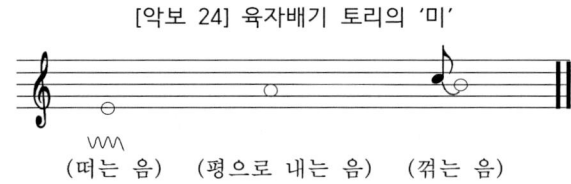

(떠는 음)　(평으로 내는 음)　(꺾는 음)

[악보 24]는 전라도 지방의 전래동요입니다. '미' 음을 강하게 떨어주면서 중심을 잘 잡아주고 있습니다. '꼬방꼬방', '덕석물기', '대문놀이', '비자나무', '청어엮자', '고사리끊자', '둥당기타령', '거문도 뱃노래' 등이 있습니다.

[악보 25] 남생아 놀아라(전래동요)

남　생아 놀아 라　　촐 래촐래가 잘 논다

메나리 토리권의 노래에서도 이 소리는 소리의 근본을 이룹니다. 동부 민요(경상도, 강원도, 함경도)의 메나리 토리의 음계에서도 이 소리 역시 중심을 잘 잡아주고 있습니다. 특히 하행 선율에서 '라' 음과 하나가 되어 '솔' 음을 사이에 두어 멋스런 선율감을 만듭니다.

[악보 26] 메나리 토리의 '미'

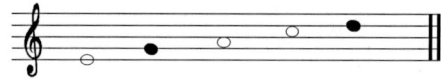

[악보 27]은 경상도 지방의 노래입니다. '미' 음(ⅠⅠⅠ)이 근음의 역할을 톡톡히 해내고 있습니다. 더 이상 내려가지 말라고 안전망을 형성하고, 아래는 내가 지키고 있을 터이니 위에서 흥겹게 노래 잔치를 하라고 후원하고 있습니다. '뱃노래'가 그렇고 '울산 아가씨'도 그렇습니다. 특히 '쾌지나칭칭'에서는 화려한 가락과 리듬의 퍼레이드를 힘차게 전개하라고 힘을 실어주고 있습니다. 강원도 노래인 '한오백년'과 '강원도 아리랑'이 그렇고, 특히 '정선아리랑'에서는 현란한 가락과 리듬의 퍼레이드를 든든히 떠받치고 있습니다. 함경도 노래인 '신고산타령'에서는 신명나게 한 판 노랫가락을 만들어냅니다. '옹헤야'를 보십시오. '미' 음이 근음(ⅠⅠⅠ)이 되어 5음의 멋진 향연을 펼치지 않습니까.

경상도 노래

우리들의 흥과 멋과 숨결을 고이고이 품고 있는 소리, 한국인의 느낌과 정서와 감정이 응축되고 집중된 소리, 느낌의 세계를 열어주어 흥겹게 춤추게 하는 소리, 그래서 '미' 음은 생명음입니다.

우리도 있어요, '가온다(C)'

서양음악에서는 '도' 음을 으뜸음이라고 합니다. 으뜸음은 음계의 기점이고 말 그대로 으뜸이 되는 아주 중요한 음입니다. 양악에서 이렇게 기본이 되는 으뜸음 '도'(가온다 'C') 소리를 가지고 있다면, 우리 음악에서는 바로 이 소리, 즉 '미' 음을 가지고 있습니다.

필자는 이 소리를 양악의 표기법을 빌려 가온 마(E) 음이라고 부르고 싶은데, 굳이 이런 표현을 써보는 이유는 바로 우리 음악에도 이렇게 중요한 음이 있음을 강조하고 싶어서입니다.

우리 음악도 사람의 생각과 느낌을 음이라는 도구를 빌어 표현한 예술인만큼 모양은 조금씩 다를 뿐, 분명한 이론과 근거가 있습니다. 이걸 찾아내는 노력이 필요합니다. 그렇게 함으로써 양악처럼 과학 국악 이론의 틀을 세워갈 수 있기 때문입니다.

이제껏 국악 이론을 공부했어도 양악의 가온음에 해당하는 '도' 음과 같은 역할을 하는 음이 바로 '미' 음이라고 말씀해주시는 분이나 그렇게 나타낸 어떤 문헌도 없었습니다.

이제 국악의 르네상스 시대를 구가할 시점에서 우리들은 끊임없는 지적 호기심으로 코페르니쿠스적인 발상의 전환을 시도해야 합니다.

이제 또 중요한 사실 하나를 지적하려고 합니다. 그것은 생명음의 눈을 뜨게 하고 싹을 움트게 한 소리, 그래서 노래가 가능하도록 한 소리가 있습니다. 어떤 소리인지 아십니까? 그렇습니다. 바늘 가는 데 실 따라가는 소리, 바로 '라' 소리입니다. 다음 장에서 이 '라' 소리를 알아보겠습니다.

3. '라', 배려의 소리

이름 모를 아름다운 꽃처럼 즐거움을 가져다줄 소리, 아가씨같이 아름다운 곡선과 예쁜 그림이 나타나듯이 펼쳐질 때마다 나타나는 즐거움과 여유를 가져다주는 소리, 그래서 '미' 음은 생명음이라고 했습니다.

그러나 생명음이 흙 속에 묻혀서는 의미가 없습니다. 싹이 돋고 태양 광선의 눈부신 은혜를 입어야 합니다. 암흑의 세계에서 광명의 세계로, 속박의 구속에서 해방의 자유로 나아가야 합니다.

양악의 딸림음

양악의 으뜸음 '도'는 홀로 있지 않습니다. 딸려 있는 음 '파'가 있어 외롭지 않습니다.

[악보 28] 으뜸음과 딸림음

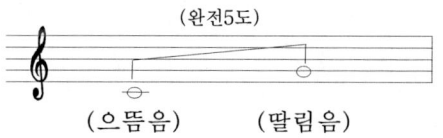

으뜸음에서 완전5도 위의 음 '솔'을 딸림음이라고 합니다. 딸림음이 존재하지 않는다면 으뜸음 '도'는 있으나 마나 한 음이 되고 맙니다. 역으로 딸림음 '솔'이 있어 으뜸음이 절대적 진가를 발휘합니다.

두 음은 음의 거리로 볼 때 완전5도의 위치에 있으면서, 서로 "네가 없으면 못살아" 할 정도로 아주 친분이 도탑습니다. 앞의 소리가 몬터규 집안의 아들 로미오(Romeo)의 소리라고 한다면, 뒤의 소리는 카플렛 집안의 딸 줄리엣(Juliet)의 소리입니다.

그러면 우리 음악에도 양악의 으뜸음과 딸림음 역할을 하는 음이 있을까? 있다고 생각합니다.

배려의 소리, '라'

여기 그 음이 있습니다. 바로 '라' 음입니다. 양악의 으뜸음 '도'와 상호의존적인 딸림음 '라'와 같이, 국악에도 상호 교류하고 서로 의지하는 음으로 '라' 음이 있습니다.

서양인들과 동양인들의 코 모양이 다르지만 코의 기능은 같듯이, 으뜸음과 딸림음의 기능에 버금가는 소리가 우리 소리에도 있는 것입니다.

생명음 '미'가 소리를 태동시켰다면 '라' 음은 우리 음악의 모양을 만들어준 그런 소리입니다. 참 중요한 소리입니다.

아버지와 같은 든든한 버팀목 역할을 하는 소리가 '미' 음이라고 한다면, 어머니처럼 노래를 아우르는 역할을 충실히 하는 소리, 이 소리가 바로 '라' 음입니다. 앞의 소리가 견우의 소리라면, 뒤의 소리는 직녀의 소리입니다. 앞소리가 고추장 맛의 소리라면, 뒷소리는 된장 맛 나는 소리라고 할 수 있습니다. 생명음과 한 몸이나 다름없는 이 소리는 어떤 소리라고 명명할까요.

[악보 29] 생명음, 배려음

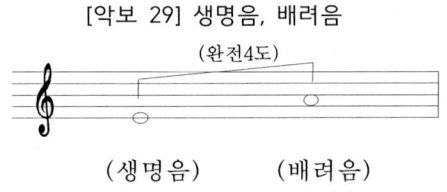

(생명음)　　　　(배려음)

'배려음'이라고 부르고 싶습니다. [악보 29]를 보십시오. 혼자 있어 외로워 보이는 '미'에게 보낸 배려의 소리. 떨어지지 말고 서로 의지하고 살라고 보내준 선물, 떨어지려야 떨어질 수 없는 소리. 겉궁합과 속궁합이 완벽하게 어울리는 찰떡같은 소리. 그래서 이 '라' 음을 '배려음'이라고 명명했습니다.

이 두 음은 완전4도의 관계를 형성하고 떼려야 뗄 수 없는 끈끈한 만남을 이루었습니다. 이 만남은 국악 세상의 크고 비밀한 역사(役事: 하나님의 일함)를 고이 간직한 채, 태곳적 음률의 신비를 간직한 채 오늘까지 그 한민족의 음악 예술의 역사(歷史)를 지켜왔습니다. 그리고 앞으로도 그 미래를 굳건히 열어갈 것입니다.

그래서 눈물을 주고 기쁨도 줄 것이고, 심금을 울리고 사랑을 이야기하게 할 것이며, 한국음악의 진수로써 한국인의 음악적 체취를 유유히 이어갈 것입니다.

'미-라'의 컨셉(concept)

앞서 'Amazing Grace'(악보 6)와 '나의 죄를'(악보 7)이 '무(도), 황(레), 태(미), 중(솔), 임(라)'의 5음과 '임(라)'이 빠진 4음임에도 불구하고 —국악 음계와 같은 구조임에도 불구하고— 이 노래를 국악 성악곡이라고 말하는 사람은 없습니다. 왜 그렇습니까?

이 노래에서 생명음 '미(태)'와 배려음 '라(임)'의 줄기가 있는지 살펴보아야 합니다. 이 노래에 이 커플이 있습니까?

「Amazing Grace」
솔/도 미도/미 레/도 라/솔(중/무 태무/태 황/무 임/중)
솔/도 미도/미 레미/솔(중/무 태무/태 황태/중)
미/솔 미솔미/도 솔/라 도도라/솔(태/중 태중태/무 중/임 무무임/중)
솔/도 미도/미 레/도(중/무 임무/태 황/무)

「나의 죄를」
도도도레/미솔미/도도레미미미/레 도(무무무황/태중태/무무황태태태/황 무)
솔 미레/미솔미/레 레도/레레미솔(중 태황/태중태/황 황무/황황태중)
솔 미레/미솔미/도도레미미미/레 도(중 태황/태중태/무무황태태태/황 무)

그렇습니다. 없습니다. 눈을 씻고 찾아도 없습니다. '미-라', 곧 '태-임'의 줄기가 없습니다. 이 줄기가 없으니까 느낌이 없는 것입니다. 따라서 국악의 냄새가 나질 않습니다. '미-라'의 컨셉(concept)이 있는 노래는 국악입니다. 그러나 '미-라'의 컨셉이 없는 음악은 국악이 아닙니다.

엄마와 아기가 주고받는 노래의 골격을 이루는 생명음과 배려음의 완전4도의 음정은, 결국 어른들의 노래인 민요의 뿌리(roots)가 됩니다.

특히 민요에서는 이 음정이 기본이 되고, 여기에 몇 개의 음을 더 넣어서 살을 붙여 노래하게 되는데, 지방마다 각각 다른 —이르러 '토리' — 맛깔스런 독특한 음의 선율을 만들게 됩니다.

[악보 30] 진도아리랑

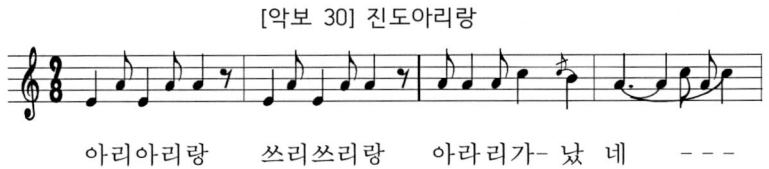

아리아리랑   쓰리쓰리랑   아라 리가- 났 네   - - -

[악보 30] '진도아리랑'은 생명음과 배려음 '미-라'의 컨셉이 바탕이 되는 노래입니다. 전라도의 육자배기 토리의 노래에서 특히 그렇습니다. 경 토리(경기도 민요)에서의 생명음과 배려음의 컨셉을 찾아봅시다.

[악보 31] 오봉산타령

오봉 산 - - 꼭대-기-에   에루화돌 배--- 나무-는--

가지 가-지 꺾 어-도- -   에루 화모양-만- 나누-나--

에헤 요- - 어-허-야--   영 -산홍록--의 봄바-람--

오봉산타령에서도 [악보 32] 생명음과 배려음 '미-라'의 음정이 눈에 확 띌 것입니다. 각 단의 첫 음정이 한결같이 이 음정으로 시작됩니다. 이 느낌이 살아 있는 소리, 바로 우리의 노래이고 우리의 가락입니다.

[악보 32] 오봉산타령의 '미-라' 음정

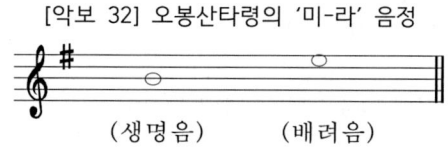

(생명음)   (배려음)

다음은 메나리 토리(강원도 민요)에서 이 음정을 찾아보겠습니다.

[악보 33] '한오백년'의 첫째 단

아무렴 - 그렇지 - 그렇구 말 - - 구 - ---

[악보 33]은 국민가수 조용필이 혼을 담아 불렀던 '한오백년'의 첫째 단입니다. 첫째 마디와 둘째 마디를 계명(율명)으로 나타내면 '미미미 (솔) 라라라도'입니다. 여기서 '솔' 음은 징검다리 음(경과음)이므로 '미-라' 음정의 윤곽이 뚜렷한 가락입니다. 국민가수 조용필이 혼을 담아 호소력 있게 노래할 수 있었던 것은 바로 살아 있는 4도 음정 때문입니다. 듣는 사람들에게 한 맺힌 소리로 와닿게 하는 것 또한 그렇습니다.

역시 이 음정은 우리 한민족의 예술혼과 떼려야 뗄 수 없는 맛과 멋, 한 많은 절규와 삶의 흔적을 일고(기, 起) 달고(승, 承) 맺고(결, 結) 풀며(해, 解) 함께해왔다고 할 수 있습니다.

시선뱃노래

한강을 거슬러 오르는 시선배 사공들이 노를 저으면서 하던 노래가 '시선뱃노래'입니다. 이 노래에서도 '미-라' 음정은 노래의 근간을 이루고 있음을 알 수 있습니다.[29]

[악보 34] 시선뱃노래의 '미-라' 음정

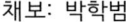
채보: 박학범

어이야 - - 어이야 어이야 어이야

저달 뜨자 - - 배 띄 - 우니 - - 우리배 출범 - -

쑥대머리

판소리에도 '미-라' 음정이 있을까? 춘향가 중에서도 가히 압권으로 알려진 소리 '쑥대머리' 한 대목을 살펴봅시다.

---

29) 최상일, 우리의 소리를 찾아서, 서울: 돌베개, 2002, 330쪽.

[악보 35] 춘향전 '쑥대머리'의 '미-라' 음정

쑥 대 머 리 - - 구 신 형 용 - -

①			○				○	○			○		○
쑥	대	머	리		귀	신	형	용	
汰	潕南	-林	林	〰〰	潕南	林	太	太	〰〰
미	도시	-라	라	〰〰	도시	라	미	미	〰〰

※ 쑥대머리: 쑥대처럼 흐트러진 머리칼
　 구신형용(鬼神形容): 귀신처럼 생긴 얼굴 모습

　한 장단에 불과하지만 모두 14개의 음 중에서 생명음 '미' 음이 4번, 배려음 '라' 음이 5번, 모두 9번 나타나고 있습니다. 음의 구성으로 볼 때 '미-라'의 줄기로 점철되어 있습니다. 육자배기 노래와 음악적 정서가 같은 한 틀의 노래임을 이내 알 수 있습니다.

　지구촌 어디를 가더라도 우리의 소리를 쉽게 감지할 수 있는 까닭이 바로 여기에 있습니다. 4도 음정의 이 소리는 약방의 감초처럼 우리 가락의 길라잡이입니다. 우리 소리의 골격이고 뼈대입니다. 이럴 때 '미-라'의 줄기를 일컬어 '진수(眞髓)'라고 표현하면 제격입니다. 그러나 진짜 진수는 다음 장에서 말씀드리고자 하는 「도', 완성의 소리」 편에 서입니다.

4. '도', 완성의 소리

　콜럼버스(Christopher Columbus, 1451~1506)는 탐험가입니다. 질풍노도(疾風怒濤)의 강풍과 살을 에는 듯한 추위와 고갈되어가는 식량에도 불구하고 생명을 담보로 미지의 신대륙 탐험에 나섰습니다. 하지만 보여야 할 신대륙은 보이지 않았습니다. 선원들은 눈앞이 아뜩했습니다. 집채만 한 파도보다 더 큰 두려움이 몰려왔습니다. 선원들은 죽음의 공포에 사로잡혔습니다.

유치하다고?

　그때 누군가가 달걀을 치켜들더니 세울 자 있느냐고 외쳤습니다. 콜럼버스의 외마디였습니다. 놀란 선원들은 콜럼버스를 향해 이제는 정신마저 온전치 못하다고 수군거렸습니다. 그리고 야유를 퍼부었습니다. 그러나 콜럼버스는 달걀 밑부분을 깨더니 냉큼 달걀을 세웠습니다.

다. 희미한 대륙의 끝자락이 보이는 듯했습니다. 마침내 신대륙에 상륙했습니다. 꿈이 현실로 다가온 것입니다. 호기심과 끈기는 신대륙의 기원이 되었습니다.

콜럼버스처럼 5음의 신비를 벗기는 일은 매우 유치한 일일 수 있습니다. 일반적으로 아는 지식이기 때문입니다. 우리는 공기의 소중함을 잘 압니다. 무의식으로 접하는 공기이지만 대수롭지 않게 취급했다가는 큰코다칩니다. 2, 3분만 호흡하지 않아도 우리는 목숨을 잃을 수 있습니다.

국악이라는 학문도 자칫 공기의 소중함을 모르는 것처럼 착각에 빠질 수 있습니다. 우리가 공기의 소중함을 모르듯 국악을 몰랐다가는 어려움에 빠지게 됩니다. 그 국악은 진부하고 어렵고 괴롭고 골치 아픈 대상으로 각인되기 때문입니다. 이 상태가 계속 지속되면 국악 예술의 스트레스에 빠질 수 있고 급기야 정신 공황에 직면할 수도 있습니다. 국악은 알아야 합니다. 재미있고 쉽다는 것을 느낄 수 있어야 합니다. 그러면 스트레스와 공황으로부터 우리가 보호를 받을 수 있습니다.

캡사이신

알고, 깨닫고, 느끼고, 해보고 또 해보고…. 아이들의 잠재된 무의식의 세계를 건드리는 일은 매우 중요합니다. 교사들만의 특권이 있다면, 그것은 아이들의 무의식을 건드려줄 수 있는 책임이 있다는 것입니다.

고추에 '캡사이신(capsycine)'이라는 항암 성분이 있다는 말을 듣고 믿기지 않았습니다. 고작 매운맛의 향신료 정도로만 알았던 무식 때문이었습니다. 캡사이신은 기름의 산패를 막아주고 젖산균의 발육을 돕기 때문에 자연히 항암 효과를 발휘한다는 것과, 사과의 20배에 달하는 양의 비타민 C등 항산화 물질이 가득 들어 있다고 합니다. 미국의 시사주간지 「타임」은 전남 순창이 세계적인 장수마을로 이름이 나 있는 이유를 고추장에 있다고 보도하기도 했습니다.[30]

2002년 11월부터 중국 광동 지역을 중심으로 발생하여 홍콩, 싱가포르, 캐나다 등 전 세계적으로 확산되었던 신종 전염병 사스(중증급성호흡기증후군, Severe Acute Respiratory Syndrom, SARS)가 유독 한국 땅에서 발병하지 않은 이유를 김치에서 찾았고, 김치의 주재료가 바로 고추임을 지적한 바 있습니다.

이렇듯 국악에 대한 새로운 사실을 깨달을 수 있다면 새로운 국악 세상을 만날 수 있습니다.

이왕이면 다홍치마라고 제대로 알면 좋습니다. 제대로 안다는 것은 내면의 원리와 법칙을 깨닫는 것입니다. 국악에 담긴 음악적인 원리와 법칙을 알고 깨닫고 느낄 수 있다면 얼마나 좋겠습니까.

'미-라', 완전4도 음정의 줄기는 국악의 캡사이신이 아닐까요? 성악 국악의 핵심 줄기라는 확신 때문입니다. 그러나 이 줄기를 완성하는 한 개의 음이 더 있습니다. 무엇일까요? 이제 그 속을 들여다보겠습니다.

---

30) 국민일보, 2004. 11. 17. 29면, 강남베스트클리닉 이승남 박사의 글에서 인용.

따루따루

제 고향에서는 아가가 막 서기 시작하려고 할 때, 홀로서기를 바라
는 마음으로 불러주던 노래들이 있습니다.

[악보 36] 아기 어르는 소리 ④

따 루 따 루

[악보 36]은 아가의 작은 두 발을 엄마의 큰 손으로 거머쥐고, 아가
가 부디 설 수 있기를 기원하면서 부르던 노래입니다(창: 박국환 옹, 채
보: 박학범). 이 소리에는 아가에 대한 사랑을 확인하고 희망을 품으려
는 엄마의 마음이 잘 담겨 있습니다. 아가가 잠깐 서는 모습을 보려고
온갖 정신을 집중합니다. 찰나에 불과한 시간이지만, 이 순간처럼 행
복한 순간이 또 있을까요.

[악보 37] 아기 어르는 소리 ⑤

불아 딱딱 불아 딱딱

[악보 37]은 [악보 36]과 같은 시기에 불러주던 노래입니다(창: 박국환
옹, 채보: 박학범). 아기의 몸이나 두 손을 잡고 엄마(아빠)의 몸을 좌우로
흔들면서 노래를 부릅니다. 엄마의 사랑이 손끝을 타고 아가에게 전해
집니다. 아가는 엄마에게서 전해오는 리듬선을 따라 한 몸을 이룹니다.
"불아 딱딱, 불아 딱딱."

여기서 '불아'는 아가의 '불알'을, '딱딱'은 '영근다'는 뜻입니다. 아가가 속히 커서 어른이 되길 기원하는 남아 선호 의식의 한 표현이라고 할 수 있습니다.

[악보 38] 아기 어르는 소리 ⑥

걸음 마 걸음 마

또 [악보 38]은 아가가 걸음마를 막 시작하려 할 때 부르던 노래입니다(창: 박국환 옹, 채보: 박학범). 엄마나 아빠의 발등 위에 아기를 올려놓고 천천히 발을 떼면서 부르던 노래입니다. 필자도 부모님으로부터 이 소리를 들으면서 자랐고, 제 아이들 역시 이 노래로 키웠습니다. 그런데 [악보 37]과 [악보 38]에서는 이제까지 보지 못한 음이 공통적으로 출현하고 있습니다. 어떤 음일까요?

'도', 완성의 소리

바로 '도' 음입니다. 이 음 또한 우리 소리에서 독보적인 위치에 있다고 할 수 있습니다. '미' 음이 생명의 음이고, '라' 음이 씨앗의 눈을 틔우게 한 배려의 음이라면, 이 음은 하늘의 별에 견줄 수 있는 총명과 지혜의 음이라고 명명해도 좋을 듯합니다.

[악보 39] 우리 노래의 주요 3음

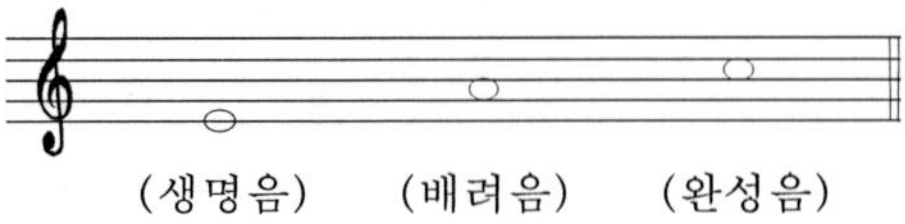

(생명음)   (배려음)   (완성음)

왜 그, 화룡점정이라는 말이 있잖습니까. 이 '도' 음은 화룡점정(畫龍點睛)의 역할과 기능을 하는 음이라고 말씀드리고 싶습니다. 중국 양(梁)나라 때 우군장군(右軍將軍)과 우싱태수(吳興太守)를 지낸 장승요(張僧繇)가 화가로서 입신(入神)한 것을 비유한 데서 유래된 말입니다. 장승요가 금릉(金陵: 南京)에 있는 안락사(安樂寺) 벽면에 4마리의 용을 그렸습니다. 눈동자를 찍으면 더 좋을 것이라는 주위 사람들의 말을 듣고 눈을 그려 넣었습니다. 그러자 용이 벽을 깨고 하늘로 올라갔다고 합니다.

그렇습니다. 이 '도' 음이야말로 한국인의 음악적 패러다임을 완성하기 위한 음임에 틀림없어 보입니다. 한민족의 음악 세상에 '도' 음이 없었다면 어떻게 되었을까요. 용이 되지 못하고 지렁이가 되었을지도 모릅니다. 반만년의 역사 속에서 음악 예술이라는 진면목을 간직해온 음, 한국인의 음악적 정서를 고이 간직한 음, 점정(點睛)의 이 음은 그래서 완성음이라고 주장하고 싶습니다. 우리 소리의 등대 빛이고 어둠을 밝히는 자동차의 헤드라이트입니다. 필요충분조건을 갖춘 음, 완성의 소리입니다.

생명음 '미', 배려음 '라', 완성음 '도'는 우리 노래나 우리 소리나 우리 음악에서 없어서는 안 되는 기본 골격인, 우리 음악 세상의 줄기 세포(stem cell)와 같은 기능을 하는 3음이라고 강변하고 싶습니다. 양악의 3화음에 필적한다고 할까요.

줄기 세포(stem cell) 음

'줄기 세포'는 만능 세포(plenipotent cell)입니다. 사전적 풀이로는 '줄기 세포는 근육, 뼈, 뇌, 피부 등 신체의 어떤 기관으로도 전환할 수 있는 만능 세포'라고 했습니다. 이 풀이에 얹어 설명해보면, '생명음, 배려음, 완성음의 세 음은 한국인의 음악적 심정을 표현할 수 있는 골격이 되는 음으로, 모든 국악의 음 체계를 이루는 중심이 되는 음'으로 나타낼 수 있습니다. 국악 세상을 연 전권(全權) 세포입니다. 세 개의 줄기 세포 음 '미-라-도'는 미래의 국악 세상을 열어나갈 성장 엔진입니다.

필자가 '줄기 세포'란 용어를 쓰고 난 며칠 후에 황우석(黃禹錫, 1952~) 교수가 줄기 세포를 이용하여 세계 최초로 인간 복제 기술의 개가를 올렸다는 소식[31]을 전해 들었습니다. 필자는 이 소식을 듣고 깜짝 놀랐습니다. 왜냐하면 그 사실을 모른 채 줄기 세포 음이라는 용어를 국악 교육 용어로 차용했기 때문입니다. 용어 선택의 적절성 때문에 참 기뻤고 글 쓰는 피로가 풀렸습니다. 그리고 어깨를 추스를 용기를 얻었습니다.

이렇게 해서 세 개의 음을 찾아 명분을 얹어 음이름을 지었습니다. 후에 설명이 되겠지만 양악에서는 기능에 따라 음이름이 부여되고 있습니다.

'도' 음: 으뜸음
'레' 음: 웃으뜸음
'미' 음: 가온음

---

31) 2004년 2월에 사람의 체세포를 복제한 배아(胚芽)를 사람의 난자에 주입해 핵이식 난자를 만든 다음, 전기 자극을 통해 세포 융합을 유도함으로써 배반포 단계까지 발육시키는 데 성공함으로써 세계 최초로 '인간배아 줄기 세포'를 만들어냈다. 이 연구로 배아 줄기 세포를 이용해 뇌질환·당뇨병·심장병 등 각종 난치병을 치료할 수 있는 길이 열리게 되었고, 그는 세계 각국의 언론으로부터 복제양 '돌리'에 버금가는 위대한 생물학적 발걸음을 내디딘 인물로 평가받았다.

'파' 음: 버금딸림음

'솔' 음: 딸림음

'라' 음: 버금가온음

'시' 음: 이끔음

그런데 우리 국악은 이런 이론적 명칭 부여에 소홀한 면이 없지 않습니다. 솔직히 그런 노력조차 없었습니다. 이런 명칭을 부여하는 노력을 하는 이유는 이제 우리의 소리(음) 하나하나에도 이런 이름을 지어주었으면 참 좋을 것이라는 점 때문입니다. 앞서 이름이 가져다주는 후광 효과와 상징적 의미를 논의했습니다. 음이름에 대한 자세한 얘기는 뒷부분에서 논의가 될 것 같으니까 여기서는 이만큼만 짚고 넘어가겠습니다.

유연적 사고에서 과학적 사고로

양악은 어떤 음을 밑음으로 하여 3도씩 쌓아올려 3화음을 만들어 냅니다. 으뜸음을 밑음으로 쌓아올리면 Ⅰ도 화음이 되고, 버금딸림음에 쌓아올리면 Ⅳ도 화음, 딸림음에 쌓아올리면 Ⅴ도 화음이 됩니다.

양악은 3화음이라는 3음의 줄기 음을 기본으로 음이 전개되고, 화음 간 이동으로 사람의 감정을 가락에 실어 표현하는데, 이런 3음 하나하나를 줄기 세포에 해당하는 음이라고 해도 지나침이 없을 것 같습니다.

앞 장에서 으뜸음과 딸림음은 신랑과 각시 같은 관계라고 설명했는데, 으뜸음 '도'에서 완전5도 위 소리는 '솔' 음이 되고, 반대로 완전5도 아래 소리는 버금딸림음 '파'가 됨은 주지의 사실입니다.

[악보 40] 양악의 딸림음과 버금딸림음
(완전5도)

(버금딸림음)　(으뜸음)　(완전5도)　(딸림음)

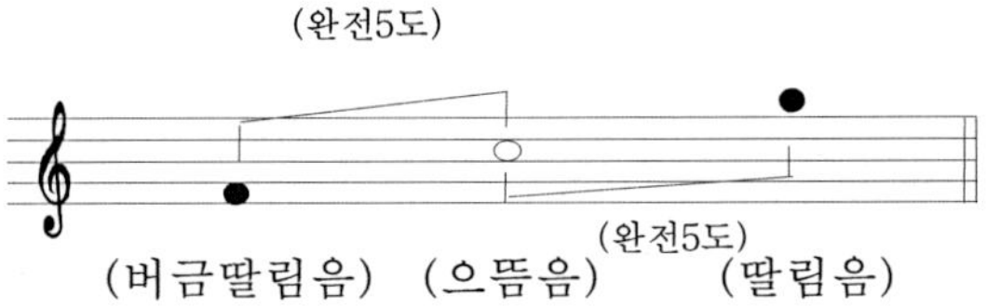

　그러니까 딸림음과 버금딸림음은 으뜸음 '도'를 받쳐주는 양대 기둥이라고 할 수 있습니다. 딸림음은 좌뜸음(?), 버금딸림음은 우뜸음(?)이라고 하면 어떨까요.

　서양 사람들은 참 대단한 사람들입니다. 처음과 나중이 명확해야 하고, 과정이 그럴듯하지 않으면 이 사람들은 용납의 기미를 전혀 보이질 않습니다. 매사 정확해야 합니다. 실사구시(實事求是, Pragmatism)에 바탕을 둔 합리적 사고가 어느 곳이든 적용됩니다. 이런 흐름은 음악에도 마찬가지입니다.

　주요 3음만 해도 그렇습니다. 그럴듯한 이론과 규칙성을 바탕으로 빈틈없이 가려내는 걸 보면, 국악 하는 사람의 입장에서 보면 입이 벌어질 정도입니다. 영어가 세계 공통어가 되었듯이 이들의 음악 역시 세계인들의 도구 음악이 되어, 서양은 물론이고 동양 구석구석에까지 절대적인 영향을 미쳤습니다.

　예술 음악의 문화적인 설득력이 힘을 얻어 음악 문화 이동에 막대한 영향력을 행사하고 있고, 양악의 세에 밀린 국악도 이런 입장에서 이해할 수 있습니다. 과학적이니까, 합리적이니까, 고개가 끄덕여지니까, 좋으니까 어쩔 수 없습니다. 여기에 이의를 제기하는 사람 또한 없습니다. 그 당위성 때문입니다. 누구나 그렇듯이 양악 이론의 힘을 빌려 국악을 설명하는 것도 그네들의 앞선 이론의 틀 때문입니다.

지식은 이론이라는 옷을 입어야 합니다. 옷감의 질감이 우수하다고 하더라도, 재단과 공정의 절차에 따라 만들어지지 않으면 옷감의 생명은 상실됩니다. 구슬이 서 말인들 꿰지 않으면 소용없는 이치입니다. 국악도 마찬가지입니다. 국악의 음악 밑바탕에 깔린 이론적 논거를 규명하여 조직화하는 일은 매우 중요합니다. 이런 시도는 본서가 최초가 아닐까 조심스럽게 예단해봅니다.

국립국악원에서 연수를 받는데, 성악 하시는 인간문화재 어른이 국악 성악의 이론을 설명하셨습니다. 그런데 천상의 소리(창)를 뒷받침할 만한 이론적 바탕이 부족한 것을 목도하고 참 안타까웠던 적이 있습니다.

여기서 소개하고 있는 '생명음, 배려음, 완성음'도 이러한 연장선상에서 우리 음악의 보편성을 정립하려는 한 가닥의 노력으로 평가해주셨으면 좋겠습니다.

발견의 과정

이론이란 낱낱의 사물이나 현상을 일정한 원리와 법칙에 따라 통일적으로 설명할 수 있는 보편적인 지식 체계입니다. 이런 바탕 위에서 현상학적 접근과 귀납적 방법으로 국악의 음악적 원리와 규칙성을 찾는 일은 매우 중요합니다.

뒤지고 찾아서 만들면 되는 것입니다. 여러 가지 음악적 현상을 낱낱이 밝혀 귀납적인 규칙성을 발견하고, 그 규칙성의 줄기를 찾아 연역적인 방법으로 또 다른 규칙성을 캐내어 하나의 체계를 잡으면 그것이 곧 이론이 되는 것입니다.

[악보 41] 우리 노래의 주요 3음

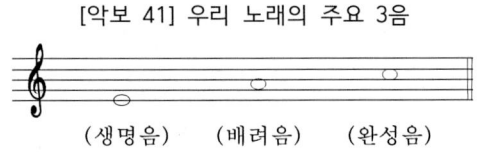

(생명음)　(배려음)　(완성음)

생명음 '미'는 으뜸음으로, 완성음 '도'는 딸림음으로, 그리고 배려음 '라'는 버금딸림음이라고 가설을 세우고 그럴듯한 설명을 부여해보는 것입니다.

[악보 42] 양악의 주요 3음

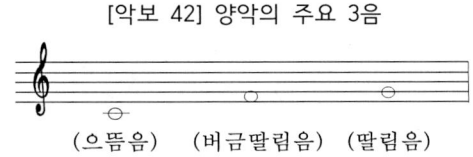

(으뜸음)　(버금딸림음)　(딸림음)

때로는 억지가 될 수 있습니다. 억지는 긍정을 전제로 한 것이지만 때로는 부정되기도 합니다. 블랙홀의 주창자인 스티븐 호킹(Stephen William Hawking) 같은 세계적 과학자도 자기의 이론을 수정했습니다. 세계적 과학자가 이론이 틀렸다고 말하고 수정한다고 하면 앞의 주장은 억지 이론이었습니다. 3음이 국악에서 매우 중요한 음이라는 가설이 얼마나 인정을 받을지 모를 일입니다. 하지만 필자는 양악의 3화음[32]에서의 '3'의 상징성만큼이나 중요한 의미가 있다고 생각합니다.

---

32)　3화음이란: I도화음(도미솔), IV도화음(파라도), V도화음(솔시레)

음정을 터득하는 길

음과 음 사이의 거리를 음정이라고 했는데, 생명음과 배려음, 그리고 완성음 사이의 음정을 알고 느끼고 노래로 표현해보는 것은 중요합니다.

앞서 양악을 설명하면서 규칙성 운운했는데, 우리 노래에서도 주요 3음과 음정이 한결같이 나타나게 됩니다. 이것이 우리 음악 규칙성의 하나가 될 수 있습니다.

[악보 43] 우리 노래의 주요 3음

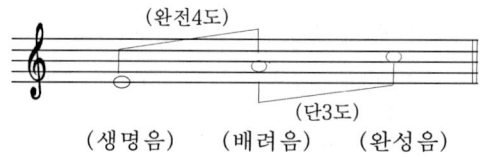

생명음 '미(태, 汰)'와 배려음 '라(임, 淋)'의 음정은 완전5도의 음정이고, 배려음 '라(임, 淋)'와 완성음 '도(무, 潕)의 음정은 아주 쉬운 음정 같지만, 특히 양악으로 세뇌(?)된 우리의 음악 정서상 말처럼 그렇게 얼른 와닿지 않습니다. 혹여 그 정도 음정 표현을 못 할 수 있느냐고 반문하실지 모르지만 필자의 경우 쉽게 와닿지 않았습니다. 필자 역시 이 음정을 터득하느라고 정신 나간 사람처럼 길에서 그리고 차 안에서 읊조렸던 기억이 새롭습니다. 필자가 느끼고 있는 음의 세계나 다른 이들의 그것과 별 차이가 없었습니다. 왜 그럴까요?

오로지 양악의 못자리에서 자란 탓이라고 하면 옳은 지적일 것입니다. 누구라고 할 것 없이 우리는 양악의 못자리에서 양악의 물과 양악의 햇볕과 양악의 거름을 먹고 자랐습니다. 근대식 교육이라는 커다란 교육의 틀 안에서, 마치 아침이 오면 해가 지고 저녁이 되면 해가 지듯이 양악의 흐름에 젖고 말았던 것입니다.

완성음, 홀대하지 말자

7차 교육과정의 3학년 음악 교과서에 아이들노래 '청어엮자' 곡이 있습니다. 맨 앞사람이 자기 몸을 왼쪽으로 돌며 자기를 먼저 엮은 후 계속 엮어가는 놀이요입니다. 그런데 [악보 44]를 주의 깊게 살펴보면 완성음 '도'가 없습니다. 왜 그럴까요? 시김새(ㄴ)때문입니다. 여기서 의문이 생깁니다. 3학년 아이들에게 시김새 표기가 옳으냐 하는 의문입니다. 전통 없이 창조 없지만, 아이들의 눈높이, 일러 발달 단계를 고려할 때 전통은 비켜나갈 때도 있어야 한다고 생각합니다. 그 이유는 다음 네 가지 측면 때문입니다.

[악보 44] 청어엮자

아이들노래

(자진모리장단)

청 청 - 청 어엮 - 자   위 도군산에 청 어엮자
신랑 각 시 잔 치상 - 에   덩 그랗 - 게 상 차리자

두름 두름 역 어다 - 가   둑 대위 - 에녈 었다가
신랑 각시 청 어보 면   야 금야 금잘 도먹네

첫째, 아동 인지 발달 단계로 볼 때 시김새 표기는 재고되어야 합니다. Jean Piaget(1896~1980)는 논리적 사고가 부족한 구체적 조작기(Concrete Operationa Period, 7~11세)에는 상징적 표현보다는 구체적 표현이 더 옳은 학습 방법이라고 했습니다. 말하자면 완성음을 직접 음표로 나타내주는 것이 구체적이라는 것입니다. 다만 이런 학습을 한 후 상급 학년에서 시김새를 적용한다면 시김새 효과가 클 것입니다.

둘째, 양악 오선보의 보편성 때문입니다. 시김새 표현은 엄밀히 따지면 오선보에 어울리지 않습니다. 오선보에는 음표만을 나타내야 합니다. 이상한 표가 있음으로 해서 국악은 이상하다는 인상을 갖게 할 필요 또한 없습니다. 입문 단계에서는 구체적인 방법으로 익히는 것이 좋습니다.

셋째, 음의 중요성 때문입니다. 앞서 지적한 바와 같이 완성음 '도'는 만능 세포 음의 하나로 국악 성악에서 없어서는 안 될 매우 중요한 음입니다. 이런 음을 시김새로 나타내면 음 자체가 없어지게 됩니다. 아이들은 시김새 속에 음이 살아 있다고 생각하지 않습니다. 아에 없다고 생각할 가능성이 많습니다. 음의 중요성이 그만큼 반감된다고 할 수 있습니다.

넷째, 시각적 효과입니다. 우선 잘 보여야 합니다. 그래야 두려움이 없습니다. 시김새에 대한 두려움을 없애주어야 합니다. 어려우면 효과가 반감됩니다. 국악 학습에서는 더 그렇습니다. 그러면 어떻게 하면 좋을까? [악보 45]와 같이 완성음 '도'를 음표로 나타내주는 것(♩)입니다.

[악보 45] '청어엮자'의 시김새의 음표 전환

아이들노래

청 청 - 청 어-엮 - 자 위 도군산 에 청 어엮자

두름 두 름-역 어-다 - 가 둑 대위 - 에 널 었다가

7차 교육과정의 1학년 교과서의 '기와밟기'의 완성음 '도'는 아주 자리를 잘 잡은 노래 중 하나입니다. 떳떳한 자리매김으로 체면을 살려주었다고 할까요?

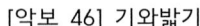

[악보 46] 기와밟기

아이들노래

어 디 골 기 - 완 - 가 장 자 골 기 와 - 지
몇 닷 냥 주 - 었 - 나 열 닷 냥 주 었 - 지

필자는 어려서부터 교회 음악을 접했습니다. 교회 음악이란 게 양악의 전형 아닙니까? 찬송가 곡조 대부분이 양인들에 의해서 작시되고 작곡된 노래입니다. 총 558곡 중 한국인에 의해 작시되고 작곡한 노래

들은 손가락으로 꼽을 수 있는 정도입니다. 한 곡을 제외하고는 한결같이 국악적 요소가 없는, 다시 말해 '미-라-도' 선율이 배제된 양악 곡들입니다.

순서	장	제목	작시자, 작시연대	작곡자, 작곡연대	비고
1	53	하늘에 가득 찬 영광의 하나님	김정준, 1967	곽상수, 1967	
2	92	어둠의 권세에서	마경일, 1967	김연준, 1983	
3	144	예수 나를 위하여	김인식, 1905	W.H.Doane, 1868	편곡
4	256	눈을 들어 하늘 보라	석진영, 1952	박재훈, 1952	
5	261	어둔 밤 마음에 잠겨	김재준, 1966	이동훈, 1967	
6	272	인류는 하나 되게	홍현섭, 1967	나인용, 1983	
7	303	가슴마다 파도친다	반병섭, 1967	이동훈, 1967	
8	304	어머니의 넓은 사랑	주요한, 1967	구두회, 1967	
9	305	사철에 봄바람 불어 잇고	전영택 (1894-1968)	구두회, 1967	
10	311	산마다 불이 탄다 고운 단풍에	임옥인, 1967	박재훈, 1967	계면조
11	317	어서 돌아오오	전영택, 1943	박재훈, 1943	
12	355	부름받아 나선 이 몸	이호운, 1951	이유선, 1967	
13	369	네 맘과 정성을 다하여서	정용철, 1966	곽상수, 1967	
14	371	삼천리 반도 금수강산	남궁억 (1863-1939)	G..Donizetti (1797-1848)	편곡
15	378	이전에 주님을 내가 몰라	정용철, 1967	이유선, 1967	
16	453	주는 나를 기르시는 목자	최봉춘, 1956	장수철 (1917-1966)	
17	460	지금까지 지내 온 것	T.Sasao, 1897	박재훈, 1967	
18	461	캄캄한 밤 사나운 바람 불 때	김활란, 1921	이동훈, 1967	

[표 3] 현행 찬송가의 한국인 작시 작곡 현황
(생명의 말씀사, 해설 찬송가, 서울:한국찬송가 공회, 1997. 2. 20. 5쇄 발행)

[악보 47] 산마다 불이 탄다 고운 단풍에

임옥인, 1967
박재훈, 1967

산 마 다 불 이 탄 - 다   고 운 단 - 풍에   골 마 다 흘 러 간 - 다

(중략)

찬 송 하 자   감 - 사 하 자   찬 송 하 자   아 멘

　다행히 [악보 47]은 유일하게 국악 선율인 계면조로 작곡되었습니다. 양악 세상에서 홍일점인지 아니면 청일점인지는 모르겠지만, 한 곡이라도 있으니 창피는 겨우 모면한 셈입니다. 이런 걸 두고 불행 중 다행이라던가. 자선냄비로 이름 있는 구세군 교회의 찬송가(군가)는 곡 제목의 차이는 있었지만, 한국인에 의한 비슷한 분량의 곡이 삽입되어 있습니다. 다행인 것은 소위 찬송가 밖 노래인 '복음 성가'는 한국인에 의한 노래가 다수입니다. 이런 노래들이 보편화되면 자연 국악 곡의 삽입 정도도 늘어날 것입니다. 음악 교과서에서 국악 성악(전래동요, 민요)곡에 길들여진 국악 꿈나무들이 어른이 되는 날, 찬송가의 국악 곡이 현재보다 더 많이 삽입될 것으로 기대합니다. 많은 국악 성악곡이 신자들의 입가에 오르내릴 때 바른 착근이 이루어졌다고 할 수 있을 것입니다. '꽃과 아이들' 노래는 최성규 목사(전 성산효도대학원대학교 총장, 1941~2023)가 작시한 곡입니다.

최성규, 2003
박문전, 2003

1. 꽃 님 아   꽃님 아   무얼 먹고 사느   냐
2. 애 들 아   애들 아   무얼 먹고 사느   냐

나는 나 는   이른 새 벽   이슬 먹고 산단   다
나는 나 는   부활 예 수   사랑 먹고 산단   다

이슬 처- 럼   내 리 는   예수 님의 사 -   랑

그 사 랑   감사 해 요   주님 위해 살래   요

　양악 음계(Bb 장조)의 노래로 작곡되긴 했지만 '파' 음을 숨겨놓았고,
배려음 '라' 음을 근음으로 두고 그 위에 완성음 '도'와 생명음 '미'를 배
치하였습니다. '미-라'의 완전4도 선율을 역으로 두어 '라-미'의 완전5도
로 바꿈으로써 여전히 국악 줄기를 형성했고, '라-도'와 '도-라'의 단3도
를 둠으로써 '미-라-도'의 줄기 세포 음들을 적절히 배합한 음의 구조입

니다. 이로써 국악의 맛이 물씬 풍기는 국악풍 노래가 되었습니다.

[악보 49] '꽃과 아이들' 구성음

찬송가는 네 가지 특징이 있습니다. 첫째는 신도들, 즉 고정 시창자가 많다는 점(일천만 신도), 둘째는 노래하는 주기가 일정하다는 점(예: 일요 집회, 미사), 셋째는 자주 불린다는 점, 넷째는 노래의 반복성(한 곡당 적어도 3, 4절까지 있음) 때문입니다. 국악이 정착되려면 찬송가에 아름답고 영혼을 울리는 곡이 다수 반영되어야 하는데, 한국인의 정서를 대변하기에 국악보다 나은 노래는 없으므로 얼마든지 실현 가능합니다.

찬송가에 국악이 얼마나 반영되느냐는 매우 중요합니다. 찬송가는 국악 세상을 열어가는 바로미터이기 때문입니다.

명창 박동진

명창 고 박동진(국악소리가·인간문화재, 1916~2003) 장로는 국악 진흥에 앞장선 선구자셨습니다. 성서에 판소리를 얹은 '예수전'은 또 다른 지평을 열었습니다. 그것은 획기적인 시도였습니다. 처음에는 우물에서 숭늉을 찾는다는 의외성 때문에 적잖게 놀랐지만, 새록새록 그분의 살아 있는 신앙에 감명을 받기 시작했습니다.

"나는 인애를 원하고 제사를 원치 아니하며, 번제(제사)보다 하나님 아는 것을 원하노라"

이와 같이 호세아 선지자의 말을 인용하는 걸 보고 신앙의 깊이를 알 수 있었기 때문입니다. 그렇습니다. 제사보다 아는 것이 중요합니다. 그리고 더 중요한 것은 알았으면 안 것을 알려야 한다는 점입니다. 자기의 재주와 능력과 끼, 그리고 텔런트를 유감없이 발휘했다고 하는 점에서 명창 고 박동진 장로는 죽은 신앙이 아닌 산 신앙의 표본이었습니다. 그는 이런 점에서 위대한 국악 전도자의 한 사람이었습니다. 지금은 물론이고 앞으로도 이런 분들이 이런 모습이 어느 때보다 필요한 시점입니다.

찬송가에 판소리 유형의 노래가 삽입된다면 지나가는 소가 웃을까요? 필자의 판단으로는 그렇지 않다고 주장합니다. 왜냐? 아니리와 발림과 추임새가 있는 찬송가는 신도들의 신앙적 열정을 북돋우고, 아울러 국악 세상을 열어가는 데 커다란 몫을 담당할 것이라고 믿어 의심치 않기 때문입니다.

풍금 소리

풍금 소리, 참 아름다웠습니다. 은은하고 부드러운 화음감이 귓바퀴를 휘돌아 앉았습니다. 시골 교회 반주자 역시 어깨너머로 배운 연주 실력이었지만, 그럼에도 어린 시절 필자의 귀에는 천상의 소리처럼 들렸습니다. 필자 역시 어깨너머 학습법에 빠져 텅 빈 예배당에서 시간 가는 줄 모르고 연습을 했습니다. 화음과 가사의 매력에 빠져….

찬송가는 4부 합창곡의 악보입니다. 피아노 레슨을 제대로 배운 사람조차 4부로 된 건반을 누른다는 것이 쉽지 않다고 했으니, 어깨너머 학습법 수련생의 고충은 말로 설명하기가 어렵습니다. 소프라노, 알토, 테너, 베이스를 네 개의 손가락으로 누르기란 쉽지 않았습니다.

하지만 화음의 아름다운 이동과 노랫말이 가져오는 마음의 위로와 평안에서 힘을 얻고, 삐거덕거리는 풍금의 페달 소리를 위안 삼아 누르고 또 눌렀습니다. 4성부의 연결에서 오는 화음의 이동과 변화! 찬송가는 참 아름답기만 했습니다. 오르간 셀프 레슨은 그렇게 시작되었고, 어깨 너머로 익힌 오르간 실력은 대예배의 찬송가 반주를 하기에 이르렀습니다.

두말할 필요 없이 풍금은 양악기이니까 국악 세상과는 차원이 다른, 말하자면 양악 세상과 친숙한 악기였습니다. 어려서 익힌 감성, 그 감성은 양악의 못자리였습니다. 그러니까 양악에 길들여진 체질이 머리카락 속까지 스며들었던 셈입니다. 게다가 국악은 당시의 사회 분위기로 보아 경(經)이다, 무당이다, 굿이다, 귀신이다 하여 국악에 대한 그릇된, 아니 못된 선입견이 있었습니다. 자연히 국악은 무서운 음악, 멀리해야 되는 음악으로 치부되었습니다.

언젠가 '과학과 신앙은 양립할 수 있는가'라는 신문의 기사를 읽고 '국악과 양악은 양립할 수 있는가'라는 자문을 해본 적이 있습니다. '과학자가 기독교인이 될 수 있는가'라는 물음에 미국의 조지아대 헨리 셰퍼 박사가 "과학자일수록 정교하게 조종되는 우주가 하나님의 존재를 입증하기 때문에 기독교인이 될 수밖에 없다"라고 일갈한 기사를 읽고, '국악 사랑과 기독교'와의 관계도 전혀 문제 될 것이 없다는 확신을 얻게 되었습니다. 앞서 말씀드린 판소리의 거장 고 김동진 명창도 교회 장로셨고, 장사훈 님과 『국악개론』을 공동 집필한 한만영(당시 서울대 국악과 교수) 님은 목사였습니다.

서서히 우리 음악 역시 우리 민족에게 내리신 신의 선물, 축복의 선물이라고 확신하게 되었습니다. 소리에 의한 음의 시간적·공간적 예술이 음악이고 보면, 우리의 소리 또한 음악의 한 분야로서 어엿하게 자리매김해야 한다는 신념이 움트기 시작했습니다.

아무튼 감수성 예민한 청소년기에 심어진 음악의 바탕은, 학교에서 배운 노래가 그랬고 유행가가 그랬으며 온통 양악의 터전이었습니다. 양악만이 음악의 모든 것이었습니다. 그러니까 '미-라-도'의 오리지널 국산 음악의 4도 음정과 3도 음정이 인식의 틈새와 몸통에 공명되지 못하고 허공에 머물다 가곤 했습니다.

무의식의 울림통

피는 물보다 진하다고 했던가. 국악 음정을 터득하느라고 마음고생을 진하게 지불하긴 했지만, 역시 엄마가 들려주신 노래는 이것을 뛰어넘을 수 있었습니다. 어머니 자궁에서 수혈받은 국악의 피는 속일 수 없었다 이 말입니다.

어느 영화 감독이 쓴 글을 읽고 잔잔한 감동을 받은 적이 있습니다. 영화 '실미도'가 흥행에서 대박을 터트린 일을 두고 '무의식을 건드려라'란 주제의 글이었습니다.

'대중의 잠재된 무의식을 건드려라, 그럼 대박이 난다.' 영화 '실미도'의 흥행 비결은 이렇게 압축된다. 과거에 일어난 비극적 사건을 당대에 정리하거나 소비하지 못한 채 오랜 시간이 흐르면 무의식으로 쌓이는 것 같다. 그러다 그 사건을 다룬 영화가 무의식을 들쑤시고 과거가 재현되면 사회적 반향을 불러일으키는 것이다.[33]

피가 흐르는 음악, 본태성 음악, 태생적 음악, 어머니 뱃속에서 들은 그런 노래이기에…. 우리 몸 구석 어딘가 숨 쉬고 있는 음악을 찾고 싶었습니다. 그러다 보니 만지면 톡 하고 터질 것만 같은 잠재된 우리 노래(국악)의 울림통이 있다는 것을 깨달았습니다. 잠재된 우리 노래의 울림통은 무의식에 내재된 우리 소리였고 우리의 숨결이었습니다. 앞서 지적한 그런 의식화 과정을 겪었음에도 불구하고 국악은 피처럼 한국인의 '음악 지성'과 '음악 인격'에 숨 쉬고 있었습니다. 이 무의식이 누군가에 의해 살짝 건드려지기만 하면, 국악의 울림통은 순식간에 산화되어 자리매김한다는 사실을 분명하게 깨달았습니다.

33)   조선일보, 2004. 1. 19.

5. 중요해요, '솔'

양악에서 '솔' 음은 참 중요한 역할을 합니다. '솔' 음은 딸림음으로서, 국어사전에서는 으뜸음 다음으로 중요한 음이라고 규정하고 있습니다. 으뜸음으로부터 5도 위에 위치하여 으뜸음을 으뜸음답게 하는 역할을 하는데, 딸림음이라는 이름은 으뜸음 '도'에 소속된, 말하자면 '도' 음에 딸려 있다고 해서 붙여진 이름입니다. 그런데 국악에서의 '솔' 음은 양악의 그것과는 많은 차이가 있습니다. 크게 나누어 세 가지 역할을 합니다. 아이들노래와 어른들노래에서 그 역할의 차이점을 살펴보겠습니다.

아이들노래에서

첫째, 아이들노래(전래동요)에서의 역할입니다. 아이들노래도 성인들의 성악곡인 어른들노래(민요)처럼 '솔'로 마치는 노래가 있고, '라' 음이

나 '레' 음으로 종지되는 노래가 있는데 '두꺼비' 노래는 '솔' 음으로 종지되는 노래입니다. '두꺼비' 노래는 모래집을 지을 때 부르는 놀이 노래입니다.

[악보 50] 두꺼비

경기도 지방 아이들노래

두껍 아 두껍 아 헌 집 줄 게 새 집 다 오

두껍 아 두껍 아 물 길어오너 라 너희집 지어 줄게

두껍 아 두껍 아 너희집에 불났다 솥이 랑 가지 고 뚤레뚤레오너라

이 노래를 정간보로 나타내면 다음과 같습니다.

[악보 51] 두꺼비 - 정간보

(단모리장단)

①	‖	○	○								
두껍	아	두껍	아	헌	집	줄	게	새	집	다	오
汰汰	淋	淋淋	沖	淋	潕	淋	沖	淋	潕	淋	沖
미미	라	라라	솔	라	도	라	솔	라	도	라	솔
두껍	아	두껍	아	물	길어	오너	라	너희	집	지어	줄게
汰汰	淋	淋淋	沖	淋	潕潕	淋淋	沖	淋淋	潕	淋淋	沖沖
미미	라	라라	솔	라	도도	라라	솔	라라	도	라라	솔솔
두껍	아	두껍	아	너희	집에	불났	디숟이랑	가지고	뚤레뚤레오니라		
汰汰	淋	淋淋	沖	淋淋	潕潕	淋淋	沖	汰汰	淋	淋淋	沖
미미	라	라라	솔	라라	도도	라라	솔	미미	라	라라	솔

뚤레	뚤레	오너	라
淋淋	潕潕	淋淋	沖
라라	도도	라라	솔

'미' 음이 8번, '라' 음이 29번, '도' 음이 9번 나타나는 이 노래는 '솔' 음이 11번 나타나고 '솔' 음으로 마칩니다. '새는 새는'은 경상북도 경주 지방에서 전래하는 동요입니다. 보통의 자장가가 엄마의 입장에서 불러주는 노래인데 반해, 이 노래는 아이의 입장에서 부르는 자장가라는 점에서 특이한 노래인데, 이 노래 역시 '솔' 음으로 끝납니다.

[악보 52] 새는 새는(전래동요 1-1)

경상북도 경주의 아이들노래

(중모리장단)

새는 새 는 남게 자 고 쥐는 쥐 는 궁게자 고
우리 같 은 아이 들 은 엄마 품 에 잠을잔 다

생명음 '미' 음 2번, 배려음 '라' 음 8번, 완성음 '도' 음이 16번이 출현하고 '솔' 음은 4번이 나오고 '솔' 음으로 마치는 것을 알 수 있습니다.

[악보 53] 새는 새는(전래동요1-1) - 정간보

(중모리장단)

①	| |	|	○	|	|	○	○	|	○		○
새는	새	는	남게	자	고	쥐는	쥐	는	궁게	자	고
우리	같	은	아이	들	은	엄마	품	에	잠을	잔	다
潕潕	潕	潕	潢潕	淋	潕	潕潕	淋	淋	淋㳞	汰	㳞
도도	도	도	레도	라	도	도도	라	라	라솔	미	솔

아이들노래는 '솔' 음 종지가 대부분임을 알 수 있습니다.

어른들노래에서

둘째, 어른들노래인 경 토리(경기도 민요)에서의 역할입니다. 아이들노래에서처럼, 어른들노래 역시 '라', '레' 음으로 종지되기도 하지만 '솔'로 종지되는 노래들이 많습니다. 도라지타령, 범벅타령, 매화타령, 태평가, 청춘가, 늴리리야 등의 노래가 있고 양산도는 그중의 하나입니다.

[악보 54] 양산도

경기도 노래

(세마치장단)

에 헤 - - 이 - - 에 - - - -

(중략)

중 - - 분 - - 에 - - 능 - - 라 도 로 - - - - - - 다

셋째, 메나리 토리에서의 역할입니다. 생명음 '미'와 배려음 '라' 음 사이에 위치하여 두 음을 이어주는 다리 역할을 하기도 합니다. 특히 배려음 '라'와 생명음 '미' 사이에서 부드러운 선율감을 만드는데, 올라가는 선율('미'⇒'라')에서는 볼 수 없고 내려가는 선율('라'⇒'미')에서 흔히 느낄 수 있습니다. 즉 '라-솔-미'의 하행 선율은 메나리 토리의 특징이기도 합니다. '양산도'에서 이 선율을 찾아봅시다.

[악보 55] 양산도

강원도 노래

(엇모리장단)

아 리 아 리 - 쓰 리 쓰 리 - 아 라 리 요 - - -

(중략)

누 - - 구 를 - 꾀 자 고 - 머 리 에 기 - 름 - - -

'강원도아리랑' 다리음 '솔'은 두 번 나타납니다. 두 번에 불과하지만 두 가지 공통점이 있습니다. 하나는 배려음 '라'와 생명음 '미' 사이에 있다는 것이고, 다른 하나는 배려음에서 생명음으로 내려올 때, 즉 하향 선율일 때 위치한다는 사실입니다. 한마디로 말하자면 두 음 사이에 있으면서, 부드럽게 이어주는 징검다리의 역할을 합니다. 이것은 메나리 토리만이 가지고 있는 두드러진 특징입니다. '정선아리랑'은 이 선율의 백미입니다.

노동요들은 대부분 메나리 토리로 되어 있는데, 그중에서도 제일 두드러지는 것이 '정자소리', '메나리', '어산용', '아라리', '목도소리', '노 젓는 소리' 등이 있고, 통속민요 중 메나리 토리에 속하는 노래는 '쾌지나칭칭', '정선아리랑', '한오백년' 등이 있습니다.

이상의 내용을 정리해보면 '솔' 음은 아이들노래나 어른들노래에서 종지음이라는 중차대한 기능을 가졌다는 점이고, 배려음에서 생명음으로 내려갈 때 그 사이에 위치함으로써, 두 음 사이를 이어주는 징검다리의 역할을 한다는 점입니다.

평조와 계면조에서 자세한 언급이 있겠지만 종지음으로서의 '솔'은 평조와 계면조를 가름하는 단서가 되기도 합니다. 그러니까 '솔' 음은 양악의 마침음만큼이나[34] 국악에서도 매우 중요한 기능과 지위와 역할을 가지고 있습니다.

---

34) 양악에서 마침음이 '도'이면 장조, '라'이면 단조의 음계이다. 국악에서는 마침음이 '솔'이면 평조, '라'이면 계면조의 음계이다.

6. 함께해요, '레'

'레' 음은 아이들노래와 어른들노래에서 각각 다른 기능을 합니다. 아이들노래에서는 '레' 음으로 마치는 역할을 하는가 하면, 어른들노래에서는 메나리 토리(경상도, 강원도)와 수심가 토리(평안도)에서 각각 다른 기능을 가지고 있습니다.

아이들노래에서

첫째, 아이들노래(전래동요)에서의 '레' 음을 살펴보겠습니다. 국악 교육의 실상과 허상(실상 셋: 어쩔 수 없나 보다)에서 제시했던 '라이온은 겁쟁이래요' 노래는 아이들이 일상적으로 흥얼대듯이 부르는 노래인데 이 노래의 마침음이 바로 '레' 음입니다.

또한 「'미', 생명의 소리」에서 제시한 '아기 어르는 소리'나 '술래잡기 놀이 소리' 역시 '레' 음으로 마침을 알 수 있습니다. 이것으로 보아 아이들이 불렀던 노래에서 '레' 음이 매우 중요한 기능을 하고 있음을 발견할 수 있습니다. 상대방을 놀려줄 때 부르는 아이들노래인 '얼레리 꼴레리' 역시 '레' 음으로 마칩니다(채보: 박학범).

[악보 56] 얼레리 꼴레리

얼레리 꼴레리　　　　얼레리 꼴레리

아주 자연스럽게 '레' 음으로 마치고 있는데 우리말의 운율에서 비롯된 자연스런 아이들노래인 점에서, 언어적 율동이 살아 있는 노래라고 할 수 있습니다. 언어에 의한 노래의 발생, 지극히 자연스러운 우리의 노래입니다. 아이들노래는 우리말에 의한 성악의 뿌리로서 아이들 유희요와 어른들 노래인 민요의 뿌리라고 할 수 있는 소중한 우리의 소리입니다.

어른들노래에서

둘째, 메나리 토리에서 '레' 음의 기능을 살펴보겠습니다. 생명음 '미'와 완성음 '도' 사이에 위치하여 두 음을 연결해주는 다리의 역할을 합니다. 이것은 메나리 토리의 '솔' 음과 비슷한 기능이라고 할 수 있습니다. '솔' 음이 생명음 '미' 음으로 떨어진다면 '레' 음은 완성음 '도'로 꺾여 떨어지려는 성격을 가지기도 합니다.

노래하는 사람에 따라서는 더 그렇습니다. 이 기능은 육자배기 토리의 꺾여떨어진 음 '시'와 같습니다. 다만 육자배기에서의 '시' 음은 노골적으로 '도' 음에서 '시' 음으로 꺾여 떨어지지만, 메나리 토리에서는 선택이 자유로운 편입니다. 국악 성악곡은 신축적인 리듬 사용이 보편화되어 있어서 어떤 음에서 바로 아래 음으로 떨어지려는 성향이 강한데 이것은 국악 성악곡의 특징이기도 합니다.

'한오백년'에서 보듯 아주 부드럽고 여유 있게, 완만하게 흘러 떨어지기도 하고(⇓①) 꺾여 떨어지는 정도가 덜 꺾이기도 합니다(⇓②).

[악보 57] 한오백년

강원도 노래

(중모리장단)

아 무 렴   - 그 렇지 - 그 렇구 말- - 구- - - - - -

(중간 생략)

정 을 두 고 - 몸 만 가 - 니 - - 눈 물 이 - 나-   요

셋째, 수심가 토리에서의 '레' 음에 대해 알아보겠습니다. 수심가 토리에서는 '레' 음이 주인 노릇을 톡톡히 합니다. 황해도 해주 지방의 민요인 '금다래꿍'은 '라' 음으로 시작하지만 마치는 음은 '레' 음입니다. 이 노래에서는 '레' 음이 모두 다섯 번 나오는데 맨 아래 음인 '솔' 음으로부터 완전5도 위에 위치합니다. 이때 '레' 음을 얇게 떨어주는데, 바로 '레' 음에 노래의 포인트가 있기 때문입니다. 평안도 노래인 '싸름'은 시작음도 '레' 음이고 종지음 또한 '레' 음입니다. 이 노래에서는 마침음 '레'의 완전5도 위의 음인 '라' 음을 얇게 떨어줍니다.

[악보 58] 싸름

황해도 노래

(중중모리장단)

1. 싸 름 - 싸 름 -   느 티 나 무 밑 - - 에
2. 싸 름 - 싸 름 -   산 천 초 목 우 거 진 곳

싸 름 우 는 소 리 가   귓 - 가 에 들 - 리 네

싸 름 우 는 소 리 가   처 - 량 도 하 - - 네

다 녹 여 - 낸 - - - 다

※ '싸름'은 '쓰르라미'의 황해도 사투리

주목할 것이 있습니다. 바로 우리나라에 '레' 음으로 종지하는 노래
가 있다는 사실입니다. 이는 조상님들의 대단한 음악적 창의성의 발현
에서 비롯됩니다. 이는 색다른 맛의 음악 장르입니다. 이런 유(類)의 노
래가 있어 국악 성악곡의 다양성은 입증되고도 남음이 있습니다.

양악 성악곡에서는 눈을 씻고 찾으려야 찾을 수 없는 우리만의 노래
요, 자랑거리입니다. 국악 성악곡은 양악에서 맛볼 수 없는 다른 세상
을 연 것입니다. 문화 민족이 달리 문화 민족이 아닙니다. 자부심을 소
중히 하고 어깨를 폅시다. 그리고 자랑합시다. 애창곡으로 선택해보고
외국인 앞에서 한 곡조 읊어봅시다.

7. 없는 듯하나 있는 소리, '시'

　국악 성악은 유별난 부분이 하나 더 있습니다. 양악 계명의 '시' 음을 별로 좋아하지 않는다는 것입니다. 취급 품목 사절인 셈입니다. 그래서 대부분의 사람들이 우리나라 음계에 '시' 음이 없다고 생각합니다.

　그러나 이건 천만의 말씀입니다. 한마디로 말해서 국악 민속악(民俗樂)은 물론, 국악 기악곡에도 '시' 음이 엄연히 존재하고 있고 국악 정악곡에서도 마찬가지입니다. 아이들노래에서도 살아 있고 어른들노래에서도 생존합니다. 국악 정악(正樂)의 대표적 합악인 '영산회산'에도 이 음이 살아 있습니다.

　다만 그 영역이 제한적으로 나타나고 있는데, 경기도 노래인 경 토리나 메나리 토리인 경상도 노래를 비롯한 함경도 노래, 강원도 노래에는 나타나지 않습니다. 그리고 서도 민요인 황해도 노래나 평안도 노래에도 나타나지 않습니다. 제주도 노래에서도 그렇습니다. 다음 악보를 보십시오, 눈을 씻고 '시' 음을 찾아보십시오. 있습니까.

[악보 59] 경기도 노래에서의 '시' 음 - 닐리리야

경기도 노래

(굿거리장단)

닐리리야 닐- 리- 리야 - - 니나노난실- 로 내가돌아간다- - -

[악보 60] 강원도 노래에서의 '시' 음 - 한오백년

강원도 노래

(중모리장단)

아 무 럼 그 렇지 - 그 렇구 말- - 구- - - - -

[악보 61] 황해도 노래에서의 '시' 음 - 싸름

황해도 노래

(중중모리장단)

1. 싸 름- 싸 름- 느 티 나 무 밑- - 에
2. 싸 름- 싸 름- 산 천 초 목 우 거 진 곳

[악보 62] 함경도 노래에서의 '시' 음 - 신고산타령

함경도 노래

(자진모리장단)

신고산 이 우루루루 함흥차떠나는 소- 리에- - -

[악보 63] 제주도 노래에서의 '시' 음 - 오돌독

제주도 노래

닐 닐 닐 리 - 리 이 리 구 절 사 - 말 - 말 아 - - 라

아무리 찾아도 '시' 음은 없습니다. 이 음이 있어야 할 자리는 '라'와 '도' 음의 사이인데, 여기서 이 음을 찾아도 없습니다. 왜 그렇습니까. 그것은 '라-도'의 줄기 세포가 버티고 있기 때문입니다. 경기도 노래, 강원도 노래, 경상도 노래, 제주도 노래, 함경도 노래, 황해도 노래에는 사이음 '시' 음이 없습니다. 희한한 노래 세상, 이것이 바로 우리 국악의 비밀입니다. 이것을 가르치는 것이 중요합니다.

산(生)소리, '시' 음

그러나 '시' 음이 살아 있는 노래가 있습니다. 바로 육자배기 토리의 노래입니다. 이 노래에서는 '시' 음이 없으면 노래가 되질 않습니다. 그러니까 육자배기 토리에서의 '시' 음은 노래의 핵심이라고 할 수 있습니다.

육자배기 토리의 노래는 전라도 지방의 노래를 일컫습니다. 이 지방의 어른들노래와 아이들노래에는 언제나 '시' 음이 자리를 지키고 있습니다. 자릿값을 단단히 하고 있는 셈입니다.

때문에 '시' 음은 절대적입니다. 마치 다른 지방의 노래에서 푸대접받은 설움을 앙갚음이라도 하려는 듯…. 아이들노래와 어른들노래, 그리고 기악곡에서 '시' 음의 정체를 밝혀보겠습니다.

첫째, 아이들노래(전래동요)에서 '시' 음이 들어 있는 노래를 찾아보겠습니다. '기와밟기'(미-라-시-도), '꼬방꼬방'(미-라-시-도), '비자나무'(미-라-시-도), '청어엮자'(미-라-시-도-레), '떡노래'(미-라-시-도), '둥당기타령'(미-라-시-도) 등이 있습니다. '기와밟기'를 예로 들어보겠습니다. 이 노래는 전라도 해남의 여아들이나 부녀자들이 불렀던 노래인데, 8월 한가윗날 밤이나 정월 대보름에 행해지는 강강술래의 부속 놀이 중 하나입니다. '기와'라는 명칭은 놀이를 할 때 허리를 구부리고 있는 모양이 기와와 비슷하다고 해서 붙여진 것인데, 놀이 또한 진흙을 동그랗게 뭉쳐서 놓고 그 위에 암키와를 얹으며 밟아주는 노동 행위를 흉내 내는 노래입니다. 이들 노래에서는 '도' 음에서 꺾어서 '시' 음으로 떨어지게 됩니다. 국악 성악에서 말하는 '시김새'가 바로 이것입니다. 육자배기 토리에서의 '꺾는목'은 바로 이 부분에서 비롯된 것인데, '도' 음이 시김새 음이 되어 짧은 음의 시가만 남긴 채, '시' 음으로 꺾어서 떨어집니다. 말하자면 시김새 '도' 음은 조연이고 꺾여떨어진 음 '시'가 주연인 셈입니다. 그러니까 이 노래들에서는 '시' 음이 가진 음의 주권이 당당합니다. 이것을 가르치는 것이 중요합니다.

[악보 64] 기와밟기

전남 해남의 아이들노래

(세마치장단)
(메기는소리)   (받는소리)

1. 어 디 골 기 - 완 - 가   장 자 골   기 와 - 지
   몇 닷 냥 주 - 었 - 나   열 닷 냥   주 었 - 지
2. 어 디 골 기 - 완 - 가   전 라 도   기 와 - 지
   몇 닷 냥 주 - 었 - 나   스물닷 냥   주 었 - 지
3. 어 디 골 기 - 완 - 가   경 상 도   기 와 - 지
   몇 닷 냥 주 - 었 - 나   서른닷 냥   주 었 - 지

이 노래에서는 '시' 음이 '도' 음과 '라' 음의 사이에 위치하여 두 음 사이를 부드럽게 이어주는 '사이음'으로서의 색채가 짙습니다. 그러나 노래하는 사람이 '도' 음에서 바로 꺾어 내리면, 사이음의 성격에서 벗어나 음의 시가가 꽤 나가는 중량급 있는 음으로 성격이 변하고 맙니다. 이 노래를 정간보로 나타내면 아래와 같습니다.

[악보 65] '기와밟기'의 정간보

(세마치장단)

①	①-|	○-|			
(메) 어 몇	디 닷	골 냥	기 주 -	완 었 -	가 나
淋	淋	淋	潕-潃	淋-汰	淋
라	라	라	도 시	라 미	라
(받) 장 열	자 닷	골 냥	기 주	와 - 었 -	지 나
汰	汰	汰	淋	淋-汰	淋
미	미	미	라	라 미	라

둘째, 어른들노래(민요, 농요 등)에서 '시' 음이 들어 있는 노래를 찾아보겠습니다. '에농데농'은 전라남도 함평 지방의 농요입니다. 이 지방에는 '초벌', '두벌', '만드리' 등 세 차례 논을 매는데, 만드리 논매기를 마친 뒤 장원 질이라고 하여 그해 농사가 가장 잘된 집 상머슴을 태우고 풍장 굿을 치고 마을로 돌아오면서 이 노래를 불렀다고 합니다. 구성음은 '미-라-시-도'입니다. 이것을 가르치는 것이 중요합니다.

[악보 66] 에농데농

전라도 함평 지방 농요

거문도 뱃노래(미-라-시-도-레), 진도아리랑(미-라-시-도) 등이 있습니다.

셋째, 기악곡에서 '시' 음이 들어 있는 곡을 찾아보겠습니다. 국악 기악 하면 먼저 떠오르는 악기가 단소입니다. 단소 이야기부터 하겠습니다. '시' 음은 단소의 율명으로는 '남(南)' 음입니다. 경 토리나 메나리 토리에서 '시' 음의 대접이 소홀하듯, 단소에서도 그렇습니다. 왜냐하면 이 음을 연주하기 위한 공(孔, 구멍)이 없기 때문입니다. 물론 소리는 낼 수 있습니다. '도' 음, 즉 '무'에서 '라', 즉 '임'으로 내려갈 때 왼손의 가운뎃손가락을 반쯤 닫아 소리를 냅니다.

이때 '라' 음을 담당하는 왼손 가운뎃손가락의 역할이 매우 중요한데, 구멍을 반 정도 덮었다가(반 정도 열었다가) 재빠르게 덮습니다. 이것도 상행 선율('라→도')에서는 없습니다. '도(무)'에서 '라(임)'의 사이에 위치하여 '라(임)' 음으로 미끄러지듯이 떨어지는데, 미끄러지듯 떨어지는 이 소리가 바로 '시(남)' 음입니다. 그러니까 하행 선율에서 정체를 드러냅니다.

정악의 기악곡에서 '시' 음의 존재를 돌아보면 청성곡이라 불리는 '요

천순일지곡(堯天舜日之曲)'이나 영산회상(靈山會相)[35]의 '상영산(上靈山)', '중령산(中靈山)', '세령산(細靈山)', '염불도드리(念佛還入)', '타령(打令)'에서는 자취를 찾을 수 없습니다. 그러나 영산회상 중의 군악(軍樂)에서는 아주 중요한 노릇을 합니다. 매우 빠르게 연주되는 이 곡에서는 초장, 곧 1장에만 무려 22번이 출현하고 있는데, 이 부분은 영산회상의 백미라고 해도 지나침이 없을 것입니다. 민속악에서는 꺾여서 떨어지지만 여기서는 자기 위치를 명백하게 확보합니다.

[악보 67] '군악(軍樂)'의 초장

汰		汰	汰	潢	｜林	潢	潢	⌣林	潢
汰	｜潢	南	｜汰	南	林		ㅅ林		△
南	汰		㳞汰	淋		｜㳞	汰		ㅅ南
淋湳	｜Ⅳ	淋	｜㳞	汰	｜潢	南		南	
汰	｜㳞	汰	淋	｜㇄	淋	㳞	淋		㳞
淋	｜㳞	湳	｜㇄	湳ㄱ	㳞	湳	淋	湳	㳞
潢	湳	ㅅ湳	｜㇄	湳ㄱ	㳞湳			｜㇄	湳
淋	｜㇄	㳞	湳	｜淋	㳞｜	㳞	湳	｜㇄	湳
南	汰		㳞汰	淋		㳞	汰		南
淋湳	｜Ⅳ	淋							△

---

35) 한국의 전통 정악으로, 9곡 내지 8곡으로 구성된 모음곡(조곡)이다. 기본적으로 아홉 곡으로 구성된다. 상령산, 중령산, 세령산, 가락덜이, 상현도드리, 하현도드리, 염불도드리, 타령, 군악 등.

그렇기 때문에 보통 기능으로는 이 음을 연주하기 어렵습니다. 예민한 손놀림이 빚어내는 국립국악원 단소 주자의 '소리맛'은, 가히 천상의 울림이라고 말해야 좋을 것입니다. 지구촌 어디에서도 들을 수 없는 이 소리는, 오직 한민족의 음악 세계에게서나 들을 수 있는 수줍으면서도 감칠맛 나는 우리의 소리입니다.

결론적으로 말해서, 없는 것 같으나 아주 중요한 역할을 하는 소리가 바로 '시' 음임을 알 수 있습니다.

8. 숨은음의 신비

국악에는 희한한 음이 있습니다. '숨은음' 때문입니다. 이제 그 음을 찾아보겠습니다. 우리의 소리에도 양악에서 말하는 '파' 음이 있을까? 많은 사람들이 없다고 말합니다. 하지만 그건 잘못된 견해입니다. '파' 음은 엄연히 존재합니다. 다만 이 소리를 쓰지 않을 뿐입니다. 그래서 필자는 이 음을 '숨은음'이라고 명명했습니다. 분명한 음가를 지니고 있는 이 음은 국악 세상에서 무시할 수 없는 어엿한 음입니다. 강변의 근거가 무엇이냐고요? 언젠가 '단소의 묘미'[36]라는 글을 교육 관련지에 게재한 적이 있는데 여기에 그 단서가 있습니다.

— 단소(短簫)의 묘미 —

"아따, 그 녀석 정말 되게 까다롭네이, 쪼끔 쎄게 불면 삐쳐 가지구 유리창 긁는 징그런 소리 나구, 그렇다구 살살 불면 토라져서는 헛김

---

36) 인천광역시북부교육청 통신장학자료 '현장교육'에 실린 글(1990. 11. 18.).

빠지는 소리만 나니, 이거야말로 헛물키는 노릇이 아니고 뭐것써.”

이렇게 힘이 들고 어려워서야 어떻게 불겠나 싶어 폐활량이 적은 내 탓으로 돌리고, 조금 불고는 내팽개치기 일쑤였지만 그때마다 이 녀석은 나를 비웃고 조롱이라도 하듯 '아니, 한국 놈이 제 나라 악기 하나 제대로 못 불고서야 어디 한국인이라고 하겠는가. 서양 악기는 이것저것 탈 줄 알면서…. 그래 네가 불지 않으면 미국 사람이 불겠냐, 아니면 일본 사람들이 불겠냐…. 에이그, 주제 파악도 못하고 쯔쯔쯔….'

위세가 당당한 단소의 말이 열 번 옳고 백번 옳아 다시 입에 대었지만 역시 소리내기란 쉽지 않았다. 잘 불지는 못하지만 난 단소를 통해서 많은 것을 배운다.

우선 단소의 소리는 자연의 소리이다. 5공(孔)의 형체를 가진, 자연산 대나무가 발산하는 이 소리는 공해로 찌든 냄새 나는 소리가 아니요, 인간의 가치를 상실한 금수와 같은 인간들이 지껄여대는 오염된 소리는 더더욱 아니다. 자연 그대로 가식이 없고 꾸밈도 없는, 맑고 청아한 소리이다. 나는 이 소리를 들을 때마다 조상님들의 소박함과 높은 절개를 보는 것 같아서 좋다.

다음으로 이 소리는 일체성(一體性)의 소리다. 기(器)와 인(人)의 조화라고 할까. 입술에 대는 위치와 자세가 조금이라도 흐트러지면 영락없이 공기를 사정없이 구겨댄다. 그러하니 섬섬옥수 애인 다루듯 섬세해야 하고, 노심초사 아기 다루듯 온 정성을 다하여 불어야 한다. 그 감칠맛 나는 섬세한 여운을 불어보지 않고서 어찌 헤아릴 수 있으랴. 게다가 오직 지성과 정성으로 세상을 사셨던 조상님들의 따뜻한 정과 푸근한 인간미를 느낄 수 있어서 좋고 나아가 슬기를 느낄 수 있어서 또한 좋다.

단소는 모두 다섯 개의 구멍으로 되어 있는데 맨 아래 구멍은 쓰질 않는다. 쓰지 않는 구멍은 왜 뚫어놓으셨을까. 그것은 후손들을 위해 예비해두신 것으로 전적으로 선견지명의 탓이었다. 그 구멍을 닫아보라. '파'(협종) 소리가 나지 않는가. 무역(도), 황종(레), 태주(미), 중려(솔), 임종(라)의 5음을 주음계로 쓰셨던 선조들은 서양음악이 이 땅에 들어올 것에 대비, 맨 끝에 보너스로 구멍을 뚫어놓으셨으니 그 소리가 바로 '파' 소리인 것이니 그 지혜가 놀라울 뿐이다. 이 밖에도 손가락을 살짝 얹어야 소리가 나는 남려(시) 음은 얄미울 정도로 귀엽기만 한 것이 신접살이 첫날밤의 새색시 같다. 리코더나 멜로디언이 훨씬 불기 쉬운데도 굳이 단소를 택하는 것은 바로 이런 이유에서다.

그렇습니다. '파' 소리는 엄연히 존재합니다. 다만 숨어 있을 뿐입니다. 왜 없애지 않고 숨겨두었을까요? 보편적 음의 가치를 존중하려는 조상들의 깊은 사려 때문이라고 말하고 싶습니다. 생각할수록 조상들의 지혜 앞에 머리가 저절로 숙여집니다. 이 음은 다음과 같이 표현할 수 있습니다.

「새색시 소리」— 박학범

수줍어요 새색시 소리
미안해요 겸양 소리
잘하세요 격려 소리
걱정은 저에게 안심 소리
힘내세요 당찬 소리

꺼질세라 바람에 날아갈세라 고운 소리

고이고이 감춰둔

겸양지덕(謙讓之德)의 소리

국악만이 그런 게 아닙니다. 국악처럼 노골적으로 숨겨두지는 않지만 양악에도 숨은음이 있습니다. 다음 노래를 불러보면 그 실체가 드러납니다.

[악보 68] 만복의 근원

T.Ken, 1709

L.Bourgeois, 1551

潕	潕	潹	淋	浺	潕	潢	汰	汰	汰	汰	潕	潢	浺	淋	潕
도	도	시	라	솔	도	레	미	미	미	미	레	도	솔	파	미

노랫말 '백', 즉 화살표(⇓)의 '미' 음은 '파'로 올라가려는 경향이 있습니다. '미' 음이 반복될 때 두 번째 음을 한 음 올려서 부르려고 합니다. 사실 그렇게 부릅니다. 자연스럽게 올라갑니다. 악보를 볼 줄 아는 사람도 그렇게 부르고 있으니, 악보에 둔한 사람은 당연히 올려 부릅니다. 그러나 작곡자는 두 번째 '미' 음을 '파' 음으로 하지 않고 같은 음높이를 요구했습니다. 왜 그랬을까? '파' 음의 절제를 요구한 것입니다. '파' 음을 살짝 숨겨놓은 것입니다. 이렇게 양악에도 숨겨놓은 절제의 '파' 음이 있습니다. 그러나 국악에서는 '파' 음을 아예 숨겨놓습니

다. 이것을 가르치는 것은 명분이 있다고 생각합니다.

왜?

왜, 무엇 때문에 숨은음으로 존재할까? 우리 선조들이 무엇 때문에 이 소리를 숨겼을까. 아예 흔적을 남기지 않고 숨은음 없이 우리 식 음계를, 숨은음 없는 우리 식 창법을 구사할 수는 없었을까? 진정으로 국악의 전혀 다른 음악 세계를 만들 수는 없었을까.

여러 가지 궁금증이 머리에서 떠나질 않았습니다. 그러나 신은 인간에게 느낌과 감정을 표현할 수 있는 음악 예술의 세계에서 음악이라는 질서를 흔들지 않으시고 단지 모양만 다르게 만들어 선물했다는 결론에 다다르게 되었습니다. 그것은 사람의 생김새가 서로 다른 이치와 같습니다. 인간의 지·정·의와 오감이 백인종이나 흑인종에게만 있는 것이 아닙니다. 황인종에게도 있습니다. 그러나 피부색이나 머리카락은 같지 않고 다릅니다. 종(種)의 다양성이 이 안에 숨겨져 있습니다. 꽃의 색깔만 해도 그렇습니다. 태양 광선을 평등하게 받으면서도 그 모양이나 색깔이나 향기는 모두 다릅니다. 그러나 그것들은 꽃이라는 사실에서 벗어나지는 않습니다. 한마디로 표현하면 다양성을 선물한 것입니다.

음악도 같은 원리일 것이라는 믿음이 생겼습니다. 국악 역시 음악 예술성의 본질에서 벗어나지 않으면서 또 다른 음의 질서를 만들어놓으신 것입니다. 신은 다양한 음악 예술의 한 가닥을 만들어 한민족에게는 국악이라는 색깔의 음악을 선물하셨습니다. 국악이 음악이라는 커다란 카테고리(Kategorie)를 벗어나지 않으면서도 또 다른 소리의 향연을 선물하신 것입니다. 그 향연 속에 '협(夾)' 소리를 살짝 감추어두셨을 뿐입니다. 조물주는 만물의 어느 것 하나도 그냥 지으신 법이 없습니다. 요한은 그가 쓴 책 '요한계시록'에서 만물은 신의 뜻대로 지어졌고 지으심을 받았다고 했습니다. 성경을 인용하니 비약이라는 생각이 듭니까? 하지만 일리는 있습니다.

죽으면 열매를 맺는다

숨은음 입장에서 보면 속상할 일입니다. 다른 음처럼 자기를 드러내놓고 싶었을 것입니다. 그리고는 양악처럼 국악의 소리 세계에서 어엿한 자리를 확보하고 싶었을 것입니다. 그래서 이런 가정을 해보았습니다. 숨어 있자니 부아가 났을 수도 있었을 것이라는 가정입니다. 어떤 때는 화도 치밀었습니다. 그래서 뒤돌아서 울기도 여러 번이었습니다. 때로는 소리를 죽여 흐느끼다가 거친 숨을 몰아쉬며 땅을 쳐가면서 목 놓아 울기도 했습니다. 한 번이라도 자기를 나타내 보이고 싶었습니다. 그래서 당차게 불러보기로 하였습니다. 오기가 생긴 것입니다. 그래야 성이 풀릴 것 같았기 때문입니다.

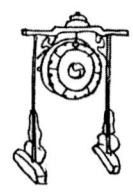

[악보 69] 숨은음의 아리랑

아 -리랑- 아 리랑- 아 -라--리- 요----

아 -리 랑- 고--개 -로- 넘 어간 다 -

나 를 버- 리 고 가 시-는님- 은 - - - -

십 리 도- 못--가 -서- 발 병난 다

보십시오, 되지 않습니까 하고 항의하고 싶었습니다. 하지만 숨은음은 참기로 마음을 굳혔습니다. 당동벌이(黨同伐異: 무리를 지어 다른 자를 공격함)도, 이판사판도, 이전투구(泥田鬪狗: 볼썽사납게 서로 헐뜯거나 다투는 모양)도 모두 흐르는 물에 버리기로 하였습니다. 숨은음은 국악의 음악 세계를 누구보다 잘 알고 있었습니다. 자신을 드러내면 국악의 독특한 음악적 이미지에 찬물을 끼얹는다는 것을 잘 알고 있었기 때문입니다. 만약 자기의 모습을 드러내면 국악의 틀이 흐트러지고, 찬란한 국악 한 마당 큰 잔치에 찬물을 끼얹을 것이라는 사실을 잘 알고 있었습니다.

울어도 안 되고 참아도 소용없고 화를 내 봤자 자기만 손해라는 것을 깨달았기 때문입니다. 신의 뜻으로 돌리고 자기가 가진 소리의 운명에 그 몫을 돌리기로 한 것입니다. 자기 한 몸 숨어 다른 이를 도울 수 있다면, 그것도 의미 있는 삶일 수 있다고 되뇌었습니다. 살신성인

(殺身成仁)이 아니라 살신성악(殺身成樂)의 주춧돌이 되겠다고 생각하며 설움의 눈물을 닦았습니다.

마침내 두드러진 자리가 꼭 중요한 자리가 아니라는 확신 안에 거하기로 하였습니다. 내 한 몸 희생하여 다른 이를 도울 수 있다면 이보다 더 큰 광영이 없다고 생각했습니다. 밀알 하나가 땅에 떨어져서 죽지 않으면 한 알 그대로 있지만, 죽으면 열매를 많이 맺는다는 말이 생각났습니다. 그리고는 숨어 있으면서 다른 이를 도울 길을 찾기 시작했습니다. 그랬더니 마음의 평화가 찾아왔습니다.

그렇습니다. 숨은음 '파(협)'는 희생의 표본입니다. 절제의 미덕입니다. 양보의 메신저입니다. 그러나 우리는 그의 속내를 압니다. 그저 바라만 보고 있다는 것을, 그저 속만 태우고 있다는 것을, 늘 가깝지도 않고 멀지도 않게 그저 바라만 보고 싶었을 뿐입니다. 생명음이 보고 싶고 배려음과 완성음이 그리워지는 길목에 서서, 마음만 두고 떠나자니 눈물이 앞을 가렸습니다. 하지만 참고 또 참으며 울지 않기로 했습니다. 몸과 마음을 바쳐 다른 음들을 돕기로 굳히고 자신은 철저히 숨기기로 하였습니다. 숨은음 '파'는 음이온이 되어 숲을 찾는 이들에게 맑은 공기를 선사하는 숲속의 보약 '테르펜(terpene)'이 되기로 한 것입니다.

보배로운 존재

숨은음 '파'는 눈에 보이지 않으나 귀하고 보배로운 존재입니다. 우리는 숨은음으로 인하여 기쁨을 얻고 그의 존재로 인하여 즐거이 노래할 수 있습니다.

신은 온갖 것을 만드실 때 그냥 만들지 않으셨습니다. 알렉산더 플레밍(Alexander Fleming, 1881~1955)은 1928년에 인플루엔자 바이러스에 관한 연구를 하고 있던 중, 우연히 포도상 구균 배양기에 발생한 푸른곰팡이 주위가 무균 상태라는 사실을 확인했습니다. 푸른곰팡이의 배양물을 800배로 묽게 하여 포도상 구균의 증식을 방지할 수 있다는 사실을 발견하고 이 물질을 페니실린(penicillin)이라 명명하였습니다.

곰팡이를 그냥 만든 것이 아닙니다. 부패를 통해 순환을 돕고 세균을 박멸하는 항생 물질의 근원이 되어 인류를 질병으로부터 건졌습니다. 온갖 것을 맹목적으로 지으신 것이 아니고 그 쓰임에 적당하게, 적절하게 지으셨습니다. 숨은음을 지으심이 참으로 신묘막측합니다. 그래서 국악은 걸작품입니다. 절제성과 이타심(利他心)의 새로운 음악 장르를 제공한 숨은음에게 박수를 보냅시다.

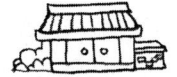

9. 우리 음에도 이름을 지어주자

한국 시단의 원로 김춘수(1922~2004)는 시단의 모더니스트로서 굵은 획을 그은 시인입니다. 불령선인(不逞鮮人) 즉, 일제의 체제에 대하여 불만을 품고 곧은 말을 하는 사람으로 낙인찍혀 추방된 그는, 해방과 더불어 자신의 내면에 간직된 언어마저 해방시킨 사람으로 손꼽힙니다. 릴케와 실존주의 철학의 영향을 받은 그는, '꽃'을 소재로 한 초기 시(詩)부터 관념을 배제하고 사물의 이면에 감춰진 본질을 파악하고자 한 '무의미시'에 이르기까지, 60년 동안 한국 시단에서 위상을 지켜왔습니다. 그의 시 '꽃'을 읽으면서 상념에 젖었습니다.

「꽃」 — 김춘수

내가 그의 이름을 불러주기 전에는
그는 다만
하나의 몸짓에 지나지 않았다

내가 그의 이름을 불러주었을 때

그는 나에게로 와서

꽃이 되었다

내가 그의 이름을 불러준 것처럼

나의 이 빛깔과 향기에 알맞은

누가 나의 이름을 불러다오

너는 나에게 나는 너에게

잊혀지지 않는

하나의 눈짓이 되고 싶다.

그래야 하는 이유

이 시에는 '이름'이 모두 네 번이나 나옵니다. 이름을 불러주기 전에는 하나의 몸짓에 불과했지만, 이름을 불러주었을 때는 내게 와서 꽃이 되었다고 했습니다. 이름의 중요함을 단적으로 표현하고 있습니다. 빛깔과 향기에 알맞은 이름을 붙여달라고 절규하면서, 다시 한번 '이름'의 소중함을 지적하고 있습니다. 그랬을 때 너와 나의 마음을 하나로 잇는 눈짓이 될 수 있다고 시인은 노래하였습니다.

그렇습니다. 몸짓으로는 부족합니다. 이름이 있어야 합니다. 이름이 있어야 꽃이 될 수 있습니다. 그래야 마음의 끈을 이어주는 뜻을 깨달을 수 있습니다. 눈짓만 보아도 마음이 주는 암시를 읽을 수 있습니다. 암시는 텔레파시(telepathy)입니다. 텔레파시는 정신 감응입니다. 감각 기관에 자극을 미치지 않아도 어느 한 생명체로부터 다른 생명체에게로 관념과 인상이 전달됩니다. 그러니까 이름은 몸짓이요 암시요 텔레파시요 정신 감응의 원천입니다.

성취 5단계 이론을 주창한 매슬로우(Maslow)도 '이름'에 무게를 두었습니다. 인간의 욕구를 생리적 욕구, 안전에 대한 욕구, 소속의 욕구, 존경에 대한 욕구, 자아실현의 욕구로 규정하면서 '소속의 욕구'가 있어야 자아실현에 이를 수 있다고 갈파했습니다. 소속의 욕구는 무엇입니까? 이름입니다. 이름을 부여받음으로 인간의 소속의 욕구는 시작됩니다. 그래서 이름은 소속이고 신심(信心)이고 눈짓입니다.

그래서일까요. 사람들은 태어나면서부터 이름을 부여받습니다. 사람을 가리켜 소우주라고 하지만 이보다 앞선 소우주가 있으니 바로 어머니의 뱃속입니다. 10개월간의 우주에서 벗어나는 날, 탄생의 환영의식을 치르고 곧바로 출생 신고를 하고 '이름'을 받습니다. 이때부터 인격체로서 법적으로 그리고 사회적으로 당당한 지위를 획득합니다. 이름은 명예와 자아실현의 원천입니다. 범이 호사유피(虎死留皮)하듯 인간은 인사유명(人死有名)이라고 하지 않았습니까?

음악에도 이름이 있습니다. 양악에는 '도, 레, 미…'라는 이름이 있고, 국악에는 '율(律)'이라 부르는 '황, 대, 태…'라는 이름이 있습니다. 양악에서는 한 옥타브 안에 있는 음들을 일정한 질서에 따라 배열(음계)하고 음의 기능(역할)과 성격에 적합하도록 구체적인 이름을 부여하고 있습니다.

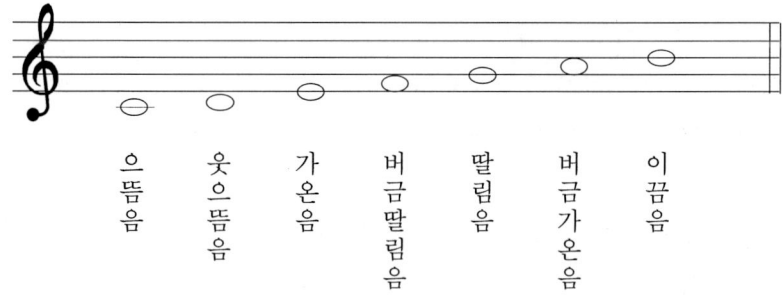

[악보 70] 서양음계의 음이름

으뜸음　웃으뜸음　가온음　버금딸림음　딸림음　버금가온음　이끔음

가온음 '도'를 으뜸음이라 하고 '레' 음을 웃으뜸음이라고 하며, 으뜸음을 기준으로 5도 위의 음을 '딸림음', 딸림음보다 4도 아래의 음을 '버금딸림음', 으뜸음 '도'와 딸림음 '솔'의 가운데에 위치한 '미' 음은 '가온음', 한 옥타브 위의 '도' 음에 이끌려 다니는 음 '시'는 '이끔음'이라고 부릅니다. 음 하나하나에 고유의 기능과 역할을 부여해서 이름을 부여하고 있습니다. 양악에서는 이렇게 당당한 음의 이름을 부여받고 있습니다.

불쌍하다 우리 음

그런데 국악의 음들은 어떻습니까? 불행히도 그렇지 못합니다. 양악에 있는 음의 이름이 국악에는 없습니다. 그렇게 중요한 기능에 따른 이름이 없습니다. 불행입니다. 물론 이름이 아주 없는 것은 아닙니다. 부분적으로는 있습니다. 육자배기 토리의 경우 '미' 음은 떠는 음, '도' 음은 꺾는 음, '라' 음은 평으로 내는 음 등이 그렇습니다. 그러나 그렇지 않은 토리에는 특별한 이름이 없습니다.

이름이 없다는 것은 무적자를 자처하는 처사이고, 족보 없는 사생 아입니다. 국악의 음에도 이름을 지어주어야 합니다. 그래야 국악 세상을 당당하게 열어갈 수 있습니다. 그래야 꽃이 되고 눈짓이 되고 텔레파시가 통하고 정신 감응이 일어납니다. 그래서 이름을 붙였습니다. 양악의 음이름이 기능과 성격에 의해 규정되었다면 저는 여기에 명분을 하나 더 보태서 음이름을 지어보았습니다.

[악보 71] 우리 노래의 음이름

생명음　숨은음　아랫다리음　배려음　꺾여떨어진음　완성음　윗다리음

○ 생명음: DNA처럼 핵심이 되는 음으로 국악의 음의 세계를 함축하고 있는 음
○ 숨은음: 사용하지는 않지만 음가는 가지고 있는 음
○ 다리음: 생명음 '미'와 배려음 '솔'을 연결해주는 음
○ 배려음: 생명음 '미'에 딸려 있으면서 생명음과 함께 소리의 줄기를 형성한 음
○ 꺾여떨어진음: 완성음 '도'가 꺾여 떨어져서 나는 음
○ 완성음: 생명음 '미'와 배려음 '라'와 한 줄기(뼈대)를 이루어 완성된 소리의 체계를 만들어낸 음
○ 윗다리음: 완성음 '도'와 (윗)생명음 '미'를 연결해주는 음

어떻습니까. 그럴듯하지 않습니까? 시도는 중요합니다. 시도 없이 이루어지는 일은 없습니다.

명분

생명음 '미'는 마치 씨앗과 같은 음이라고 했습니다. 그 씨앗 속에는 식물의 'ABC'가 모두 들어 있습니다. 장미의 열매에는 장미꽃의 화려함도 가지고 있지만, 줄기의 가시도 품고 있습니다. 수정된 인간의 DNA에는 남자와 여자가 이미 구별되어 있고, 키가 얼마나 자라며 언제 풍정을 하며 가슴은 언제쯤 발달하고, 심지어는 쌍꺼풀이 있을 것인지 없을 것인지도 이미 알고 있습니다.

생명음 '미'도 음악적으로 식물의 씨앗과 같고, 인간의 DNA와 같습니다. 이 음이 심어져서 수분을 흡수하면 한민족의 음악적 감수성이 꽃피기 시작합니다. 아이들의 정서에 싹을 틔우면 전래동요의 세계가 발현되고, 어른들의 정서와 접목되면 어른들의 노래가 시작됩니다. 부녀자에게 올려지면 부녀요가 되고, 어부들에게 접목되면 어업요가 됩니다. 전문 소리꾼의 입에 오르기 시작하면 통속 민요가 되기도 합니다.

이 씨앗이 경기도 사람에게 불리면 경 토리의 노래가 되고, 서해안과 만경강 동진강의 평야 지대에서는 육자배기의 노래를 형성합니다. 또 태백산 험산 준령을 넘어서서 동해안권의 사람들을 만나면 메나리 토리의 노래 밭을 만들어내기도 합니다. 이렇게 중요한 음이 바로 생명음인 것입니다. 생명음 '미'는 조물주께서 한민족에게 내린 지혜의 음이 아닐까요?

배려음 '라' 음은 '미' 음에 딸린 음입니다. '미' 음이 바탕이 되어 비빌 수 있는 언덕을 구축하고, '미-라'의 완전4도의 음정으로 국악의 음악 줄기를 형성합니다. 놀라운 사실은 배려음이 생명음과 부합되면 세계 어느 곳에서나 들려지던 —미국에서든, 일본에서든, 중국에서든 아프리카에서든, 그리고 인도에서든— 그 노래가 바로 한민족의 음악, 즉 국악임을 깨닫게 하는 바로미터가 됩니다. 놀라운 사실입니다.

앞서 'Amazing Grace'와 '나의 죄를'이 국악의 음계와 같은 5음 또는 4음임에도 불구하고 국악적 냄새가 나지 않는 것은 바로 생명음과 배려음이 일궈내는 완전4도 음정이 없기 때문입니다. 양악 동요 '고드름'과 '푸른 하늘 은하수'도 마찬가지입니다. 이것은 놀라운 사실입니다. 신은 한민족에게 바로 생명음과 배려음의 줄기를 선물하신 것입니다. 생명음이 지혜의 음이라면 배려음 '라'는 한민족에게 내리신 지식의 음입니다.

완성음 '도'는 총명의 음입니다. 완성음 '도'는 잘 차려입은 신부 아가씨의 화관이고 멋쟁이 신부의 하이칼라 머리입니다. 그리고 청천 하늘의 은하수입니다. 그 은하수에 국악의 푸른 바다가 있고 국악의 꽃잔디가 카펫처럼 깔려 있습니다. 생명음과 배려음 그리고 이 완성음이 연인이 되어 푸른 바다를 노 저어 가고 하얀 쪽배를 타고 야유회를 즐기기도 합니다. 칠월칠석날에는 견우와 직녀가 만나는 은하 작교를 만들어주어 연가를 노래합니다. 만능 세포 줄기가 되어 가는 곳마다 아름다운 소리를 만들어냅니다. 때로는 슬픔의 애가로, 때로는 즐거운 노랫가락으로, 때로는 웅비의 개선가를 만들어냅니다.

황해도 노래

(중중모리장단)

1. 싸 름 - 싸 름 - 느 티 나 무 밑 - - 에
2. 싸 름 - 싸 름 - 산 천 초 목 우 거 진 곳

싸 름 우 는 소 리 가 귓 - 가 에 들 - 리 네

싸 름 우 는 소 리 가 처 - 량 도 하 - - 네

다 녹 여 - 낸 - - - 다

※ '싸름'은 '쓰르라미'의 황해도 사투리

그리고 수심가 토리에서는 고추 같은 특유의 톡 쏘는 맛(떠는 음)을 선보이면서 평안도 지방의 음의 색채를 선사합니다.

배려음과 단3도의 음정을 만들어 소리의 맛을 더해줍니다. 경 토리에서는 다른 음들과 조화를 잘 이루어 화려한 음의 퍼레이드를 선물하기도 하고, 육자배기에서는 자기를 흘러내려서 '시' 음에 힘을 실어줌으로써 소리의 감칠맛을 더합니다. 메나리 토리에서도 마찬가지입니다. 소리의 중심에 위치하여 위로는 생명음을 떠받쳐주고, 아래로는 배려음을 잡아주면서 함경도 소리를 만들어 줍니다. '신고산타령'이 그 좋은 예입니다. 태백산 준령 너머 함경도 지방의 강렬한 소리는, 비상

하는 바다 갈매기처럼 높은 성역의 소리를 펼치는데, 소리의 중심은
바로 완성음 '도'(⇓ 부분)입니다.

[악보 73] 신고산타령

함경도 노래

신고산 이 우루루 루 함흥차떠나는 소 - 리 에 - - -

완성음 '도'는 조물주께서 한민족에게 내리신 총명의 음입니다. 천하
의 창조자 조물주는 예술의 창조자이시기도 합니다. 한민족에게는 완
전4도와 감3도에 의해 이루어지는 음악의 줄기를 우리 민족에게 내리
신 것이라고 생각합니다.

생명음, 배려음, 완성음! 왜 그런 이름을 지었을까? 명분에 입각해서
조금 더 살펴보겠습니다. 양악의 으뜸음 '도'는 기능적 측면, 즉 음의
역할과 구실을 강조한 측면이 강합니다. 다분히 서양 사람들의 과학적
이고 실용적인 색채가 음악에서도 예외 없이 적용되었다고 할 수 있습
니다.

그러나 국악은 양악의 그것과는 다릅니다. 다분히 손에 잡히는 것
에 무게를 두지 않으려 하고, 미래를 예감하려는 선언적인 성격에 가치
를 둡니다. 사실에 근거하여 진리나 진상을 탐구하려는 실사구시(實事
求是)를 부정하지는 않지만, 넓고 커다란 원 속에 포함시키려는 성향을
가지고 있습니다. 규격화된 양복을 싫어하는 것은 아니지만, 헐렁한
핫바지를 외면하지도 않습니다. 엄밀히 따지면 양복보다는 핫바지 쪽
입니다. 현실적으로 얻어지거나 손에 획득되는 것은 없어도, 도덕적으

로 지켜야 할 도리가 있다면 그것보다 우선합니다. 뜨거운 열정은 없으나 인내의 '은근'이 우선하고, 안 되는 것 같으나 결국 이루어내는 '끈기'를 가진 민족성이 그 원천입니다. 36년이라는 긴 일제 치하의 틈바구니에서 나라를 건진 것은 이런 특유의 정신세계를 소유하고 있기 때문인 것, 두말할 나위가 없습니다.

이익이냐 명분이냐

왜 그렇습니까? 명분 때문입니다. 명분이라는 정신적 상호작용이 끊임없이 분출되어 가난과 헐벗음을 끝내 이겨내고 세계 무역 대국 10위를 선점했고, 자동차 수출 5위의 나라를 이루었습니다.

눈앞의 이익보다는 국가와 민족을 생각하는 명분이 강한 우리 민족입니다. 은근함 속에 담겨진 끈끈함이 폭발적인 힘보다 더 무서운 법입니다. 그런 민족성이 우리에게 있고, 이것이 우리의 예술혼입니다. 국악 세상이 열린 것도 이런 맥과 절대 무관치 않습니다. 국악이 언젠가는 양악을 앞서야 한다는 선언적 의지가 이 시점, 21세기의 첫 단추에서 유감없이 발휘되고 있습니다. 기필코 해내고야 마는 은근과 끈기의 혼이 음악 교과서(특히 7차 교육과정)에서도 그대로 적용되고 있습니다. 머지않은 날에 국악 세상은 봄볕의 야생화처럼 기지개를 펼 것입니다. 명분을 중시하는 민족성 때문입니다.

다시 국악의 '파(협, 浹)' 음 얘기로 돌아가겠습니다. 명분으로 점철된 국악의 음들 중에서 명분을 가장 중요시하는 음을 들라면 당연 '파' 음입니다. 음가(音價), 즉 음이 지니고 있는 소릿값의 명분은 가지고 있습니다. 다만 전면에 나서질 않고 후방에서 국악 세상을 열어갑니다. 국악혼의 중요성을 누구보다 중요시하는 숨은음 '파'는 이런 이유에서 우리의 혼이 담겨 있으며 명분이 있는 우리의 소리입니다.

양악의 '파' 음에 갈음하는 음이 우리 음악에도 버젓이 자리하고 있음에도 불구하고, 모르는 분들이 있다면 이는 슬픈 일입니다. '궁, 상, 각, 치, 우'도 알아야 하지만 명분 덩어리인 '파', 즉 단소에서 '협(浹)' 음의 실체도 알아야 합니다.

또한 꺾여떨어진음인 '시' 음, 즉 단소에서 '남(南)'과 윗다리음인 '레' 음, 즉 단소에서 '황(潢)'이 없는 것으로 착각하고 있는 사람들도 그렇습니다. 심지어 일선 현장의 초등학교 선생님들조차 그렇습니다. 속히 잘못된 고정관념의 틀에서 벗어나야 합니다.

양악의 계명 '도, 레, 미…'보다 더 아름다운 우리말 율명 '중, 임, 무, 황, 태'를 회복해서 쓰는 실리는 긍정되어야 하고, 중국의 음계 이름인 '궁, 상…'은 부정되어야 마땅합니다.

심지어 교과서에서는 꺾여떨어진음 '시' 음을 부호 표기로 갈음하고 흔적을 나타내지 않는데, 이는 배우는 학생들로 하여금 음의 존재를 은폐하는 우를 범할 수 있습니다.

전문 국악인들에게는 그렇게 나타내도 괜찮겠지만, 배우는 학생들에게 그렇게 하는 것은 버젓이 살아 있는 우리 음을 짓밟는 처사라고밖에 달리 설명할 방도가 없습니다. 숨은음은 하나로 족합니다. 숨기지 않아도 될 음은 살려야 합니다. 꺾여떨어진음을 숨기지 말고 당당하게 악보상에 나타내주는 노력이 훨씬 더 떳떳할 것으로 생각합니다.

제3부

장단
– 점4분음표의 비밀

1. 점사분음표의 비밀

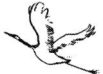

KBS의 '생로병사의 비밀' 프로그램은 신(新)의학 다큐멘터리로서 시청자들에게 풍부한 건강 정보를 제공하고 있습니다. 2004년 11월 9일 방영된 '늙은 난자의 고민—35세, 출산의 한계인가'는 늦은 출산에 대한 산모들의 궁금증을 충족시키기에 더없이 좋은 프로그램이었습니다. 성경 '창세기'에 나오는 아브라함의 아내 사라의 출산 비결에서 말문을 열었습니다. 과연 90세의 할머니 사라가 아들 이삭을 출산할 수 있었을까?

현대적 산부인과의 미스테리인 이 사건의 비밀이 자못 궁금하여 화면에 눈을 고정시켰습니다. 결론은 가능하다는 쪽이었습니다. 비밀의 해답은 '엽산'에 있었습니다. 건강한 아이를 출산하기 위한 필수 영양소인 엽산은, 자연 유산과 저체중아 출산에 영향을 미치는 호모시스테인 농도를 낮추며. 또한 고령 산모에게 특히 높게 나타나는 임신 중독증과 조산을 막아준다는 것입니다.[37]

---

37) http://www.kbs.co.kr/1tv/sisa/health/vod/vod.html

국악에서도 엽산과 같은 역할을 하는 것이 있습니다. 국악은 장단이라는 독특한 리듬 터치로 음악 세상을 열고 있는데, 장단의 핵심, 곧 엽산처럼 값진 것, 바로 '점사분음표(♩.)'입니다.

분할 리듬(triple rhythm)

[악보 74] 3분박 리듬(triple rhythm)

②, ③, ④의 세 리듬은 ①의 점사분음표(♩.)가 다양한 리듬의 형태로 나누어진 것입니다. 여기서 중요한 포인트는 바로 ①의 점사분음표입니다. 앞서 '미' 음이 생명의 씨앗과 같은, 소리의 기초가 되는 음이라면, 리듬에서는 이 음표가 단연 압권(壓卷)입니다.

국악에 있어서 기본이 되는 박이요, 그렇기 때문에 생명의 박이라고도 할 수 있습니다. 한국의 리듬은 이 점사분음표에서 발아하고 꽃을 피우기 때문에 식물로 말하면 씨앗과 같은, 아주 소중한 음표라고 해도 지나침이 없습니다.

이 기본박이 다양한 형태로 나누어져서 여러 가지 리듬을 만들어내는데, 이는 2분박(2소박, duel rhythm) 또는 3분박(3소박, triple rhythm)의 형태를 이룹니다. 어른들의 노래에서는 3분박 형태로, 아이들의 노래(전래동요)에서는 2분박 또는 2분박과 3분박이 어우러지는 형태로 나타납니다.

2분박(2소박, duel rhythm)			3분박(3소박, triple rhythm)		
① ②	1/2+1/2	♪♪	① ② ③	1/3×3	♪♪♪
① -②	3/4+1/4	♪.♪	① - ②	2/3+1/3	♩♪
①② -	1/4+3/4	♪♪.	① ② -	1/3+2/3	♪♩
① ②③	1/2+1/4+1/4	♪♪♪	①② - ③	1/6+1/2+1/3	♪♩♪
①② -③	1/4+1/2+1/4	♪♪♪	①② ③ -	1/6+1/6+2/3	♪♪♩
①② ③④	1/4×4	♪♪♪♪	① - -②	5/6+1/6	♩♪♪
			①② ③④ ⑤⑥	1/6×6	♪♪♪♪♪♪

[표 4] 분할 리듬의 형태

'꼭꼭 숨어라'는 2학년 『즐거운 생활』에 실려 있는 전래동요입니다. 이 노래는 숨바꼭질 놀이를 하면서 부르는 노래인데, 술래인 아이가 다른 아이들이 숨는 동안에나 숨은 아이를 찾았을 때 부르기도 하고, 술래한테 먼저 잡힌 아이가 숨어 있는 아이들에게 술래가 가까이 가고 있는 것을 알려주기 위해서도 부르는 노래입니다. 제재곡은 전래하는 숨바꼭질 노래의 가사와 가락을 짜임새 있게 만들어놓은 것인데, 기본박(점사분음표)이 나오면서 점차 3분박으로 분할되는 예를 알 수 있습니다.

[악보 75] 전래동요의 3분박 - 꼭꼭 숨어라

전래동요

꼭 꼭 숨 어 라　꼭 꼭 숨 어 라

텃 밭 에 도 안 된 다　상 추 씨 앗 밟 는 다

'이 박 저 박'은 '이 바가지 저 바가지'의 뜻으로 알려져 있는 노래인데, 1학년 『즐거운 생활』에 실려 있는 전래동요입니다. '하늘에', '꼬부랑'에서는 3분박 형태를 보이기는 하지만, 전반적으로 기본박 점사분음표가 2분박으로 듀얼링(dualing)되고 있습니다.

[악보 76] 전래동요의 2분박 - 이박저박

전래동요

이 박 저 박	곤 지	박	하 늘 에 올 라	조 롱	박
다 따 먹 은	난 두	박	처 마 끝 에 대	롱	박
할 아 버 지	두 른	박	할 머 니 는 쪼	대	롱
쌀 로 되 니	마 흔	되	떡 을 하 니 자	박	지
정 지 문 이	딸 가	닥	수 탁 암 탁 꼬	꼬	댁
꼬 부 랑 깽 깽	다 먹	고	꼬 부 랑 남 게 올	라	가

'달두 달두 밝다'는 보름달을 보고 부르던 달맞이 노래로, 보름달을 구경하러 갈 때 입은 저고리의 종류를 이야기로 담은 달 노래입니다. 전반부에서는 2분박이 주를 이루다가 후반부에서는 우리말의 리듬을 살려 3분박으로 자연스럽게 부르게 됩니다. 즉, 2분박과 3분박이 혼용된 예입니다.

[악보 77] 전래동요의 2·3분박(혼박) - 달두 달두 밝다

전래동요

달두 달두 밝 다 명- 달두 밝 다

남호장 저고리 어화 둥 백항라 저고리 어화 둥

아이들노래 전래동요가 2분박의 보고라면 어른들노래인 민요는 3분박의 보고입니다. 밀양아리랑은 경기도노래인데 당김음을 잘 살린 3분박 기법을 쓰고 있습니다.

[악보 78] 민속악의 3분박 - 밀양아리랑

경기도 노래

날좀 보-소 날좀 보-소 날 좀--보-- 소 - - -

민속악뿐만이 아닙니다. 정악(궁중음악)에서도 이러한 형태는 계속됩니다. 전래하는 아악곡 중 가장 오래된 것으로서 약 1,300여 년 전 신라시대에 제작되어 궁중연례 및 무용 반주 음악으로 연주되어오는 전 4장의 관악곡인 수제천(속명으로는 '정읍') 역시 3분박의 리듬 패턴을 유지하고 있습니다.

[악보 79] 수제천의 3분박 - 수제천

당김음(syncopation)

'밀양아리랑'에서 보았듯이 3분박의 트리플 리듬은 당김음 (syncopation)을 수반합니다. 양악에서는 작곡자가 리듬의 변화를 주기 위해서 간혹 인위적으로 당김음을 사용하는 듯한 인상을 주는 데 반해, 국악에서의 당김음은 바람이 불고 물이 흐르듯 나타나는 자연발생적 리듬이라고 할 수 있습니다.

인천 후정초등학교 교가(필자 작곡)를 보면 후렴부의 두 번째 마디에서 신코페이션을 썼습니다. 다분히 의도적입니다. 학생들은 이 부분에서 반드시 이 기법을 충분히 살려 노래해야 합니다. 그렇게 하지 않으면 지적을 받습니다.

[악보 80] 양악의 당김음 - 인천 후정초등학교 교가

박학범 작곡

우정-과   나눔의 터   영원히 적셔주-네   나보

이에 반해 국악은 다릅니다. 경기도 노래인 뱃노래만 해도 그렇습니다. 작은악절 네 번째 마디의 '여차'에서 느낄 수 있듯이 당김음(화살표 부분)이 자연발생적으로 나타납니다. 의도성은 배제되고 소리꾼이 흥을 살려 즉흥적으로 노래하는 경우가 많습니다. 다분히 자연발생적입니다. 양악의 당김음은 악보대로 표기해야 하는 의무감이 있지만 국악의 당김음은 노래하는 이의 흥에 따라 당김음이 여러 형태로 표현되게 됩니다. 표현의 다양성을 인정합니다. 이 때문에 국악의 당김음은 자연스럽습니다.

[악보 81] 국악의 당김음 - 뱃노래

어기 야디여어 차 - 어기야디여어 어기 - 여차

2. 진양이를 벗겨라

　우리말의 억양이 지역마다 다른 방언이 있듯이, 서민들의 노래인 민요도 지역에 따라 조금씩 다릅니다. 잘 아시다시피 경기도 민요, 전라도 민요, 경상도 민요, 서도 민요, 제주도 민요 등으로 나누어집니다.

　'토리'란 용어를 사용하기도 합니다. '토리'가 무어냐고 물으신다면 '실을 둥글게 감은 뭉치'를 가리키는 말이라고 할 수 있습니다. 말하자면 지역별 민요의 유형을 하나의 실뭉치에 비유하는 데서 비롯된 말, 순수한 우리말입니다. 토리! 참 좋은 말입니다. 토리는 구성음이나 부르는 방법이 같은 것끼리 묶어놓은 것이라고 이해하면 좋을 것입니다. 경기도 민요(창부타령소리)는 경 토리, 전라도 민요는 육자배기 토리, 경상도 민요는 메나리 토리, 황해도와 평안도 지방의 민요는 수심가 토리라고 하는 이유를 확실히 알 수 있습니다.

장단

장단을 논하기에 앞서 박(拍) 이야기, 즉 박의 개념을 말씀드리는 것이 순서입니다. 서양 사람들은 박의 개념을 일정한 박(일정박)에 두고 있는 반면, 우리 선조들은 박의 개념을 호흡, 즉 숨에서 찾습니다. 그러니까 양악에서 박의 개념과 국악에서 박의 개념은 출발부터 다르다고 할 수 있습니다.

쉽게 말씀드리자면 양악은 메트로놈에 의한 박이고(메트로놈박), 국악은 숨에 의한 박, 곧 숨박입니다.

메트로놈박이란 일정한 음의 연결을 뜻하는데, 두 박의 첫 박자에 강박이 놓이는 박의 형태가 지속될 때는 2박자가 되고, 세 박의 첫 박에 강박이 놓이는 형태가 지속될 때 3박자가 됩니다. 강약의 원리가 일정박에 덧붙여져서 2박, 3박, 4박, 6박 등의 계열을 만듭니다.

그런데 국악은 다릅니다. 국악은 숨에 의한 박, 즉 '숨박'인데, 이 숨은 '장단(長短)'과 직접적인 관련이 있다고 할 수 있습니다. 일반적으로 우리나라 음악 하면 '장단'이란 말을 상식적으로 쓰는데, 이런 연관성을 밑바탕에 깔고 있으면 이해에 도움이 큽니다.

장단! 음미할수록 참 좋은 말이라고 생각합니다. 숨의 빠르기에 의해 각기 특색 있는 악곡의 틀을 만들어내는데, 이것이 장단입니다. 장단은 소리가 만들어내는 리듬의 반복된 형태, 곧 리듬 패턴(rhythm pattern)을 형성합니다.

미학자 한셀릭(Eduard Hanslick)은 말하기를 "음악은 울리면서 움직이는 형식들"이라고 정의하고 있는데, 장단이야말로 울리면서 움직이는 형식의 실체입니다. 숨이 있으니 혼의 울림이고 두 손과 온몸의 움직임이 있으니 신명의 울림입니다. 장단이야말로 울리면서 움직이는 형식입니다.

　서양음악은 '박'이 모여 '마디'를 만들고, 마디가 '동기'로, 동기가 '작은 악절'로, 작은악절이 '큰악절'을 형성합니다.

[그림 8] 양악의 형식(musical form)

　말하자면 작은 단위가 점차 커져서 커다란 틀로 범위가 커집니다. 작은악절, 큰악절, 프레이즈, 한도막형식, 두도막형식 등이 그것입니다.

　그런데 국악의 장단은 정반대의 형태를 취합니다. 진양조라는 큰 흐름이 기본이 되어 점차 모습을 달리해나가는데, 여기에서 중요한 단서가 되는 것이 '숨'입니다. 숨이라는 매개체가 박 형성의 단서가 되는데 이것이 바로 '장단'입니다.

　양악이 일정박에서 2, 3, 4박이 나왔다고 하면, 국악은 진양조장단에서 여러 가지 장단이 나옵니다. 곧 중모리, 중중모리, 자진모리, 휘모리, 단모리장단 등입니다.

　숨은 사람이 편안할 때 긴 숨을 쉬게 되고, 생각이 깊어지고 행동이 시작되면서 점차 빨라지기 시작하는 속성이 있습니다. 등산할 때 처음에는 평상적인 숨을 쉬게 되지만, 오르면 오를수록 숨이 가빠지게 됩니다. 누가 그렇게 하라고 시켜서 되는 것이 아니라, 저절로 그리고 스스로 그렇게 됩니다. 인체 생명공학적 차원에서 보면 장단은 지극히 바이오리듬의 과학적 원리를 그 기반으로 합니다.

노래 역시 같은 이치입니다. 처음에는 평안의 상태에서 여유 있게 천천히 부르다가, 숨이 힘을 얻게 되면 조금씩 숨이 가빠지게 되고, 그러면 노래는 빨라지게 됩니다.

숨이 빨라지게 되면 자연히 장단도 거기에 맞춰야 하는데, 이것이 바로 앞에서 설명한 장단인 것입니다.

진양조라는 긴 숨(24/4)을 바탕으로 해서, 중모리장단(12/4)이 되고, 중모리장단이 좀 빨라지면 중중모리장단(12/8)이 되고, 중중모리장단이 더 빨라지면 자진모리장단(12/8)이 됩니다. 더 빨라지면 휘모리나 단모리장단에 이르게 되는데 이때는 숨을 쉴 틈도 없이 몰아치고, 듣는 사람들에게 긴장감을 주게 됩니다.

어느 조간신문의 한 귀퉁이에 국립국악원 설날 공연 기사를 실었는데, 자진모리장단에서 휘모리장단으로 넘어가는 부분을 멋지게 묘사하고 있었습니다.

황병기(1936~2018)가 작곡한 '춘설'은 눈 내리는 이른 봄날 마을 정경을 어린이의 눈으로 바라본 작품. '고요한 아침'으로 시작해서 눈을 맞으면 뛰노는 아이처럼 자진모리의 신명 나는 가락이 휘모리장단으로 넘어가는 '신명 나게'로 끝맺는다.

'신명 난다'라는 말은 숨이 빨라지면서 다이나믹(dynamic)하고, 동적이고, 정력적이고, 역동적인 상태에 이르러 결국 나중에는 겉은 동적이지만 마음은 정적인 고요 상태에 빠져들게 됩니다.

이른바 황홀경이니, 무아지경(無我之境)이니 하는 말들은 이런 상태를 두고 말한다고 할 수 있습니다. '태풍의 눈'이라고 표현하면 어떨까요?

따라서 우리나라의 박을 이해하기 위해서는 진양조장단을 알아야 하고, 여기서부터 장단이 출발해야 하지요.

이쯤에서 장단 타령을 마치고요. 이제 장단을 탐색해봅시다.

'진양이'가 진양조예요

편안한 상태에서 여유 있게 노래하기 때문에 진양조장단은 깁니다. 참고로 '진양조'는 '기다란 조'가 변한 말이고, 일부 지역에서는 '진양이'라고도 하지요.

방금 말씀드렸듯이 진양이는 우리 장단의 기초가 되기 때문에 좀 자세히 설명을 드리는 것이 좋을 듯합니다. 지루하다고 생각하지 마시고 글 쓰는 저를 생각해서라도 한번 읽어주시기 바랍니다.

심호흡을 한 번 하고, 이제 시작해보겠습니다.

진양이는 [악보 82]처럼 모두 24점으로 구성되어 있답니다.

[악보 82] 진양이의 24점과 6점

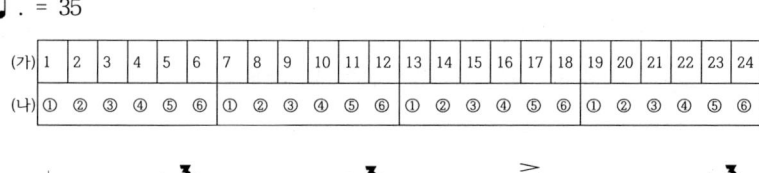

여기서 '점'이란 말은 '박'이란 뜻과 같다고 할 수 있습니다.

양악으로 따지면 4분음표가 24번이나 있으니 무척 긴 장단입니다.

[악보 83] 진양조장단

진양이 장단을 생각하면 옛날 분들은 참 호흡이 길었다고 생각되죠? 그러나 여기서의 호흡이란 24점까지 멈추는 것이 아닙니다. 이렇게 숨을 쉬다가는 생명에 지장이 있잖아요. 다행히 여백에서 숨을 쉬었기 때문에 돌아가시는 것(?)과는 상관이 없죠.

여러분들의 이해를 돕기 위해서 24칸을 만들고 1점부터 24점까지 수를 써 넣었는데, [악보 82]의 '(가)'를 참고하세요.

중간에 숨을 쉰다는 것은 빨라지는 장단에 대비한 하나의 사전 조치라고 해석하고 싶습니다.

진양이가 빨라지면 중모리장단이 되고, 중모리가 빨라지면서 중중모리, 자진모리, 휘모리, 단모리 순으로 이어집니다.

24점은 크게 네 부분으로 나누어지는데요, 이럴 경우 각 부분은 6점씩 분할되죠. '육자배기'라는 이름은 장단 진양의 각 부분(이러한 부분을 '각'이라고도 함)인 6점을 단위로 하는 노래라는 뜻에서 생긴 듯해요.

육자배기의 노래는 박자가 매우 느려서 한스럽고 서정적인 느낌을 주나 억양이 강하고 구성진 멋이 있는데, 선율이 유연하면서도 음의 폭이 넓고 변화가 다양하여 그 예술적 가치가 높다고 할 수 있지요.

조금 후에 설명이 되겠지만, 육자배기의 노래는 떠는 음, 평으로 내는 음, 흘러내리는 음(이런 걸 '시김새'라고 함)에 따른 음 구성이 독특하여 '육자배기 토리'라는 선율형을 낳았습니다. 이 선율형은 전라도 사람이 불러야 제맛을 낼 수 있는데, 점차 전국적인 민요로 자리매김해 가고 있습니다.

다음 내용은 꼭 아셔야 되는 것은 아니지만, 아시면 매우 유익합니다. (나)는 24점을 6점씩 네 등분한 그림인데, 이 네 부분을 기(起), 승(承), 결(結), 해(解)로 설명하기도 하는데, 우리말의 어법과 우리 노래의 관계가 일치된 설명이죠.

이를 악보와 연관시켜보면 [악보 84]와 같아요.

[악보 84] 진양이의 구조

[악보 84] '진양이의 구조'를 생각해보면 매우 그럴듯한 이치를 담고 있다고 할 수 있습니다.

○ 기(起): '일고'
○ 승(承): '잇고(달고)'
○ 결(結): '맺고'
○ 해(解): '풀고'

'일고'는 시작함을, '잇고'는 계속함을, '맺고'는 변화를, '풀고'는 끝낸다는 뜻입니다. 처음과 과정과 결말이 녹아 있는, 매우 철학적인 근거를 담고 있다고 할 수 있습니다.

'결-맺고'

특히 '결(結)'에는 심오한 우리 음악의 특징이 나타나게 되는데, 17점째에 악센트가 그것이에요. 17점째의 강조 기법은 흐름의 클라이막스를 나타내는 것으로 장단의 절정을 묘사하고 있습니다.

맺힌 한을 풀겠노라는 듯, 반드시 해내고야 말겠다는 듯 강렬한 의지를 그 음에 담고 있는 것이라는 표현이 적절할 것 같습니다.

진양이의 생명은 바로 이 17번째 음에 있다고 할 수 있는데, 고요한 중에도 뭔가 움직이는 정중동(靜中動)의 섭리가 짙게 배어 있는 것입니다.

정(靜)한 엄마 배 속의 태아(아가)가 엄마의 배를 툭툭 차는 것은 살아 있음을 확인시켜주는 정중동의 형태를 설명할 수 있는 좋은 예인 듯싶습니다.

황병기(1936~2018) 님은 진양조장단이 매우 느리긴 하지만 전진의 맛과 차고 나가는 힘을 느낄 수 있는 음악이라고 하셨습니다.

정한 중에 동하는 진양조장단 '정중동'의 힘은 우리 어른들의 나라사랑 정신이자 시대정신이 아닐까 생각해보았어요.

차고 나가는 힘은 결국 잃은 나라도 되찾는 시대정신으로 승화되지 않았나 하는 생각을 해보았습니다.

2002 올림픽 축구 4강 신화도 차고 나가는 진양이의 힘과 무관치 않다고 생각합니다.

말이 좀 이상한 곳으로 빗나갔습니다. 아무튼 진양이의 '기, 승, 결, 해'는 우리말의 어법과 민족의 혼이 잘 조합된, 말하자면 맞아떨어지는 구조라고 할 수 있습니다.

진양이의 기본은 빠르기만 다를 뿐, 다른 장단에도 그대로 적용된다는 것을 잊지 마십시오.

중모리장단은 진양이 한 숨을 반 숨으로 빠르게 치는 장단인데요, 길이만 달라질 뿐 [악보 85]처럼 기, 승, 결, 해의 구조는 같다고 할 수 있죠.

[악보 85] 중모리의 구조

이제 진양조장단이 얼마나 중요한가 하는 의문이 어느 정도 풀리셨을 거라고 확신합니다.

빠르기의 변화는 신명의 현주소

긴 장단을 진양조장단이라고 한다면 '중' 정도의 장단을 '중모리'라고 하고, '중모리'보다 조금 더 빠르게 나아갈 경우는 '중중모리'라고 합니다.

어면 책에는 '중몰이'라고도 되어 있는데 모두 같이 쓰이는데, 조금 더 빨리 몰면 '중중모리' 또는 '중중몰이', 잦게 몰면 '자진모리' 또는 '자진몰이'라고 합니다.

그러다가 눈보라 휘몰아치듯 몰면 '휘모리(휘몰이)', 신명의 경지에 이르면 '단모리(단몰이)'가 됩니다.

'신명'이란 말은 한자말이 아니고 순수한 우리말인데, '신과 흥과 멋'을 이르는 말입니다. 신명 난다는 말은 요즘 유행하는 말로 신바람 난다고 할 수 있습니다.

　장단은 우리의 생각과 체질에 알맞은 신바람을 불러일으킵니다. 중국의 고서인『삼국지 위지 동이전(三國志 魏志 東夷傳)』[38]에 보면 우리 민족은 '춤과 노래를 즐기는 낙천적인 민족'이라고 기록되어 있는데, 춤과 노래는 곧 신과 흥과 멋을 지닌 신명나는 장단과 아주 밀접한 관계가 있다고 할 수 있습니다.

　이만큼 장단은 우리 소리에서 매우 중요한 위치를 차지하고 있습니다.

　그럼 장단을 자세히 들여다봅시다.

[악보 86] 중모리장단

[악보 87] 중중모리장단

---

38)　『삼국지』는 「위지」 30권, 「촉지(蜀志)」 15권, 「오지(吳志)」 20권으로 되어 있으며, 「위지」 30권 중에 「동이전(東夷傳)」이 들어 있는데, 부여·고구려·동옥저(東沃沮)·읍루(挹婁)·예(濊)·마한(馬韓)·진한(辰韓)·변한(弁韓)·왜(倭) 등의 역사서이며 한민족(韓民族)을 비롯한 동방 민족에 관한 가장 오래된 기록으로서 고대사(古代史)의 유일한 사료(史料)이다. 당시의 제천의식(祭天儀式)·가무(歌舞) 등에 관한 기록이 많이 있다.

[악보 88] 자진모리장단

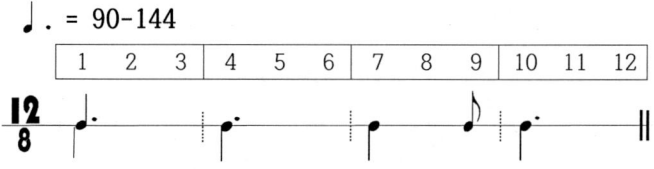

[악보 89] 휘모리장단

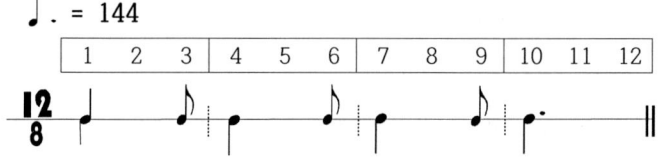

[악보 90] 단모리장단

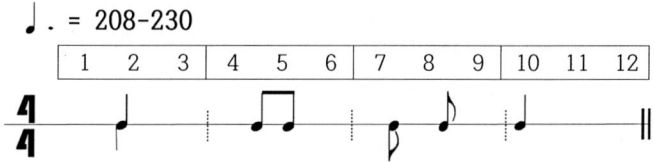

그런데 굿거리장단이나 세마치장단은 왜 빠졌느냐고 질문하실지 몰라서 설명을 드리려고 하는데, 이 두 장단은 빠르기의 흐름으로 볼 때 약간 변화된 장단으로 보는 것이 옳습니다.

매사 예외가 있듯이 장단도 마찬가지인 셈인데, 이 두 장단은 원줄기에서 약간 벗어난 장단으로 '파생된 장단'으로 보면 됩니다.

파생된 장단이라고는 하지만 매우 긴요한 장단임에 틀림없습니다.

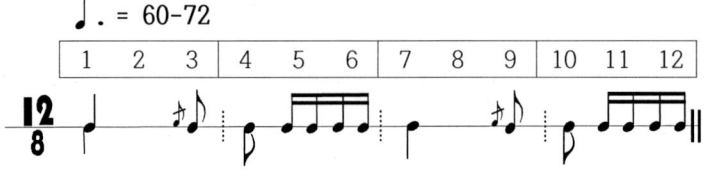

[악보 91] 굿거리장단

[악보 92] 세마치

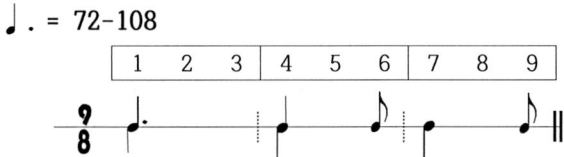

서양 사람들이 우리 노래나 음악을 듣고 의아하게 생각하는 장단이 있는데 뭔지 아십니까? 그 사람들의 음악성만큼이나 우리나라 사람들의 빼어난 음악성을 실증하는 장단이 있는데, 바로 '엇모리장단'입니다.

이 역시 파생된 장단으로 보는 것이 좋은데, 보통 장단이 12점인데 비해, 이 장단은 2점이 준 10점입니다.

[악보 93] 엇모리장단

장단은 리듬(장단꼴)과 양악에서 말하는 박자와 아주 밀접한 관계를 가집니다. 다음 장에서 말씀드리겠습니다.

'장단꼴' 님 나가신다

숨의 개념은 결국 장단을 낳았고 장단에서 가장 기본이 되는 것은 진양이(진양조장단)이며, 24점이나 되는 긴 진양이는 다시 기(起), 승(承), 결(結), 해(解)의 네 부분으로 나누어진다고 했습니다. 또 진양이가 점점 탄력을 받으면서 속도감이 붙으면 중모리, 중중모리, 자진모리, 휘모리, 단모리로 이어진다고 했습니다.

그런데 이 장단들은 진양이의 기(起), 승(承), 결(結), 해(解)의 네 부분과 같은 구조를 유지하는데, 각 부분의 장단의 형태를 찬찬히 살펴볼 필요가 있습니다.

각 부분의 장단의 형태를 '장단꼴'이라고 할 수 있는데 이는 필자가 서양음악의 리듬꼴과 같은 의미로 만든 신조어입니다.

양악은 리듬꼴이 있어서 박자별, 노래별로 리듬의 형태를 찾아 '리듬 치기'다, '리듬 연속 치기'다, '리듬 짓기'다, '리듬 이어 짓기'다, '리듬 만들기'다 하며 리듬 공부를 하는데, 국악은 그런 게 없었습니다.

그래서 우리 국악도 음악인 이상 반드시 서양음악의 리듬꼴에 해당하는 뭔가가 있을 것이라 생각하고, 연구 끝에 찾아낸 것이 바로 '장단꼴'이었습니다.

1998년에 '장단꼴 짝짓기를 통한 단계적 신체표현이 전통음악의 이해에 미치는 효과'란 주제로 전국 현장 연구 대회에서 1등급 논문으로 선정되었는데, 이 논문에서 우리 장단의 기(起), 승(承), 결(結), 해(解)의 네 부분을 학문적으로 고찰하여 장단꼴을 제시했습니다.

각 부분을 모아 모두 10개의 장단꼴을 발굴하였습니다.

[악보 94] 장단꼴

이로써 우리 국악의 장단꼴을 가지고 '장단 치기'다, '장단 연속 치기'
다, '장단 짓기'다, '장단 이어 짓기'다, '장단 만들기'다 등의 학습, 즉 장
단 학습을 할 수 있는 기초를 닦았습니다.

이후의 2007 개정 교육과정(2007~2009)부터 교과서와 교사용 지도서
에서 '장단꼴'이란 용어가 음악과 공식 용어로 채택되었습니다.[39]

장단꼴은 분할 리듬(triple rhythm)

장단꼴은 점사분음표(♩.)가 3개의 8분음표(♪)로 분할된 형태입니다.
이걸 일러 분할 리듬(triple rhythm) 또는 분할 장단(triple jangdan)이라
고 합니다.

---

39) NCIC(국가교육과정정보센터), 2007 개정시기, 이해(박자, 장단(굿거리), 장단 세의 변화, 여
러 가지 리듬 꼴, 장단꼴과 장단 세의 특징, 말 붙임새, 음이름, 계이름, 오선 악보, 정간보, 조
(메나리조, 창부타령조), 음계(장음계, 단음계), 시김새의 효과, 화음, 빠르기말, 셈여림 기호,
현악기의 종류와 음색, 악곡의 특징, 쓰임에 따른 악곡의 종류)

장단꼴, 즉 분할 장단은 우리 노래의 특징이라고 할 수 있는데 3개의 8분음표로 나누어지는 3분박 또는 3소박의 형태를 가지다가, 장단이 잦아지면 2개의 8분음표가 되는데 이걸 2소박 또는 2분박이라고 합니다.

자진모리까지 3분박의 장단꼴이 단모리에서는 2분박의 장단꼴로 변하는 것은 바로 이런 이유입니다.

그럼 경 토리인 '한강수타령'의 분할 장단의 형태를 살펴보도록 하겠습니다.

[악보 95]는 '한강수타령'의 첫째 단인데요. 이 단에서 쓰인 기본박(♩.)의 분할 형태를 알아보면 [악보 96]과 같습니다.

[악보 95] 한강수타령 첫째 단

[악보 96] 첫째 단의 장단꼴(분할 장단)

리듬이나 장단은 결국 같은 개념으로 보면 됩니다.

여기서 우리가 주목해야 할 점이 있습니다.

바로 점사분음표(♩.)입니다.

이것이 한 박이 되는 것은 우리말, 즉 어법(語法)에 기초한 것인데 우리나라에서만 존재하는 독특한 기본박이라고 할 수 있습니다.

앞서 말씀드린 바와 같이 엄마와 아가가 주고받는 우리말에서 리듬이 만들어지고 음정이 자연스럽게 생겼듯이, 어느 나라나 자기네 말

즉, 어법을 근간으로 해서 노래가 형성되게 되어 있습니다.

이 점사분음표(♩.)는 우리나라 말의 흐름(어법)을 나타내는 데, '짱'입니다.

이 음표는 기본박으로서 긴 노래에서는 세 박자가 되었다가 잦은(빠른) 노래에서는 양악의 한 박자인 4분음표가 되기도 합니다.

진양이가 24박, 중모리에서 휘모리까지는 12박, 세마치는 9박, 단모리는 4박이 되는데, 결국 3분할 형태의 12박 장단은 크게 보면 4박이 되고, 9박의 세마치는 3박, 단모리는 2박이 되어요.

자진모리장단이나 휘모리장단은 양악의 4박 장단의 빠르기와 비교할 수 있는데, 장단꼴이 있어 길게 느껴질 뿐 실제 장구 장단에서는 양악의 4박 형태의 빠르기를 유지합니다.

우리의 장단을 굳이 양악의 박처럼 나타낼 필요는 없지만, 이해의 폭을 넓히기 위해 한번 시도해볼 필요는 있다고 보고 다음과 같이 장단을 박의 형태로 바꾸어 보았습니다.

[악보 97] 양악의 4박(자진모리, 휘모리)

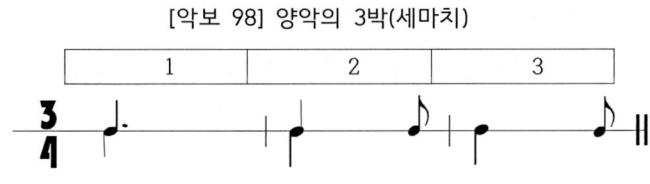

[악보 98] 양악의 3박(세마치)

[악보 99] 양악의 2박(단모리)

　이런 걸 생각하면 결국 리듬이나 장단이 음악적으로 지향하고자 하
는 종착점은 같다고 할 수 있습니다.

　참 신기하죠?

3. 특급 프로젝트, 5음 페스티벌

　서도 민요가 5음이고 메나리 토리가 5음이며 경기도 노래가 5음입니다. 육자배기 토리를 제외하면 이 땅의 노래는 온통 5음의 노래입니다.

　5음(pentatonic scale), 곧 '미, 솔, 라, 도, 레(단소 율로는 '중, 임, 무, 황, 태')'의 다섯 율이 펼치는 국악 세상은 양악의 7음 음계(diatonic scale)의 퍼레이드(parade)에 못지않은 음악 세상을 펼칩니다. 단조로우면서도 현란한 국악 세상은 '5음 페스티벌(festival)'의 진면목을 유감없이 발휘하고 그 단순성에서 우러나오는 화려한 기교는 멋진 소리의 퍼레이드를 장식합니다.

5음(pentatonic scale) 페스티벌

　노래의 예를 들어 자세히 설명을 드리겠지만, 단순성에 바탕을 둔 소박한 표현, 그리고 현란하고 화려함에 바탕을 둔 기교적 표현 때문에 그렇습니다. 감히 서양 노래에서 느낄 수 없는 노래의 맛을 느낄 수 있기 때문입니다.

물론 양악 성악이 기교가 없는 것은 아닙니다. 그러나 국악 성악에 비할 수는 없습니다. 기교적 창조성은 '시김새' 표현에서 비롯되는데 그 힘은 말로 할 수 없을 정도로 넓고 깊습니다. 양악에서는 시김새를 꾸밈음이라고 부르는데 꾸밈음을 악보에 음표로 나타내고, 이를 연주하는 주자(노래하는 사람이나 악기 연주자)로 하여금 한 치의 오차도 없이 연주하도록 요구합니다. 말하자면 악보에 의한 철저한 선택을 강요받는 셈입니다.

예를 들면 [악보 100]은 베토벤의 비창 소나타 제2악장 op. 13의 21번째와 22번째 마디인데, 꾸밈음 부호(⇓ ①, ⌒)가 있고 22번째 마디에서는 꾸밈음(⇓ ②, ♫)이 음표로 제시되어 있습니다. 이 부분에서는 반드시 그렇게 연주해야 합니다. 이러한 규칙과 약속을 어긴 피아노 전공 입시생은 규칙을 어긴 대가를 반드시 받게 되어 있습니다.

[악보 100] 비창 소나타 2악장 21, 22마디

그러나 우리 노래, 우리 음악, 우리 소리는 주자에게 커다란 틀만 제공하고 나머지 기교는 일임합니다. 일임받은 주자는 틀 안에서 자신의 느낌을 살려 마음껏 자기표현에 몰입합니다. 선택권을 강요받는 것이 아니라 자율권을 보장받는 것입니다. 특정한 사람이 연주하면 그 사람의 이름을 따서 '~류'라고 하는 이유가 여기에 있습니다.

화려한 조연(助演)

시김새의 기능 몇 가지를 살펴보면 하나의 음을 떨어주는 기능(떠는 음), 그 음 앞에서 꺾어 내리는 기능(꺾는 음), 하행 선율에서 나타나는 현상으로 높은 음에서 낮은 음으로('라-솔-미'나 '도-라-미'처럼) 흘러내리는 기능, 상행 선율에서 나타나는 현상으로 낮은 음의 탄력을 이용해 높은 음으로 밀어 올리는 기능 등이 있습니다. 이 밖에도 여러 기능들이 있는데, 단소를 불 때는 다양한 기능이 추가되기도 합니다.

그런데 이러한 기능은 하나의 음에서 독립적으로 진행되기도 하고, 선율의 음과 음 사이에서 진행되기도 하며, 또 두 기능이 동시에 진행되기도 하는데, 전라도 육자배기 토리의 경우 생명음 '미' 음을 떨어주거나 완성음 '도' 음이 '시' 음으로 꺾어지는 독립된 모습을 보입니다. '정선아리랑'이나 '풍년가'처럼 노래의 중간중간에서 선율감을 살리기 위해 사용되기도 하고, 자기는 드러내지 않고 숨어서 독립된 음이나 가락의 사이에서 유감없는 진가를 발휘하기도 합니다. 말하자면 시김새는 노래의 맛을 더해주는데 주연(主演)은 아니지만 화려한 조연(助演)이 일품일 때가 많습니다.

시김새가 없는 노래도 있습니다. 이런 연주는 곡이 매우 느린 특징을 가지고 있어 시김새가 없다기보다는 선율에 녹아 있다고 함이 옳을 것입니다. 영산회산의 상령산이나 중령산 등이 대표적인 곡입니다. 때문에 선율이 단조롭고 여유 있으며 노래의 맛이 그윽하고 잔잔하면서도 유장(悠長)하고 장엄한 분위기를 연출합니다.

또 아가들의 노래나 아이들의 노래에는 육자배기 토리권의 노래를 제외하면 시김새가 없다고 해야 옳습니다. 이는 같은 율의 반복으로 노래 자체가 매우 단조롭다고 할 수 있습니다.

어떻든 시김새가 들어가면 변화무쌍한 선율을 만들어내고 그래서 현란하고 화려하다고 할 수 있습니다. 또 감각적인 율의 센스는 듣는 이들에게 감동의 선율을 선사합니다.

풍년가에서

그러면 [악보 101] '풍년가'의 단순한 노래와 [악보 102] '풍년가'의 노래를 비교해보겠습니다.

[악보 101] 풍년가(단순한 노래)

풍 - 년이 왔 - 네 풍 년 - 이왔 - - - - -

금 수 강 - 산 으 - -로 - 풍 - 년 이 - 왔 - - - - 네

[악보 101]은 '솔, 라, 도, 레 미' 5음을 비교적 단순한 가락으로 부른 노래입니다. 5음의 사이사이 또는 중간중간에 몇 개의 음을 더 넣어서 노래하면 [악보 102]가 됩니다. 몇 개의 음이란 바로 시김새 음을 말하는데 시김새 음을 악보화하면 다음과 같습니다.

[악보 102] 풍년가(기교 가락)

풍--- 년-이 왔--- 네   풍 ---년- 이 왔-- ---네-

금수---- 강 ----산 으로- 풍 -년--이- 왔---- 네

이해를 돕기 위해 첫째 단과 둘째 단을 비교, 분석해보기 위해 율명
(계명)의 출현 빈도수와 빈도율을 살펴보면 [표 5]와 같습니다.

[악보 103] 단순한 가락

풍 - 년이 왔 - 네   풍 년- 이 왔----- - -

[악보 104] 기교 가락

풍 - 년 이 왔--- 네   풍 년- 이 왔--- -- --

구분 　　　악보	[악보 103]	[악보 104]
노랫말	10음절	10음절
계이름 (율이름)	구성음	구성음(빈도율)
	'솔' 음: 5번 '라' 음: 2번 '도' 음: 4번 '레' 음: 4번 '미' 음: 4번	'솔' 음: 8번(160%) '라' 음: 5번(250%) '도' 음: 5번(125%) '레' 음: 4번(100%) '미' 음: 8번(200%)
	19번(100%)	30번(158%)

[표 5] [악보 103]과 [악보 104]의 비교

율명을 보면 [악보 104]가 30번으로 [악보 103]의 19번보다 11번 더 사용하여 158%의 증가율을 보였고, 많이 사용한 빈도순으로 적어보면 '라-미-솔-도' 음 순이고 '레' 음은 변함이 없었습니다. '라' 음은 가장 많이 사용했고(250%), '미' 음은 두 배(200%)로, '솔' 음은 1.6배(160%)의 빈도를 보이고 있습니다.

좀 더 구체적으로 들여다보면 '미' 음은 장식음으로 사용되어 '레' 음으로 꺾어져서 '레' 음의 맛을 강조하는 기능을(♪①), '라-솔'-'미' 음들은 '라솔'의 가락(♪②)과 '미솔미'의 가락(♪③)을 만들어 가락을 맘껏 뽐내고 있습니다.

노래하는 이에 따라 이보다 훨씬 더 많은 음을 사용해서 노래할 수도 있는데, 이런 경우 현란한 기교의 맛을 더한다고 할 수 있습니다. 여기에 우리 노래의 기막힌 예술성이 있고, 이것이 바로 국악 성악이 가지고 있는 독특한 음 구조의 특급 프로젝트입니다.

한강수타령에서

이번에는 '한강수타령'에서 단순한 가락과 화려함과 기교가 넘치는
가락을 비교해보겠습니다.

[악보 105] 한강수타령(단순한 가락)

경기도 노래

(굿거리장단)

'한강수타령'의 첫째 단과 둘째 단의 가락에서 나타나는 율명의 출현
빈도수와 빈도율을 살펴보면 다음과 같습니다.

[악보 106] 한강수타령(단순한 가락)

[악보 107] 한강수타령(기교 가락)

한 - 강 - 수 - - - - 라 - - 깊 고 - 맑 은 - 물 - - 에 -

구분 \ 악보	[악보 106]	[악보 107]
노랫말	10음절	10음절
계이름 (율이름)	구성음	구성음(빈도율)
	'솔' 음: 1번 '라' 음: 1번 '도' 음: 3번 '레' 음: 5번 '미' 음: 4번	'솔' 음: 1번(100%) '라' 음: 2번(200%) '도' 음: 5번(167%) '레' 음: 9번(180%) '미' 음: 7번(175%)
	14번(100%)	24번(171%)

[표 6] [악보 106]과 [악보 107]의 비교

율명을 보면 [악보 107] 24번으로 171%의 증가율을 보였고, '레' 음이 9번, '미' 음이 7번의 빈도를 나타내고 있습니다. 이는 이 두 음이 기교적인 가락을 만드는 데 큰 역할을 했기 때문입니다. 특히 '한강수-라'의 노랫말에서 현란한 리듬의 변화를 알 수 있습니다.

[악보 108] '한강수-라'의 리듬 변화

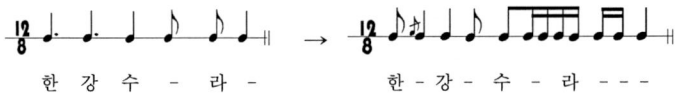

한 강 수 - 라 -   한 - 강 - 수 - 라 - - -

이 노래에서도 높은 예술성의 심미적 안목을 엿볼 수 있으니 바로 특급 프로젝트 때문입니다.

단서를 찾아라

여기에서 우리 노래가 왜 뛰어난지를 찾아낼 수 있는 단서가 있는데, 그것은 바로 5음 구조에서 찾을 수 있습니다. 이 5음 구조는 단순한 가락을 만들어내기 용이하고, 음과 음 사이를 마음껏 오르내릴 수 있는 이동성이 탁월합니다.

앞서 말씀드렸듯이 아가의 노래(전래동요)는 2음이나 3음으로, 아이의 노래(전래동요)는 노랫말이 긴 2음이나 3음 구조로 되어 있어 음의 이동에 거추장스런 음들은 생략하는 기법을 구사하고 있습니다.

반면에 어른의 노래(민요)는 4음이나 5음 구조인데 결국 몇 안 되는 적은 음으로, 우리말의 어법에 전혀 손색없이 아가나 아이나 어른의 생각과 느낌을 거의 완전에 가깝도록 소화해내고 있습니다. 표현의 역동성이라고 할까요.

적은 음이지만 음과 음의 사이사이에 교량 역할을 하는 음을 넣어 표현하는데, 주자의 선택에 따라 기교의 정도가 다르다고 할 수 있습니다. 이것은 우리말의 원리(어법, 語法)와 맥을 같이하기 때문에 그렇습니다.

소울, 힙합도 '한(恨)의 정서'

왜 국악의 성악곡들은 5음 음계가 주를 이루는가? 이 문제는 깊이 고민해야 할 분야라는 생각이 늘 잠재되어 있었습니다. 필자가 집어든 어느 신문 지면에서 다음과 같은 글을 읽고 무릎을 친 적이 있습니다. "반도(半島)라는 지정학적 위치에서 주변 열강의 틈에 살아야 했던 우리 민족의 정서는 흑인들이 피지배층으로 살며 갖게 된 소울 정서와 비슷한 면이 있다"[40]라는 것이었습니다.

이 신문은 소울(soul)과 힙합(hip-hop)도 '한(恨)의 정서'란 타이틀에서 흑인 음악과 우리 음악의 공통점을 찾으려 했습니다. 정말 그런 것 같습니다. 우리나라의 음악과 흑인 음악은 '한'과 뗄 수 없는 음악적 정서를 품고 있는 것 같습니다. 수없는 외침! 뺏고 찢으려는 진창의 개처럼 달려들었던 열강들! 거기서 비롯된 이 민족, 이 백성의 똥구멍 찢어지는 가난과 원망과 원통함, 그리고 억울함. 거기에서 비롯된 서릿발 같은 한!

인간의 실존이란 존재하지 않았던 흑인들의 노예 생활! 흑인 영가의 가사는 대부분 구약이나 신약성서에서 자신들의 처지와 비슷한 내용에서 자신들의 돌파구를 찾으려 했고, 신앙심으로 인하여 구원을 받으리라고 희망을 품었습니다. 우리나라에도 잘 알려져 있는 'Beep river, my home is over Jordan'은 이집트에서 노예 생활을 하던 이스라엘인을 자신들의 처지와 연결시킨 내용이며, 이런 식으로 'Swing low, sweat chariot', 'Nobody knows', 'When the saiuts' 등의 주옥같은 곡들을 들 수 있습니다.

여기서 자생한 흑인 영가 역시 바로 5음 음계에 바탕을 두고 있는데, 국악 성악의 5음 음계와 그 맥이 같다는 점을 간과해서는 안 될 듯 싶습니다. 물론 국악 성악의 5음 음계와 흑인 영가의 이것을 완벽한 하나의 음악 세상으로 보는 것은 옳지 않습니다. 국악 세상은 평조와 계면조라는 새로운 음악 세상이 있기 때문입니다. 하지만 한의 정서를 대변하는 애조의 느낌을 표현한다는 점에서 공통된 정서를 노래로 이

---

40) 스포츠한국, 2004년 10월 28일 자, '올 멋 뮤직'의 글.

야기하고 있습니다.

이 장르의 음악은 흑인음악을 발원지로 하고 있습니다. 가스펠 솔은 'R & B(리듬 앤 블루스)'의 기본이고 로큰롤에도 영향을 미치고 마침내 소울과 힙합에 이르고 있다고 합니다. 사회적 분위기에 맞추어 거친 목소리를 강조하는 샤우트 창법(shout song, 큰 소리로 부르는 노래)과, 비트감을 넣어 새롭게 만들어 그 음악을 소울이라고 부르게 됩니다.[41]

비트가 빠른 리듬에 맞춰 자기 생각이나 일상의 삶을 이야기하는 랩, 랩에 맞춰 곡에 같은 춤을 추는 브레이크 댄스 등의 3가지 활동으로 힙합이 이루어진다고 보면 이해하기 쉬울 것입니다.

한류의 세계화(Globalization of KOREA Wave)

그러나 1992년 여름 서태지와 아이들의 '난 알아요'가 가요계에 일대 폭풍을 일으킨 후, 그동안 낯설게 느껴지던 랩은 곧 주류 가요계에서 가장 각광받는 표현 방식이 되었고, 주로 노래의 보조적 수단 혹은 장식적 수단으로 기능하던 랩의 비중도 높아져, 전체가 랩만으로 이루어진 곡도 심심찮게 등장하게 되었습니다.

최근의 신세대 가수들의 노래에 랩은 필수 요소가 되었습니다. 랩과 함께 힙합 문화를 이루는 격렬한 댄스, 헐렁헐렁한 힙합 패션, 거리 낙서(graffiti)도 자연스럽게 젊은이들 사이에 퍼져나갔습니다.

여기서 짚고 넘어가야 할 것은 소울과 힙합이 국악과 어떤 관련점이 있느냐 하는 것입니다. 접목할 요소가 있다면 어떤 것들이냐 하는 점

---

41) http://myhome.naver.com/rehiphop/blue1.htm

입니다. 10대들에게 국악을 알려야 하고 느끼게 해야 하고, 그들이 노래하게 해야 한다면 분명 이러한 신세대 문화와 국악이 어우러져야 한다는 사실입니다.

앞의 글에서도 지적했지만 '서태지와 아이들'은 이 땅에 새로운 엔터테인먼트(entertainment)를 일궈낸 거장들이고, 이는 과감한 랩과 소울과 힙합을 시도한 배짱에서 비롯되었습니다. 한국의 대중음악이 한류의 진원지가 된 것도 숨길 수 없는 사실이 되었고 일본을 비롯한 아시아권을 초월하는 '한류의 세계화(Glovalization of Hanreou)'를 도모하겠다는 당찬 야심도 잉태하게 되었습니다.

이제 우리는 이런 신세대들에게 국악의 문을 활짝 열어주어야 합니다. 국악의 엔터테인먼트를 시도하고 랩과 힙합과의 조율의 마당을 만들어주어야 합니다.

성탄절에 각 방송사에서 신나는 국악 음악을 선보이는 것은 이런 시도라고 할 수 있습니다. 힙합 스타일의 헐렁한 복장의 개량 한복은 젊은이들의 환심을 살 수 있어 좋고, 2박자 듀얼 리듬의 빠른 음악과 3박자 트리플 리듬의 우아한 리듬이 어우러져 조화가 돋보였습니다.

국악기만 고집하지 않고 양악기와도 조화를 이루었습니다. 양악과 접목할 수 있는 율의 세계를 가진 국악의 퓨전성이 신세대들의 국악 거부감을 불식시킬 수 있었습니다. 크리스마스 분위기에 어울리는 퓨전성 국악은 휴대폰 엄지족 세대들의 구미를 당기기에 충분했고, 듣기에 즐겁고 신바람이 났으니 국악이 음악으로서 손색없는 엔진 뮤직이라는 말을 들을 만했습니다.

2005년 1월 9일에 방영된 한국방송공사의 '국악한마당' 프로그램 중 엄지족에게 어울리는 프로그램이 있었습니다. 국악의 현대적 접목을 시도하여 신세대들이 부담감 없이 즐겁게 받아들일 것 같았습니다. 젊은 국악 전공자 3명으로 구성된 이 팀의 이름은 솔리스트 앙상블 '상상'이었습니다. 거문고, 해금, 양금의 3인 주자가 '도깨비 세 마리'라는 곡을 연주했습니다. 재즈 형식의 즉흥적 앙상블로 구성에 탄력이 넘치는 즉흥 음악을 선보였는데 다이내믹한 선율의 흐름이 국악이라는 느낌이 들지 않았습니다.

초등학교의 국악 제재도 지나치게 전통 중심의 전래동요에 국한하지 말고, 창의성에 바탕을 둔 랩 중심, 곧 1도 음정에 의해 읊조리듯 노래하는 장르를 선택한다거나 흥겹고 신바람이 저절로 일어나는 힙합 스타일의 곡조를 선택한다면 좋은 음악, 즐거운 음악, 경쾌한 음악, 불러보고 싶은 음악, 언제고 들어도 괜찮다 싶은 음악이 될 것입니다. "얼씨구 좋다!"

그래서 음악 하면 양악이라는 등식은 부정하고 '음악은 국악이다'라는 등식이 긍정될 것이라고 믿어 의심치 않습니다. 인사이드 국악이 아니라 아웃사이드 국악으로서 엄지족들에게 당당히 자리매김될 것입니다. 이렇게 될 때 우리는 이렇게 외칠 수 있습니다.

국악이여 안심하라!

4. 다양성의 '토리' 세상

'토리'는 앞서 부분적으로 말씀드린 바 있습니다. 토리가 실타래의 뜻을 가진 순수한 우리말임은 앞서 언급했습니다.

실을 타래에 엮을 때는 하나의 법칙이 있습니다. 그것은 하나의 타래에 여러 가지 색깔의 실을 감지 않는다는 것입니다. 흰 실을 감은 타래, 빨간 실을 감은 타래, 검은 실을 감은 타래 등 색깔별로 구분합니다. 속성이 확연히 구별되는 실타래를 '토리'라고 합니다.

우리나라는 큰 땅덩어리의 나라가 아님에도 지형적인 환경으로 여러 가지 색깔의 소리의 타래를 만들면서 오늘에 이르고 있습니다. 지역별로 비슷한 색깔의 노래들이 있어서 이를 같은 색깔의 노래들끼리 묶은 것이 바로 '토리'입니다.

서울과 경기도 지방의 소리 타래를 경 토리, 전라도 지방의 소리 타래를 육자배기 토리, 경상도와 강원도 그리고 저 윗지방 함경도 곧 태백산맥 우측 지역의 소리 타래를 메나리 토리, 황해도와 평안도의 소리 타래를 수심가 토리라고 합니다.

경 토리

경 토리는 서울과 경기도 그리고 충청도 일부 지역의 소리 타래입니다. 경 토리의 특징을 지적하라고 하면 화려한 5음의 세상에 있습니다. '솔, 라, 도, 레, 미'의 다섯 음이 펼치는 소리 세상은 크게 두 가지로 대별되는데, '솔' 음으로 마치는 평조와 '라' 음으로 마치는 계면조가 그것입니다.

평조의 노래는 '솔'로 노래를 마치는 정격(正格)으로 '도라지타령', '범벅타령', '매화타령', '태평가', '양상도', '청춘가', '늴리리야', '창부타령' 등이 있고, '도'로 마치는 변격(變格)으로 '아리랑', '풍년가', '노들강변', '늠실타령', '방아타령', '군밤타령' 등이 있습니다.

계면조의 노래는 '천안삼거리', '오봉산타령', '한강수타령', '밀양아리랑', '사발가', '양류가', '경복궁타령', '배틀가' 등이 있습니다.

경 토리의 평조와 계면조의 노래는 우리나라 소리의 패턴을 크게 둘로 대별하는 중요한 관건이 되는데, 『악학궤범』에서는 경 토리의 위상을 이런 점에서 비중 있게 언급하고 있습니다. 『악학궤범』은 국악의 악전을 담은 책이자 국악의 이론서로, 9권 3책으로 조선시대 성종의 지시에 따라 예조판서 성현(成俔)을 비롯한 몇 분들이 엮은 악규집(樂規集)입니다.

경기 지방은 우리나라의 중앙에 위치한다는 점, 그리고 전통적으로 중앙 집권 체제를 유지해온 까닭에 경기 지방의 민요가 전통음악에 끼친 영향은 매우 크다. 그것은 15세기에 궁중에서 펴낸 『악학궤범』이라는 음악 이론서에 우리나라의 음계를 평조(솔 음계)와 계면조(라음계)로 설명하고 있는데, 그 음계는 경기민요(통속민요)의 음계들과 일치하는 것으로도 증명할 수 있는 것이다. 이러한 사실은 15세기에 우리나라 음악 이론을 정립할 때 경기 지방의 민요를 대상으로 했음을 밝히고 있는 것이다.[42]

앞서 지적한 바와 같이 이 지방의 노래는 우선 부드러운 선율감을 자랑한다는 데 있습니다. 5음의 비중이 똑같아서 어느 음 하나를 부각시키거나 떨어주거나 꺾거나 흘러내리지 않습니다. 육자배기토리처럼 생명음을 떨거나 완성의 묘미를 더하기 위해 살짝 꺾어 떨어뜨리는 감칠맛은 없습니다.

다섯 음 모두를 한결같이 가락에 싣기 때문에 경 토리를 일컬어 '유장(悠長)한 느낌이 든다'라고 한마디로 표현합니다. 서두르지 않고 마음의 여유를 노래에 싣기 때문입니다. 이 지역 사람들의 성격적 성향이 노래에 담겨 있다고 하면 어떨까요?

육자배기 토리

육자배기 토리는 호남 지방의 소리입니다.

우리 소리에서 정말 중요한 음이 셋 있다는 지적은 앞에서 언급했습니다. 이 세 음을 어떻게 비유해야 좋을지 고민에 고민을 거듭하다가 '줄기 세포(stem cell)'라는 말을 찾고는 흥분하고 말았던 기억이 새로운데 당시의 느낌을 한 번 더 소개해보고 싶습니다.

당시 이 용어의 사전 풀이를 읽고, '그래, 이 말이야. 이 세 음을 위

---

42) 백대웅, 경기지방 민요의 음악적 특징, 중앙대(www.urisori.co.kr).

해 예비해놓은 말이야' 하고 너무 기뻤습니다.

후생동물의 조직 분화에서, 한 개 또는 몇 개의 세포가 분화하여 특
정 계열의 조직 세포로 분화될 때 이러한 증식성을 갖는 최초의 세포
　　　　　　　　– 출처: dic.daum.net/word/view.do?wordid=kkw000237604
　　　　　　　　　　　　&supid=kku000303862

그렇습니다. 이제 필자가 설명해드리고자 하는 이 세 가지 음은 바
로 우리 소리의 만능음이고 우리 노래를 형성하는 배아 소리라고 할
수 있습니다.

이 음들이 가는 곳에 뼈와 살을 붙여주면 우리 소리, 우리 노래가
되는 것입니다.

"우리 노래가 다 그렇고 그런 노래고, 노인들이나 부르는 노래고, 소
리꾼들이나 하는 노래고, 기생들이나 부르던 노래고, 평소에 익히 듣
던 거시기한 노래인데, 거 무슨 줄기 세포야?"

세 가지 음의 존재조차 모르는 분들이 이 설명을 들으시면 머리가
끄덕여질 것이라고 생각합니다.

서양음악에서 가온 다(C)음이 있고, '도미솔', '파라도', '솔시레' 등의
3도 화음이 있는 것처럼 우리 소리에도 바탕이 되고 중심이 되는 가
온 다(C) 음의 역할을 하는 음이 있고, 3도 화음의 '3'과 음악적인 재주
나 힘 따위가 엇비슷하여 서로 견줄 만한 그런 '3'이 있다는 것은 가슴
뿌듯한 일이 아닐 수 없습니다.

우리 노래에서도 그렇게 중요한 음이 있었나 하는 호기심 어린 눈빛
들, 필자는 다음과 같이 말했습니다.

'미' 음, '라' 음, '도' 음이 그것입니다.

필자는 '미' 음을 생명음, '라' 음을 배려음, '도' 음을 완성음이라고 하는데, 왜 그런지 그 이유를 지금부터 말씀드리겠습니다.

생명음 배려음 완성음

[악보 109] 주요 3음

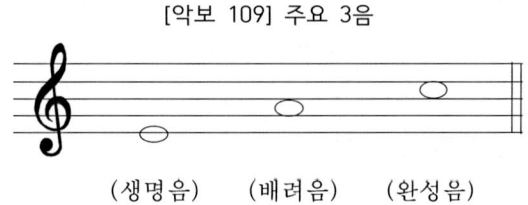

(생명음)　　(배려음)　　(완성음)

우리 노래는 '미' 음을 매우 중요하게 여긴다고 생각하는 데, 필자는 이 '미' 음을 생명의 음, 씨앗과 같은 음, 접은 부채와 같은 음에 비유하는 것이 좋다고 생각했습니다.

○ 생명의 음: 우리 노래의 바탕이 되는 목숨과 같은 음
○ 씨앗과 같은 음: 우리 노래를 태생적으로 품고 있는, 발육의 때를 기다리는 음
○ 부채와 같은 음: 느낌과 감정을 고이고이 간직한 음

이만큼 중요하다는 뜻입니다.

다음 '라' 음은 배려의 음이라고 생각하는데, 음양의 원리를 적용시켜보면 '미' 음이 아버지라고 한다면 '라' 음은 어머니이고, '미' 음이 신랑이라고 한다면 '라' 음은 색시로 보고 싶은 것입니다.

찰떡궁합인 두 음은 한국음악의 기본이 되는 음정을 형성하고 있는

데, 우리 노래는 이 음정을 바탕으로 노래가 만들어집니다.

그만큼 중요하고 절대 없어서는 안 되는 음입니다.

마지막 '도' 음은 완성의 음이라고 생각하는데요, 이 음이 있어 한층 발전된 느낌의 세계를 갖출 수 있습니다.

또한 노랫말을 실감 나게 나타내고 율동적인 선율감을 표현할 뿐만 아니라, 창조적인 느낌의 세계를 실현시키는 아주 중요한 음입니다.

우리 노래도 이 '도' 음이 있어 다양한 느낌을 나타내어 한층 발전된 음악의 세계를 만들어간다고 할 수 있습니다.

3음을 '줄기 세포'라고 표현한 이유는 다음에서 확인할 수 있습니다.

확인해보세요

주요 3음은 노래마다 약방의 감초처럼 안 들어가는 곳이 없는데, 재미있는 것은 노래마다 조금씩 얼굴(?)을 바꾸어가면서 감칠맛 나는 여유를 부린답니다.

그런지 안 그런지 한번 알아보겠습니다.

[악보 110] 육자배기 토리 구성음

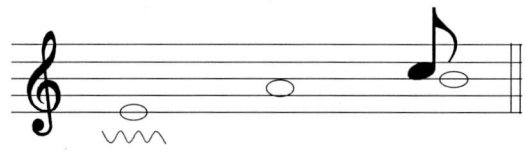

(떠는 음)　　(평으로 내는 음)　(꺾는 음)

[악보 110]은 전라도 노래인 육자배기 토리의 구성음인데, '미-라-도' 음이 기본음을 구성함을 알 수 있습니다.

여기서 '미' 음은 두텁게 떨어주는 역할을 하고, '도' 음은 '시' 음으로 갑자기 떨어지는 역할을 함으로써 육자배기 노래에서만 느낄 수 있는 맛을 빚어냅니다.

여기서 생각해볼 것이 있습니다. '도' 음을 장식음처럼 취급해서 보통 아주 조그맣게 나타내는데, 제가 판단할 때 이렇게 표기하는 것은 아주 잘못된 방법이라고 생각합니다. 서양음악에서의 장식음 표기 방법을 여기에 적용해야 하는가 하는 문제는 생각해보아야 합니다.

왜냐하면 서양음악의 장식음은 장식음 자체가 주음이 되지 못하고 말 그대로 장식품처럼 취급되어, 있어도 되고 없어도 되는, 말하자면 액세서리와 같은 치장 음에 지나지 않지만 우리 음악에서 이 '도' 음은 장식의 성격이 아닌, 없으면 절대 안 되는 중요한 그런 음입니다. 이 '도' 음이 없으면 '시' 음은 그냥 죽어버리고 술에 물 탄 듯 노래의 맛이 아주 싱겁게 되어버립니다.

'시' 음을 부각시키고 음의 맛을 한층 강화하기 위해 꺾는 모습을 취하는 매우 중요한 음을 장식음 취급을 하는 것은 있을 수 없는 일입니다.

그런데 많은 국악 이론서에 보면 모두 [악보 111]과 같이 나타내고 있어요.

[악보 111] 잘못 표기된 '도' 음

(떠는 음)　　(평으로 내는 음)　　(꺾는 음)

얼른 보기에 그럴듯할지 모르지만 장식음 취급을 해서 있으면 좋고 없어도 그만이라는 식의 잣대로 평가절하하는 것, 필자는 이것이 음악 사대주의에서 비롯되었다고 감히 주장합니다.

음악 사대주의란 말, 좀 지나친 말이었나요? 자기의 생각, 즉 주견(主見)이나 자주성이 없이 강한 세력을 붙좇아 안전을 꾀하는 생각은 여기서 한번 짚어볼 필요는 있다고 봅니다.

이렇게 강하게 비판 아닌 비판을 하는 것은 이제 우리 노래의 줄기 세포의 하나인 이 '도' 음의 실체를 인정해주고 서야 할 자리를 찾아주자는 것입니다.

왜, 명예 회복이란 말 있잖습니까?

악보에 나타내지도 않다니

심지어는 교과서에서도 세포 줄기 '도' 음이 거의 어리어리하게 나타나 있습니다. 아니, 흔적조차 없습니다.

한번 보실까요?

[악보 112]는 초등학교 6학년 음악 교과서에 실린 '둥당기타령'의 첫째 단인데요, 눈을 씻고 찾아보세요. 줄기 세포 음의 하나인 '도' 음을 찾을 수 있습니까?

'시' 음만 있을 뿐, '도' 음은 흔적조차 없지 않습니까?

[악보 112] '둥당기타령'의 첫째 단

당 기 둥 당 기 둥 당-기 허   당 기 둥 당 기 둥당-기 허

물론 육자배기 토리인 전라도 노래에 대해 아는 분은 알지만 학생들에게 꺾는 음이란 것과 그 음의 기능 즉, 바로 위의 음 '도'에서 나무 꺾듯이 음을 꺾어 내려야 함을 가르치면 잘 알아듣습니다.

'ㄴ', 이 녀석이 바로 음을 꺾으라는 약속(부호)이기 때문에 이 약속 안에 '도' 음이 살아 있다는 것을 가르쳐 주면 알긴 압니다. 하지만 그런 사실을 전혀 모르는 사람들은 도무지 이해할 수가 없습니다.

이왕지사 서양음악의 표기법을 따르려면 세포 줄기 음의 하나인 '도' 음을 표기해서, 누구나 쉽게 구별하게 할 수 있도록 하는 것(시각적 효과)도 좋지 않을까 해서 드리는 말씀입니다.

아무튼 이렇게 중요한 음은 숨겨두지 말고 악보에 당당하게 나타내주어서 명예를 회복시켜주면 참 좋겠다는 생각에서 드리는 말씀입니다.

큰 음표로 표시하여 '도' 음의 존재를 강하고 당당하게 부각시켜서 배우는 학생들로 하여금 이 음이 매우 중요하다는 생각을 가지도록 하고, 아울러 시각적 효과도 노리는 일거양득의 소득을 얻을 수 있지 않을까 하는 생각이고, 이렇게 표기를 해도 전혀 문제가 없다는 것입니다.

전문 국악인들의 악보는 부호를 사용해도 되지만, 배워가는 학생들이나 어른 초보자들에게는 이런 방식을 택해서 부담감을 덜어줄 필요는 있다고 생각합니다.

떠는 이유, 세 가지

육자배기 토리에서 생명의 음 '미'는 떠는 역할을 맡았습니다. 왜 떨까? 무엇 때문에 떨까? 호기심이 발동되었습니다. 음악적 의미 세 가지를 제시할 수 있습니다.

「몸짓」— 박학범

싹 틔우고 싶어요.
난 일해야 하니까요.

품은 빛,
따사롭게 비춰주고 싶어요.
무지갯빛 아름다운 색들,
자랑하고 싶어요.
부채를 활짝 펴서,
바람도 님도 만나고 싶어요.

싹 틔우고 싶어요.
난 일해야 하니까요.

첫째는 일하고 싶어서 떱니다. 여기서 일은 노래입니다. 노래하고 싶은 욕구가 있어서 떠는 것입니다. 성서에 하나님이 일하시니 나도 일한다[43]는 구절이 있습니다. 수면에 운행하는 조물주의 기운이 '미' 음에 점지되었으니 일하지 않을 수 없습니다. 멀리 날기 위해 몸을 움츠려 비상의 의지를 다지려고 떱니다. 우주선으로 말하면 엔진입니다. '… 쓰리, 투, 원, 제로, 발사!' 발사하려면 진동이 있어야 합니다. 진동에는

---

43) 요한복음 5장 17절.

떫이 있습니다.

둘째, 평으로 내는 음과 꺾는 음을 받쳐주려고 떱니다. 떠는 힘의 기운이 평으로 내는 소리 '라'와 꺾는 소리 '도'에 전달되면 육자배기 토리의 노래가 됩니다. 안 떨면 어떻게 될까? 평으로 내는 소리가 힘을 얻지 못하고 꺾는 소리는 주저앉습니다. 그렇게 되면 일은 그치고 노래는 쉬게 되어 영면에 빠지고 맙니다.

셋째, 질문에 대한 답은 이렇습니다. 경계선의 의미입니다. 내가 여기서 지키고 있으니 더 이상 내려가지 말라는 경고의 메시지를 보냅니다. '진도아리랑'에서 보시듯이 '미' 음 아래로 내려가는 음은 없습니다.

[악보 113] 진도아리랑

아리 아리 랑   쓰리 쓰리 랑   아라리 가 났 네 － － － －

아 － 리 랑 음 음 음   아 라리 가 － 났 네

전라남도 여천 지방의 '노 젓는 소리'를 단순화한 '거문도 뱃노래'에서도 같습니다. '미' 음 아래 음은 없습니다. 경계선입니다. 해수욕장에 가면 부표가 있습니다. 수영객들의 안전을 도모하는 안전선입니다. 사고 현장에는 '폴리스 라인(police line)'이 있고 유명 연예인들이 있는 곳에는 어김없이 '포토 라인(photo line)'이 있습니다. '미' 음은 폴리스 라인이요, 포토 라인입니다. 안전지대를 수호하려고 쉼 없이 떠는 것입니다.

[악보 114] 거문도 뱃노래

전라도 여천 지방의 노래

여 야 - 디 - 야   어 야 - 디 - 야

(중략)

어 기 여 차 디 - 야   어 기 여 차 디 - 야

육자배기 토리의 노래로는 '육자배기', '남도흥타령', '강강술래', '농부가', '진도아리랑' 등이 있는데, 앞서 말씀드린 바와 같이 남도 특유의 노래 맛을 느낄 수 있습니다. 육자배기 노래와 같은 바탕을 지닌 전라도 지방의 '판소리'는, 세계문화유산으로 등록될 만큼 그 예술성을 세계인들이 인정하고 있어요. 참 대단하고 자랑스럽습니다. 세계문화유산으로 지정된 느낌을 살려 '진도아리랑'을 신나게, 흥겹게, 멋스럽게, 그리고 감칠맛 나게 불러봅시다.

메나리 토리, '메'는 산이고 '나리'는 꽃

다음은 '메나리 토리'에 대하여 공부해보겠습니다.

사전에는 메나리가 '경상도 지역의 농부들이 논에서 일을 할 때 불렀던 농부가의 한 가지'라고 되어 있는데, 바로 동부 지방의 음악적 특성이 반영된 가락을 '메나리 토리'라고 합니다. '메나리 목', '메나리 조', 또는 '메나리 선법'이라고도 합니다.

'메나리'의 뜻은 무엇일까요? 용어를 알면 감이 잡히고, 감히 잡히면 그쪽 세상이 들여다보이기 때문에 용어의 뜻을 파악하는 것은 매우 중요하다고 할 수 있습니다. '토리'라는 말을 처음에 접했을 때 영어인 줄 알았던 때가 있었습니다. 허, 참!

> 원명은 '메나리'로, '메'는 산이고 '나리'는 꽃의 뜻이다. 그리고 '메나리조(調)'라는 말은 이 민요에서 비롯되었다고 한다.[44]

이런저런 자료를 찾아보았지만, 이렇게 손에 잡히게 설명한 것은 못 봤습니다.

'메'가 산이라는 것은 백두대간 줄기를 타고 있는 지방이니 그럴듯하고, '나리'는 우리나라의 야생화로 '메'에서 갖은 고초와 풍랑을 헤집고 자란 우리 꽃이란 점에서 수긍이 갑니다.

지리적 환경이 잘 반영된 언어란 점에서도 그렇습니다. 또 재미있는 사연도 적고 있습니다.

> 원래 경상북도 지방에서 김매기 할 때 부르던 토속적인 민요로서, 일설에는 선산(善山)에 살던 한 여인이 남편에게 소박을 맞고 낙동강에 투신하면서, 나물 캐는 여아에게 이 노래를 지어주고 자신의 부모에게 전해달라고 부탁한 뒤 자살하였다는 애절한 사연이 있는 노래이다.
>
> 노래 가사는 "기경 가자 기경 가자, 만고 장판에 기경 가자, 하늘이 높고 땅이 넓어도 이 몸 담을 곳 없네."

---

44) '두산대백과 엔 사이버 포털 렌탈 서비스'에서 따온 말.

다음 글을 보면 그 뜻을 쓰게 된 배경이 아주 잘 나타나 있습니다.

전통적으로 경상남도 지역은 메나리 토리 음악권에 속해 있다.
한국 민요에서 선율의 지역적 특성을 토리라고 하는데 '쾌지나칭칭',
'옹헤야', '강원도아리랑', '신고산 타령'과 같은 경상도, 함경도, 강원
도 민요들의 이 토리는 이 지역의 김매기 소리로 부르는 메나리라는
민요의 토리와 같다 하여 메나리 토리(메나리 목, 메나리 조)라 불러
왔다.
메나리 토리의 특성은 경상남도 지역의 대표적인 악곡인 '모심기 노
래'와 '어산용'에서 특히 잘 나타난다.[45]

그러니까 '메나리'라는 말을 사용하게 된 직접적인 동기는 이 지역의
김매기 소리로 부르는 메나리라는 민요의 토리와 같은 데서 비롯되었
음을 알아두면 좋겠습니다.
한국민요대전에 의하면 '어산용'의 노랫말에 얽힌 사연을 다음과 같
이 전하고 있습니다.

예전 사람들의 삶을 생각해보면 온통 일의 연속이다(아마도 그랬을 것
이다. 나 역시 상상 속에서 이런 말을 할 수밖에 없다).
봄이 되어 논갈이를 시작하면서 추수를 끝낼 때까지, 아침이 밝으면
서 해가 질 때까지 온통 일의 연속이다.
여자는 남자보다 더 고된 일생을 살 수밖에 없었다.
그렇게 뼈가 빠지게 일을 해도 늘 끼니가 걱정이니 설움을 삭히는

---

45) 권현정, 경상남도 민요의 연구를 통한 민요의 음악교육적 활용방안, 한국교원대학교 대학원
석사학위 논문, 1996, 5쪽.

신세타령이 나오는 게 당연하다.

설움을 노래에 실어 마음을 달래는 것이다.[46]

그러면 경상남도 양산 지방의 어산영을 오선보로 나타내 보고 노랫
말도 살펴보도록 하겠습니다.

[악보 115] 양산 어산영

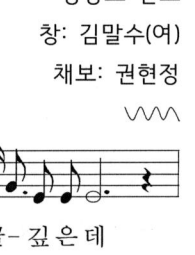

[악보 115]는 경상남도 양산 지방 '어산영'의 일부인데요, 모두 제시하
면 미리 겁부터 잡수실 것 같아서 두 단만 제시했습니다.

---

46) 어산영(대구 택리 송문창, MBC 한국민요대전, 경북1-6)

줄기 세포(stem cell) 음, 여기도 있어요

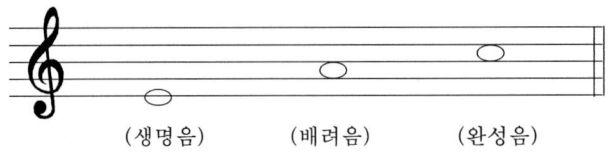

[악보 116] '어산영'의 줄기 세포 음

(생명음)   (배려음)   (완성음)

우선 구성음을 살피는 것이 필요한데, 경상도 노래의 원조임을 자처하는 '어산영'의 구성음은 [악보 116]과 같이 '미,' '라,' '도' 3음의 줄기 세포에 해당하는 음들이 옹골차게 버티고 있습니다.

메나리 토리의 노래 역시 줄기 세포 음 세 개가 주음이라는 것을 한번 확인할 수 있습니다.

채보자가 박자 표기를 하지 않아서 필자도 채보자의 숨은 뜻을 존중해주기 위해 박자 표기는 생략했는데, 필자가 보기에도 박자를 나타내기가 힘들겠다는 생각이 들었습니다.

노래를 부른 분(창자)이 음악을 제대로 배운 분이 아닐 테고, 그러하니 정확한 장단이나 박자를 요구할 수만은 없습니다. 촌로를 무시하고자 하는 것은 아니지만, 농부들이 부른 노래이기 때문에 그럴 수도 있다는 것입니다.

채보자의 원래 악보에는 장식음 부분(\/\/\/\)에서 잔가락이 있었는데, 이를 생략하고 단순하게 표기한 것은 여러분들의 이해를 돕기 위함입니다.

생략된 두 단의 노랫말을 실어보면 다음과 같습니다.

치받아 보이 만학천봉이고- 낼받아보니 칠암 절벽-

울 엄마는 어데 가고 -- 날 찾을 줄 모르는고--

메나리 토리의 노랫말을 보면 이 지역의 정서를 잘 알 수 있는데, 산 높고 골 깊고 만학천봉[47]에 칠암 절벽이니 첩첩산중의 산세를 잘 읽을 수 있습니다.

이런 곳에서 농사일을 하는 농부나 아낙의 마음이 오죽했겠습니까. 힘들고 어렵고 고통스럽고 아픈 마음을 노래하다 보니 한스럽고 구슬 플 수밖에 없습니다.

징검다리 음 '솔' 납시오

[악보 117] '어산영'의 줄기 세포 음

(생명음)　　　　(배려음)　(꺾는 음)

'미, 라, 도' 3음은 주요 3음이라고 했고, 줄기 세포 음이라는 애칭도 붙인 바 있는데 메나리 토리의 노래에서도 줄기 세포 음이 왕성한 생 명력으로 세포 분열을 시도하여 또 다른 맛을 우려내고 있습니다.

바로 '솔' 음과 '레' 음입니다.

'생명음 '미'와 배려음 '라'가 눈이 맞아 시집가고 장가가더니 귀여운 새끼음 '솔' 음을 출산했습니다.

---

47)　만학천봉(萬壑千峰): 첩첩이 겹쳐진 수많은 골짜기와 수많은 봉우리.

아버지 생명음과 어머니 배려음은 이 앙증맞은 아가의 탄생으로 어쩔 줄 모르는 행복을 맛보게 되고, 이름을 지어주기 위해 고민을 합니다.

두 음 사이에 있으니까 '징검다리' 음이라고 할까, 사랑의 선물이니 '사랑음'이라고 할까.

'징검다리' 하면 노래하는 징검다리, 느낌의 징검다리, 감정의 징검다리, 흥의 징검다리, 어울림의 징검다리, 어깨걸이 징검다리, 모두 함께 징검다리, 메기고 받는 징검다리, 소리 사랑 징검다리.

좀 더 나가볼까. 너와 나의 징검다리, 우리들과 저희들의 징검다리, 빈자(貧者)와 부자(富者)의 징검다리, 민과 관의 징검다리, 민과 군의 징검다리, 환우와 건강인의 징검다리, 장애인과 비장애인의 징검다리, 여당과 야당의 징검다리, 남북한의 징검다리, 평화의 징검다리, 약소국과 강대국의 징검다리라는 생각이 자꾸 들기도 했고….

'사랑음' 하면 생명음과 배려음의 사랑, 신랑과 각시의 사랑, 부모와 자식의 사랑, 형우제공(兄友弟恭)[48]의 사랑, 고(姑)와 부(婦)의 사랑이 스칠 때는 '사랑음'으로 짓고 싶고….

이런저런 생각 끝에 생명음, 배려음 같은 '사랑음' 3음절로 하는 것도 좋겠다 싶었지만, 녀석의 태생의 배경과 성격을 고려하여 '사랑의 징검다리'로 명명하고 '다리음'이란 이니셜을 붙여보았습니다.

[악보 118] 다리음 ①

(생명음)   (다리음①)   (배려음)   (완성음)

---

48) 형우제공(兄友弟恭): 형은 아우를 사랑하고 아우는 형을 공경한다는 뜻으로, 형제간에 우애 가 깊게 지냄을 이르는 말.

함께할래요 '레'

이번에는 생명음 '미'가 윗동네로 이사를 갔는데 거기 가니까 자그마하고 예쁜 아이가 할미꽃처럼 머리를 숙이고 수줍게 앉아 있더래요. 그래서 이름을 물으니 '레' 라고 하더랍니다. 그래서 생명이가 함께할 생각 없느냐고 물으니 반색을 하면서 팔짱을 끼더랍니다.

함께하고 싶은 음 '레'가 이미 저 위쪽에서 준비하고 있었던 거지요.

이렇게 해서 메나리 토리의 구성음은 '미-솔-라-도-레'의 5음 형제가 되었는데, '레' 음은 '솔' 음과 구별하기 위해 '다리음 2'로 하기로 했답니다.

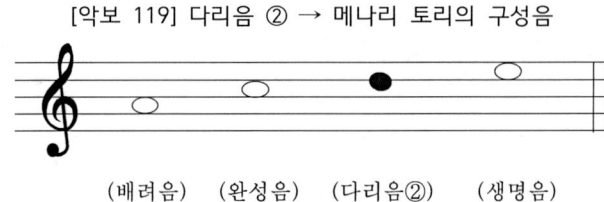

[악보 119] 다리음 ② → 메나리 토리의 구성음

(배려음)　　(완성음)　　(다리음②)　　(생명음)

중요한 특징 두 가지

메나리 토리에서 중요한 특징 두 가지는 꼭 알아두셔야 하는데, 하나는 다리음 '솔'과 '레' 음의 성격입니다.

첫째, 다리음 ① '솔'은 말씀드린 바와 같이 생명음과 배려음 사이에서 징검다리 역할을 해서 두 음의 선율감을 높여주고 있는데, 특징적인 것은 배려음에서 생명음으로 경과할 때 그 사이에서의 역할이 돋보입니다. '미-솔-라'처럼 올라가는 노래의 선율감이 없는 것은 아니지만,

대부분 내려가는 선율 '라-솔-미'에서 그 부드러움을 자아내고 있다고 할 수 있습니다. 이 선율은 오직 메나리 토리에서만 느낄 수 있는 유일한 맛이므로 잘 알아두시면 아주 좋습니다.

둘째, 다리음 ② '레'는 완성음 '도'로 살짝 떨어지는 역할을 해서 노래의 흥과 멋과 맛을 더하는데, 전라도 민요에서 볼 수 있는 '도' 음에서 '시' 음으로 떨어지는 꺾는 음의 역할과 아주 비슷하다고 할 수 있습니다. 이 점이 육자배기 토리와 메나리 토리의 다른 점이란 것도 알아두시면 아주 좋습니다. [악보 120] '정선아리랑'을 보면서 설명드리겠습니다.

[악보 120] 정선아리랑

악보가 꽤나 복잡하지만, 전혀 걱정하실 필요가 없습니다.

왜냐하면 다리음 ② '레' 음과 '라-솔-미' 선율만 보시면 되니까 그렇습니다.

다리음 '레' 음(♪)은 '도' 음으로 가볍게 흘러내리는 것, 느끼셨어요? 그러면 됐습니다.

다음에는 '라-솔-미'의 선율인데요, 리듬으로는 '♪♫'인데 이 선율이 이 노래에 모두 몇 번 나타나는지 한번 헤아려보세요. 열두 번 나타납니다.

메나리 토리의 노래는 이 두 가지만 알고 있으면 만사 오케이입니다.

보너스 두 가지

보너스 하나는 '라-솔-미' 선율은 하향 선율에서 나타난다는 점입니다. 지역적 특성과 무관치 않음이 여기서도 잘 드러나고 있습니다.

잘 아시다시피 강원도는 산세가 험하고 굽이굽이 고개들이 많은데, 험산 준령을 넘어 올라갈 때 얼마나 힘이 들었겠습니까. 이러한 환경적 요인이 노래에 그대로 반영되어 '미-솔-라' 선율은 아예 생각조차 할 수 없게 됩니다.

반면 내려갈 때는 언제 힘들었냐는 듯이 순풍에 돛단배처럼 가벼운 상태가 되는데, 이런 가볍고 상쾌한 마음의 상태를 노래에 담았는데, 이것이 곧 하향 선율인 '라-솔-미'가 되는 것입니다.

'강원도아리랑'이나 '정선아리랑' 같은 메나리 토리의 노래는 지형적인 환경 요인이 그대로 노래에 담겨 있다고 할 수 있습니다.

다른 하나는 5음 구조의 메나리 토리는 4음 구조의 육자배기 토리보다 노래의 템포가 비교적 빠르다는 것도 있습니다.

윤활유가 잘 처져 있는 바퀴가 잘 돌아가는 것처럼 다리음 ① '솔'과 다리음 ② '레'가 윤활유 역할을 하다 보니 자연히 노래는 빨라지게 됩니다.

또 경상도 말이 빠른 것과 노래의 템포가 빠른 것도 상통하는 면이 있다고 할 수 있습니다.

우리 노래, 우리 음악이 좋은 것은 바로 우리말(어법)과 우리 생각과 우리네 사는 형편이 덕지덕지 묻어 있는, 말 그대로 우리 소리라는 데 있습니다.

'강원도아리랑', '정선아리랑', '쾌지나칭칭', '옹헤야', '한오백년', '밀양아리랑', '뱃노래', '산유화가', '쾌지나칭칭나네' 등의 민요가 모두 메나리토리의 구조와 같다고 할 수 있습니다.

시김새와 장식음 이야기

지금까지 토해낸 여러 잔소리들이 한결같이 지향하고자 하는 종착점이 있다면, 우리 노래요 우리 음악이요 우리 소리의 특징, 다른 말로 말하면 규칙성 탐색이라고 말할 수 있습니다.

지금 말씀드리려고 하는 '시김새' 역시 그 범주 안의 논의임에 틀림없다고 할 수 있습니다.

전통음악에서 선율을 이루는 골격음의 앞이나 뒤에서 그 음을 꾸며주는 장식음이나 음길이가 짧은 잔가락을 일컫는 용어[49]

---

49) DAUM 백과사전의 풀이(http://100.daum.net/DIC/detail).

두 가지 여쭈어보겠습니다. 우선 이 글에서 '골격음'은 어떤 음을 가리킬까 하는 질문이고, 다른 하나는 앞이나 뒤에서 꾸며주는 음이란 어떤 음일까 하는 질문입니다.

골격음은 주요 3음 즉, 줄기 세포 음으로써 생명음 '미'와 배려음 '라'와 완성음 '도'를 가리킵니다.

그런데 시김새란 주요 3음의 앞이나 뒤에서 꾸며주는 역할을 한다고 했는데, 어떨 때는 자신도 떨거나 떨어지는 경우도 있습니다.

다음의 글은 논문에서 퍼 온 글인데 좀 복잡하지만 한 번 정도 읽어 둘 필요는 있어서 소개해둡니다.

시김새는 어떤 음의 고유한 성질이기도 하며 동시에 악곡에서의 기능이기도 하다. 성질이라 함은 어떤 유형의 시김새가 대체적으로 그 음에서 나타난다는 의미이고, 기능이라 함은 어떤 음의 시김새가 곡의 성격에 따라 혹은 선율 진행을 보다 매끄럽게 음악적이게 하는 차원에서 쓰인다는 뜻이다.[50]

거두절미하고 시김새란 무엇인가

한마디로 요약한다면 떨어주는 음, 꺾어지는 음, 떨어지는 음, 흘러내리는 음, 흘러올리는 음 등을 말합니다.

그러니까 육자배기 토리에서 떨어주는 음은 생명음 '도'가 시김새 음이고, 꺾어지는 음 '도-시'도 시김새 음이고, 메나리 토리에서 떨어지는

---

50) 권현정, 앞의 책, 98쪽.

음인 다리음 ②와 완성음 '도'의 떨어지는 부분 '레-도'도 시김새 음이라고 할 수 있습니다.

앞서 음의 기능적인 면을 강조한 바 있지만 여기서 다시 한번 되풀이해서 설명을 드리는 것이 좋을 듯합니다. 서양음악에서의 장식음은 있어도 되고, 또 없어도 됩니다. 하지만 있으면 좋은 그런 음입니다.

반면에 우리 음악의 시김새의 기능을 가진 음은 반드시 그 음을 의도한 대로 표현해야 하는 의무감을 지니고 있습니다.

따라서 시김새를 장식음으로 해석하는 것은 엄밀히 말하면 아주 잘못된 건데요, 가급적 장식음이란 단어는 사용하지 않는 것이 옳습니다.

떠는 음은 반드시 떨어야 하고, 꺾는 음도 반드시 꺾어주어야 하며, 흘러내리거나 흘러올리거나 떨어지거나 미끄러지는 음들 역시 반드시 그렇게 해야 하는 게 철칙입니다.

그렇게 하지 않는 것과 하는 것은 하늘과 땅만큼이나 거리가 있다고 할 수 있는데, 그렇게 해야만 우리 노래의 맛이 살고, 그렇게 하지 않으면 우리 노래의 맛이 느껴지지 않게 됩니다. 따라서 시김새는 우리 노래의 생명이라고 단언할 수 있습니다.

여기서 유의할 점은 시김새는 노래를 부르는 사람이나 연주하는 사람의 음악성에 따라 조금씩 차이가 있음을 잘 알아두시기 바랍니다.

육자배기 토리와 메나리 토리의 비교

육자배기 토리와 메나리 토리를 비교해보면 다음의 표와 같습니다.

구분＼토리	육자배기 토리	메나리 토리
용어 탐색	• '육자배기'-진양조의 1각 6점 (6자)에서 비롯됨	• '메나리'의 '메'- '산', '나리'-'꽃'
배경 노래	• 24박의 진양조	• 어산영, 김매는 노래
지역	• 전라도(백제권)	• 경상도(신라권),강원도,함경도
구성음	• 생명음-배려음-꺾는 음-완성음 • '미-라-도-시'	• 생명음-다리음①-배려음-완성음-다리음② • '미-솔-라-도-레'
시김새 — 떠는 음	• 생명음 '미'	
시김새 — 평음	• 배려음 '라'	
시김새 — 꺾는 음	• '도-시'	• '레-도'
음계	• 완전4도, 단3도, 장2도의 4음 음계	• 완전4도의 음과 단6도의 음을 주로 쓰는 5음 음계
장단	• 느린 노래는 육자배기, 중모리, 중중모리장단 • 노래가 빨라지면서 휘모리, 단모리장단	• 대개 세마치장단·굿거리장단에 의한 빠른 속도의 노래
느낌	• 박이 느려서 한스럽고 서정적인 느낌을 주나 억양이 강하고 구성진 멋이 있음 • 선율이 유연하면서도 음의 폭이 넓음	• 씩씩하고 꿋꿋한 느낌 • 강원도 민요: '라-솔-미' 선율로 부드러운 느낌 • 경상도 민요: 박자가 빨라서 역동적임
종류	• 진도아리랑, 육자배기, 남도홍타령, 강강수월래, 농부가 등	• 강원도아리랑, 정선아리랑, 쾌지나칭칭, 옹혜야, 한오백년, 밀양아리랑, 뱃노래, 산유화가, 쾌지나칭칭나네 등

[표 7] 육자배기와 메나리 토리 비교

수심가 토리

'수심'이란 한자로 쓰면 '愁心'이고 뜻을 풀면 "근심함, 또는 근심하는 마음"입니다. 전라도의 육자배기 토리가 진양조 1각의 육점에서 비롯된 음악적 배경이 있는 용어인가 하면, 동부 지방의 메나리는 '산나리꽃'이라는 지형적 특징에서 전해온 데 비해, '수심'은 사람의 근심에서 비롯된 인간 중심의 배경을 가지고 있다고 할 수 있습니다.

특히 '수심가'는 사랑하는 임을 간절히 그리워하며 무심히 흘러가는 세월을 한탄한 사랑의 노래라고 할 수 있습니다.

사랑, 수심, 우수사려(憂愁思慮)는 고된 길이지만 사람 사는 맛이고 멋일 수도 있는데, 사람 사는 재미(?)를 노래로 나타낸 서도인들의 당찬 각오에 머리를 숙이게 됩니다.

고기를 잡아먹고 살아야 하는 어려움, 보릿고개의 설움, 추운 겨울을 견뎌야 하는 혹한의 고통 등 인간의 심연(深淵)에 내재된 원초적인 세계를 노래로 나타낸 예술적 슬기, 노래 부르기와 춤추기를 좋아하는 민족이라는 중국 고사(東夷傳)의 진실을 한 번 더 확인할 수 있습니다.

노랫말 살피기

수심가조(愁心歌調)는 수심가 토리와 같이 쓰이는데요, 인터넷 검색창에서는 어떻게 말하고 있는지 살폈습니다.

수심가 토리라고도 한다. 대부분의 서도 민요가 수심가 곡조로 끝이 나기 때문에 이렇게 불린다.
구성음은 레·미·솔·라·도로, 도는 흘러내릴 때, 라는 떨 때, 레는 마칠 때의 음이다.
남도소리에 비해 소리가 높고 느리며 콧소리로 얕게 떠는 소리와 큰 소리로 길게 뽑다가 갑자기 속 소리로 콧소리를 섞어서 가만히 떠는 소리 등이 수심에 가득 찬 애수를 띠며, 장단이 일정하지 않다는 특징이 있다.

우선 수심가 토리의 어원이 된 '수심가'에 그 모든 것이 담겨 있는데, 이 노래는 수심가의 노래의 가락, 종지음, 구성음 등을 살피기에 좋은 노래입니다.

[악보 121] 수심가

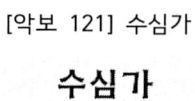

노랫말의 뜻을 살펴보겠습니다. '약사(略史)'는 '간단히 적은 역사'의 뜻으로 '말을 시작하자면, 다행히도'로 해석되고, '몽혼(夢魂)'은 '꿈속의 혼'의 뜻으로 '꿈속에서 만나니', '행유적(行有跡)'은 '만난 흔적', '석로(惜路)'는 '대문 앞, 문전 길'로 '대문 앞에서라도 임의 혼이라도 만난다면', '반성사(半成史, 半成事)'는 '반은 내 마음에 이루어진 일이다'라고 생각해

보았어요.

'수심가'를 한번 들어보면 참 좋습니다. 유튜브에서 만날 수 있습니다 (인간문화재 김광숙 명창, '서도 민요 수심가').[51]

약사(略史) 몽혼(夢魂)으로

행유적(幸遺跡)이면

문전(門前) 석로(惜路)가

반성사(半成史, 半成事)로구나

다행히 꿈에서

그리운 님이 오셨다 가신 흔적이라도 남으면

문 앞에서의 애석한 만남이

내 마음에 조금이라도 위안이 되네[52]

'시'가 빠져서는 안 돼요

'수심가'의 구성음을 나타낼 때 '레, 미, 솔, 라, 도'의 5음으로 되어 있다고 했는데, 필자의 견해로는 여기에 '시' 음을 넣어야 한다고 생각합니다.

생각에 따라서는 꺾는 음 '시' 음을 빼도 상관이 없다는 '괜찮아'가 작용할지 모르지만, 합리적인 생각은 결코 아닐 것입니다.

오히려 꺾는 음 '시'를 빠뜨리면 수심가의 멋스러운 표현이 불가능하기 때문에 반드시 있어야 합니다.

---

51) 유튜브, '얼씨구TV'
52) 풀이는 필자의 개인적 판단에 의한 생각으로 직역(直譯)이 아닌 의역(意譯)임.

따라서 '수심가'의 구성음은 [악보 122]에서 보는 것처럼 6음이 되어
야 하는 거죠.

[악보 122] '수심가'의 구성음

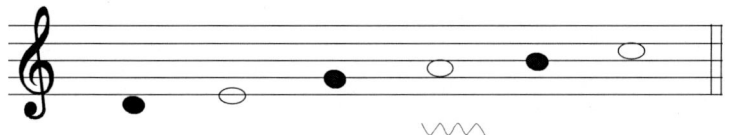

(다리음②) (생명음) (다리음①) (배려음) (꺾는 음) (완성음)

주요 3음, 즉 세포 줄기 음이 여기에도 그대로 반영되어 있습니다.
유의해서 볼 점은 수심가의 노래에서 다리음 ② '레'는 떨어지는 역할
을 하는 음이 아니라 당당히 주요한 음의 행세를 하고 있습니다. 수심
가는 바로 이 점이 특징입니다.

다리음 ② '레'도 줄기 세포 음

다리음 ② '레'가 주요 음이 되어 주요 3음이 아닌 주요 4음이 된다
는 것, 그러니까 줄기 세포 음이 '생명음-배려음-완성음-다리음 ②'가
됩니다.

수심가 토리의 노래는 다리음 ② '레' 음이 압권입니다.

우리나라 노래에서는 종지음이 매우 중요한 역할을 한다고 말씀드렸
는데, 수심가 토리의 노래에서는 종지음이 다리음 ② '레'로 끝난다는
걸 지도하는 것이 매우 중요합니다.

교과서(국정 교과서, 초등학교 6학년 『음악』, 7차 교육과정)에 제재로 채택
된 '씨름' 노래를 한번 보실까요.

[악보 123] 싸름

황해도 노래

보통빠르게

1. 싸 름 - 싸 름 -   느 티 나 무 밑 - - 에
2. 싸 름 - 싸 름 -   산 천 초 목 우 거 진 곳

싸 름 우 는 소 리 가   귓 - 가 에 들 - 리 네
싸 름 우 는 소 리 가   처 - 량 도 하 - - 네

싸 름 - 싸 름   내 맘 도 살 살

다 녹 여 -   낸 - - - 다

배려음 '라'가 떠는 음

육자배기 토리에서 생명음 '미'를 떨어주어 멋스러움을 더하는데, 수심가 토리에서는 배려음 '라'를 떨어주어 또 다른 맛을 느끼게 해 줍니다.

중간 음을 강하게 떠는 것은 수심가 토리의 특징이고요, 콧소리로 애절함을 더한다고 할 수 있어요.

[악보 121] 수심가 악보를 보면 박자 표기가 되어 있지 않은데, 이유가 있습니다. 수심가 토리의 노래는 노래하는 이의 정서에 따라 장단 표기가 안 되었는데, 상황에 따라 장단이 바뀌기 때문입니다.

말하자면 노래하는 이의 창의적 감정을 존중하고 그때그때마다 장단의 모양을 바꾸어가면서 노래한다는 점을 알면 도움이 됩니다. 수심가 토리와 육자배기 토리의 다른 점을 표로 나타내면 다음과 같습니다.

구분 \ 토리	수심가 토리	육자배기 토리
원조	• '수심가'(사랑가)	• '진양조'(1각 육점)
구성음	• (생명음), (다리음①), (배려음), (꺾는 음), (완성음)	• 4음-(생명음), (배려음), (꺾는 음) (완성음) • 미-라-시-도
떠는 음	• '라'(중간음)	• 생명음 '미'(아래음)
장단	• 장단	• 규칙 장단
종지음	• '레'종지	• 배려음 '라'종지
소리	• 섞은 소리	• 배에서 우러나는 소리
음높이	• 질러대는 듯한 높은 소리	• 평범한 소리
같은 점	• 시김새의 꺾는 부분이 같다('도-시)	

[표 8] 수심가 토리와 육자배기 토리 비교

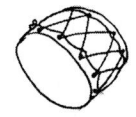

이번에는 황해도 노래인 '몽금포타령'을 보세요.

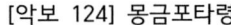

[악보 124] 몽금포타령

황해도 노래

장산곶 마 루- 에 - - - 북소리 나 드-니 - - - - -

금일도상 -봉 에 - - - 님만나보 - - -겠 네 - -

에헤 -요 에 헤 -요에헤 요- - - 님만나보 - -겠 네 - -

평안도 노래 역시 배려음 '라'를 강하게 떨고 있으며, 다리음 ② '레'
로 마칩니다.

수심가 토리의 노래들

평안도 지방에서 불리는 노래는 '수심가', '엮음수심가', '긴아리', '자진
아리', '안주애원곡', '배따라기', '자진배따라기' 등인데, 대부분 애절하고
흐느끼는 듯한 느낌을 주며 사설도 한(恨)을 주제로 한 것이 많습니다.

황해도 지방에서 불리는 민요는 '영변가(寧邊歌)', '자진염불', '긴난봉
가', '자진난봉가', '사리원난봉가', '감내기', '몽금포타령' 등이 있는데, 다
른 지방의 민요에 비해 기악 반주를 가진 것이 거의 없고 채보(採譜)된

것도 드물다고 합니다. 여기에는 여러 가지 이유가 있겠으나 서도 민요 특유의 미묘한 장식음이라든지, 창법 등이 채보가 어려운 이유 중 하나가 될 것이기 때문입니다.

황해도 노래는 대개 중모리장단, 자진굿거리장단으로 맞추며 가락은 수심가조(愁心歌調)가 많으나 일부는 경 토리(경기 민요)인 '경복궁타령', '한강수타령'과 비슷하고, 같은 서도 민요인 평안 민요에 비하여 먹이고 받는 형식이 규칙적이고 선율이 간결하기 때문에 밝고 서정적인 느낌을 줍니다.

기타 생각해볼 것

구분 \ 토리	수심가(수심가 토리)	강강술래(육자배기 토리)
민요	• 서도 민요	• 남도 민요
창법	• 떠는 소리가 많고 콧소리를 섞는다.	• 목을 누르며 뱃속과 가슴으로부터, 힘차게 소리를 뻗어 낸다.
분위기	• 애절하다.	• 힘 있고 흥겹다.
장단의 특징	• 불규칙하다.	• 느리지만 규칙적이다.
가락과 시김새의 특징	• 길게 끌다 떨어주는 소리가 많고 주로 중간 음에서 떨어준다.	• 낮은 음에서 굵게 떨어주며, 꺾는 소리도 있다.

[표 9] 수심가와 강강술래 노래 비교

수심가 노래, 즉 서도 노래는 거의 일정한 장단이 없으며, 간혹 있더라도 사설을 따라서 적당히 쳐주는 불규칙한 장단법입니다.

선율형은 완전5도 위에 단3도보다 조금 낮은 3음으로 구성되었는데 음의 장식 방법이 다른 지방과 아주 다릅니다.

즉, 다른 지방의 노래는 제1음인 생명음 '미', 즉 기음(基音)을 굵게 떨어주는 데 반하여 서도 노래는 제2음, 즉 완전5도 위의 음을 떨어주고 마지막 제3음은 아래로 흘려주는, 이른바 '수심가목' 또는 '수심가조'입니다.

창법은 콧소리로 얕게 탈탈거리며 떨거나, 큰 소리로 길게 뻗다가 갑자기 속 소리로 가만히 떠는 방법 등으로, 애절한 느낌을 줍니다.

사설도 인생의 한(恨)을 노래한 것이 많아서 다른 지방의 노래보다 비애감에 젖게 합니다.

5음 구조

[악보 125] 수심가 토리

[악보 125]는 수심가 토리의 구성음인데 역시 '미-라-도'의 '3 트리오'를 골격으로 하고 있습니다.

여기에 '솔' 음과 '레' 음이 들어가 노래를 구성하는데 배려음 '라'를 떨어줌으로써 노래의 감칠맛을 더한답니다.

'몽금포타령'(황해도), '싸름'(평안도) 같은 노래가 있습니다.

제4부

알기 쉬운
평조와 계면조

1. 평조와 계면조

평조가 뭡니까 하고 묻는다면 무엇이라고 답하시겠습니까? 이거야 하고 자신 있게 답변할 수 있습니까? 계면조는 또 뭡니까 하는 질문을 받으면, 산 위에서 느끼는 청량한 바람처럼 시원스럽게 답변할 자신이 있습니까? 그러나 불행하게도 많은 이들이 이러한 질문에 머뭇거리기 일쑤입니다.

양악에서는 어떤 음을 1옥타브 위의 음에 이를 때까지 특정한 질서에 따라 배열한 음열(音列)을 음계(音階, scale)라고 합니다. 양악의 음계는 둘로 나누어지는데, 장조의 노래를 빚어내는 장음계(major)와 단조라 일컫기도 하는 단음계(minor)가 그것입니다.

국악에도 양악에 갈음하는 음계가 있습니다. 다름 아닌 평조(平調)와 계면조(界面調)입니다.

우리 소리 세상의 두 갈래인 평조와 계면조의 세상으로 들어가봅시다. 양악의 장·단음계와 어떻게 다른지, 무엇이 다른지, 왜 장음계, 단음계라 하지 않고 평조와 계면조라고 일컫는지를….

알고 보면 재미있습니다. 그리고 아는 만큼 국악이 보일 것입니다.

악학궤범(樂學軌範)에서 본 국악 음계

국악에도 양악과 같이 악전이 있을까? 물론 있습니다. 악전(樂典)의 '전(典)'은 '법, 규범, 가르침'의 뜻을 가진 말인데, 소리 곧 음악이 있는 곳에는 일련의 소리 체계를 약속한 악전이 꼭 있기 마련입니다.

미개 종족들에게는 문서화된 악전은 없습니다. 문명화된 종족(민족)들에게만 악전이 존재합니다. 이런 측면에서 보면 국악에 대한 우리 조상들의 문화적 소양은 출중하다고 하겠습니다.

국악의 악전을 담은 책이자 국악의 이론서, 바로『악학궤범(樂學軌範)』이라는 책입니다. 9권 3책으로 조선시대 성종의 지시에 따라 예조판서 성현(成俔)을 비롯한 몇 분들이 엮은 악규집(樂規集)입니다. 언젠가 '한국민요대전' 사이트를 검색하던 중 경기도 민요에 대한 글 몇 편을 보았습니다. 그중 백대웅(1943~2011)의 글에 평조와 계면조에 대한 언급이 있었습니다. 평소 평조와 계면조에 대하여 궁금증을 가지고 있던 차여서,『악학궤범』에 실린 다음과 같은 내용에 자연스럽게 눈이 갔습니다.

경기 지방은 우리나라의 중앙에 위치한다는 점, 그리고 전통적으로 중앙 집권 체제를 유지해온 까닭에 경기 지방의 민요가 전통음악에 끼친 영향은 매우 크다.
그것은 15세기에 궁중에서 펴낸『악학궤범』이라는 음악 이론서에 우리나라의 음계를 평조(솔 음계)와 계면조(라 음계)로 설명하고 있는데,

그 음계는 경기민요(통속민요)의 음계들과 일치하는 것으로도 증명할 수 있는 것이다. 이러한 사실은 15세기에 우리나라 음악 이론을 정립할 때 경기 지방의 민요를 대상으로 했음을 밝히고 있는 것이다.[53]

이 글에서 얻는 시사점으로는 첫째, 국악에서 경 토리가 압권(壓卷)이라는 점. 둘째, 평조와 계면조의 음계는 연구의 가치가 있다는 점. 셋째, 이런 맥락으로 볼 때 경 토리에 대한 논의는 소중하다는 점. 그러고 보니 경 토리를 놓고 이렇게 저렇게 따져보고 억지도 부려보고 변신도 시도해본 것은 —잘했든 못했든— 그런대로 바람직하지 않았나 하는 생각입니다.

국악의 음계와 선법

음계(scale)는 곡에 출현하는 음들을 음높이의 순서에 따라 한 옥타브 안에 모아 정리한 것이고, 선법(mode)은 의미 있는 음계로써 양악의 장조와 단조, 그리고 국악의 평조와 계면조를 가리킵니다.

『악학궤범』에서 언급했다시피 평조와 계면조는 연구 가치가 있는 우리의 선법입니다. 중국의 문화적 영향은 음악에도 그대로 이어지고 있습니다. 중국 음계 중 치조와 우조에서 평조와 계면조의 족보를 찾을 수 있습니다. 백병동(1936~)은 이것을 중국식과 한국식으로 설명하고 있습니다.[54] 참고로 '궁, 상, 각, 치, 우'는 중국식 계명으로, 조선시대부터 사용되어 오늘에 이르고 있으나 최근에는 순수한 우리말 계명인

---

53) 백대웅, 경기지방 민요의 음악적 특징, 중앙대(www.urisori.co.kr).
54) 백병동, 개정대학음악이론, 서울: 현대음악출판사, 2004, 303쪽.

율명을 쓰고 있는 추세입니다.

[악보 126] 중국 음계와 한국 음계

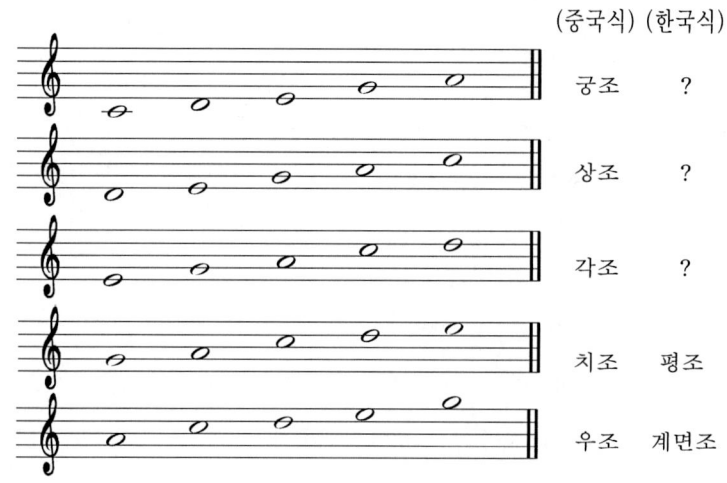

중국식의 치조와 각조가 국악의 평조와 계면조가 됩니다. 양악의 선
법으로 이해를 돕는다면 치조, 곧 평조는 '솔' 선법(Sol mode)이 되고
각조, 곧 계면조는 '라' 선법(La mode)이 되는데, 이를 1옥타브로 나타
내면 다음과 같습니다.

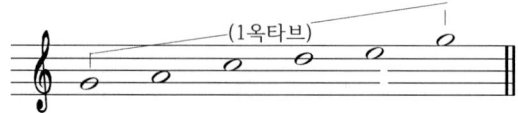

그런데 여기서도 궁금한 점이 있습니다. '파' 음과 '시' 음이 없기 때문입니다. '파' 음이야 숨은음이니까 그렇다 치더라도 '시' 음은 왜 없는지 궁금할 것입니다. 그것은 이 음계가 시김새 음을 제외한 음계이기 때문에 그렇습니다.

민요라 불리는 어른들의 국악 성악곡은 물론이고 국악 기악곡에도 숨은음만 없을 뿐 다리음 '레'와 '솔', 그리고 꺾여떨어진음 '시' 음은 엄연히 존재합니다. 그러니까 국악 음계는 사실 다음과 같이 표기함이 옳습니다. 이렇게 표현해주어야 후학들이 헷갈리지 않습니다.

노래 부르기 위해 악보를 보면 '시' 음이 분명 있건만, 여러 종의 국악 이론서에는 '시' 음 표기가 되어 있지 않습니다. 이것은 분명 잘못된 표기입니다. 일관성이 없으니 배우는 이들이 갈피를 잡지 못하고 있는 것입니다. 이제 우리나라의 현대판 이론서인 국악 관련 이론 서적, 바꾸어 말해 '현대판 악학궤범'에는 다음과 같이 음계 표시를 해야 한다고 주장합니다.

[악보 129] 시김새 음을 나타낸 평조

[악보 130] 시김새 음을 나타낸 계면조

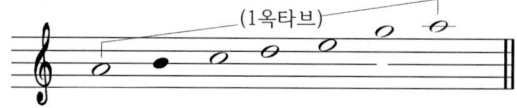

국악계의 큰어른이신 성경린(1911~2008) 님의 저서[55]에서는 선법에
대해 다음과 같이 소개하고 있습니다.

[악보 131] 성경린의 선법

궁(宮)선법(도)

상(商)선법(레)

각(角)선법(미)

치(徵)선법(솔)

우(羽)선법(라)

---

55) 성경린, 국악감상, 서울: 삼호뮤직, 1994, 228쪽.

음정 & 율정

이제 음정(音程)에 대해 살펴보려고 합니다. 음정이란 용어도 엄밀히 말해서 '율정(律程)'이란 용어로 바꾸어 쓰는 것이 옳다고 생각합니다. 왜냐하면 우리의 음이름은 '율'이기 때문입니다.

『음악이론과 실습』에서는 이 용어를 쓰고 있고,[56] 33년 전에 출판된 『최신음악통론』에서도 율정이라는 용어를 쓰고 있습니다.[57] 음정, 곧 율정을 살펴보면 다음과 같습니다.

[악보 132] 평조의 율정(음정)

[악보 133] 계면조의 율정(음정)

이동남(1947~)은 평조와 계면조를 다음과 같이 나타내고 있는데[58] 평조의 경우 첫 음 '솔'을 3도 아래(장3도)로 내려서 이 율명을 '황'이라고 나타내고 있습니다. 이를 '황종 평조'라고도 하는데, '황종'을 첫 음으로 하는 평조여서 붙여진 이름입니다.

---

56) 편저-편집부, 음악이론과 실습, 서울: 도서출판 다라, 등록 1990. 5. 9. 제13-247호, 173쪽.
57) 편자-세광출판사출판부, 최신음악통론, 서울: 세광출판사, 1972, 169쪽.
58) 이동남 외, 알기 쉬운 음악 통론, 서울: 태림출판사, 2004, 201쪽.

[악보 134] 평조의 율정(음정)

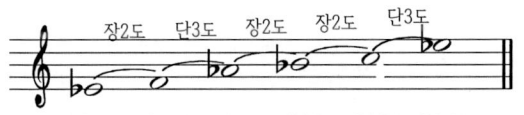

황(黃) 태(太) 중(仲) 임(林) 남(南) 황(潢)

　그리고 계면조의 경우는 첫 율을 똑같이 장3도 내려서 '황' 율로 나타내고 있습니다. 양악으로 말하면 조옮김한 셈입니다. '솔'이든 '황'이든 상관없습니다. 왜냐하면 율과 율 간의 율정(음정)이 옳으면 되기 때문입니다. 계면조 ①에서는 황(黃), 협(夾), 중(仲), 임(林), 무(無)의 5음이, 계면조 ②에서는 율 '협(夾)'이 생략된 4음이, 계면조 ③에서는 율 '무(無)'까지 생략하여 3음을 나타내고 있습니다. 계면조 ①을 '황종 계면조'라고도 하는데 '황' 음을 첫 음으로 하는 계면조이기 때문에 그렇게 부릅니다.

　어렵습니까? 음정을 알면 어렵지 않지만 음정이 약한 분들은 그럴 수 있습니다. 하지만 너무 고민할 필요는 없습니다. [악보 134]의 '장2도, 단3도, 장2도, 장2도'와 [악보 135]의 '단3도, 장2도, 장2도, 단3도'의 규칙성을 알면 됩니다. 음정을 모르시겠다구요? 주변의 음악을 하는 분들에게 슬쩍 물어보십시오. 침이 마르도록 자세히 가르쳐줄 겁니다.

[악보 135] 계면조 ①

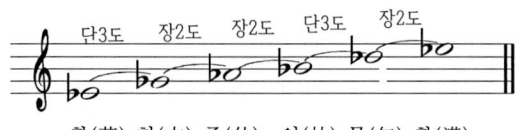

황(黃) 협(夾) 중(仲) 임(林) 무(無) 황(潢)

[악보 136] 계면조 ②

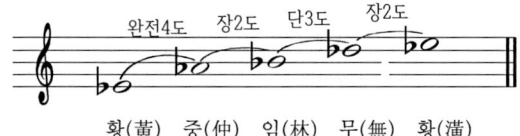

황(黃) 중(仲) 임(林) 무(無) 황(潢)

[악보 137] 계면조 ③

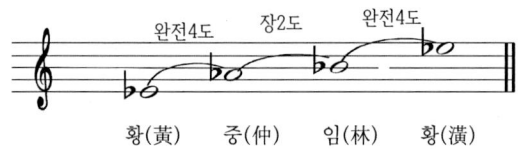

황(黃) 중(仲) 임(林) 황(潢)

그러나 앞의 '솔' 음으로 첫 음을 표기하는 방법은 당피리와 편종, 편경의 음계를 중심으로 나타낸 것이고, '황' 음에 플랫 즉 'Eb'으로 첫 음을 표기하는 방법은 향악의 음계로 거문고와 향피리의 음계를 바탕으로 한 것임을 알면 이해에 도움이 됩니다.

참고로 계면조 ①처럼 5음을 모두 쓰는 곡은 종묘제례악 중 11곡의 조곡(組曲)으로 이루어진 '정대업(定大業)'에만 남아 있고,[59] 현재는 계면조 ②와 ③처럼 4음과 3음의 음계를 쓰고 있습니다.

좀 어렵습니까? 위 평조와 계면조의 음정 관계만 알면 쉽게 이해가 되니까 음정 공부를 좀 더 해보시기 바랍니다.

---

59) 한만영, 앞의 책, 32쪽.

우리식 브랜드, 우리 아이콘

국악이라는 예술 음악 자체가 세계에서 하나뿐인 우리 고유의 브랜드이지만, 특히 계면조 ③에서 더 두드러집니다. 이 음계는 우리와 매우 친숙한데, 이 계면조는 육자배기 토리권에서 당당한 위세를 떨치고 있습니다.

이 3음 음계는 떠는 음과 평으로 내는 음, 그리고 꺾는 음으로 구분되는 특징을 가지고 있는 데, 이런 특징은 국악만이 가지고 있는 아이콘입니다. 이 세 음은 대표적인 계면조의 얼굴이라고 할 수 있으니 우리만이 가지고 있는 특급 프로젝트 음악입니다.

[악보 138] 떠는 음, 꺾는 음 ①

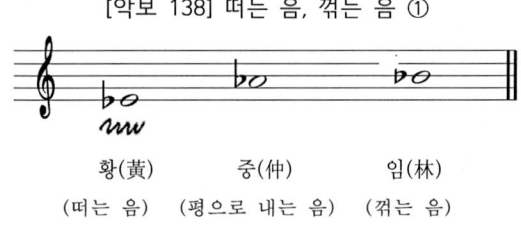

이 악보에서 꺾는 음은 C에서 꺾이는 것으로, 다음과 같아 나타내면 이해에 도움이 됩니다.

[악보 139] 떠는 음, 꺾는 음 ②

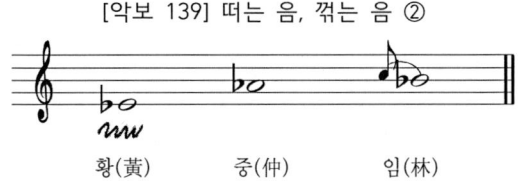

이 악보는 다음과 같이 나타낼 수 있습니다.

[악보 140] 떠는 음, 꺾는 음 ③

황(黃)　　　중(仲)　　　임(林)

여기서 주목할 점이 있습니다. 필자가 유튜브 '음플릭스'의 "'토리'를 찾아서"를 들었습니다. 남도 민요인 육자배기 토리를 설명하면서 '미, 라, 시'의 세 음으로 되어 있다고 말하는 게 아니겠어요? 이것은 틀린 것입니다. '미, 라, 시, 도'의 네 음으로 되어 있으니까요. 꺾어 내리는 음 '도'의 존재를 무시하고 '시' 음만 부각시키려는 의도는 모르는 바 아닙니다. 그렇다고 '미, 라, 도, 시'의 엄연한 네 음 구성을 세 음의 노래라고 할 수는 없습니다. 국악 교육의 현대적 접근은 이런 부분부터 시정하는 게 중요합니다.

우조

백병동(1936~)은 우조 평조와 평조 평조, 우조 계면조와 평조 계면조를 다음과 같이 밝히고 있습니다.[60]

---

60)　백병동, 개정대학음악이론, 서울: 현대음악출판사, 2004, 304쪽.

[악보 141] 우조 평조

[악보 142] 평조 평조

[악보 143] 우조 계면조

[악보 144] 평조 계면조

이 악보를 풀이해보면 '우조 평조'는 '평조 평조'를 완전4도 위로 올린 음계란 뜻이고, '우조 계면조'는 평조 계면조에서 완전4도 위의 음계란 뜻입니다. 그러니까 '우조'란 4도 위의 조란 뜻으로 이해하면 좋습니다. 양악의 방식을 빌면 완전4도 위로 조옮김한 형태가 됩니다.

이해의 포인트는 이동남(1947~)이 제시한 [악보 134]의 '평조'와 [악보 135]의 '계면조 ①'은, 백병동(1936~)의 [악보 141] '우조 평조'와 [악보 143]의 '우조 계면조'와 각각 구성음이 같다는 점에 착안하면 좋습니다.

착각에서 벗어나세요

여기서 주의할 점이 있습니다. 플랫의 수에 의한 양악 식의 해석은 경계해야 합니다. 예를 들어보겠습니다. 우조 평조는 플랫(b)이 네 개입니다. 양악의 조로는 'Ab' 장조입니다. 하지만 국악 우조 평조에서는 'Ab'의 개념이 아니라는 점입니다. 평조 평조도 마찬가지입니다. 플랫 세 개가 있다고 해서 'Eb' 장조가 아닙니다. 단순히 각각의 음에 붙어 있는 플랫을 모아놓은 것으로 이해해야 한다는 것입니다. 말하자면 그 음을 반음 내리라는 임시표에 불과하기 때문입니다.

사실 국악에 처음 입문할 때에 이런 점 때문에 적잖은 착각에 빠졌던 적이 있습니다. 양악 스케일로 이해하려는 고정관념 때문이었습니다. 그래서 백병동(1936~)이 플랫들을 악보의 오른쪽에 모아놓은 것은 이러한 착각을 미연에 방지하기 위함입니다. 그런데 어떤 악보는 왼쪽 높은음자리표 옆에 붙여서 양악의 장조로 해석하게 되는 경우도 있습니다. 이때는 정말 조심해야 합니다. 필자는 다음 악보에서 이러한 착각에 빠졌던 경험이 있습니다.

> 향악에서는 기본음인 황종의 내림마(Eb)로 표기하므로, 주로 내림표(b)를 조표로 사용한다. 악곡의 조(調)에 따라 조표는 달리 붙이지만, 율명은 변함없음에 유의하여야 한다. 이 점은 서양음악의 음명(音名)과 같다.[61]

---

61) 김영운, 국악통론, 초등교사를 위한 우리 음악의 이론, 서울: 국립국악원, 2001, 33쪽.

[악보 145] 이해가 잘 안되었던 악보의 예

고(姑)

협(夾)

이 악보는 플랫 네 개(Ab)와 플랫 다섯 개(Db)로 되어 있습니다. 누가 보더라도 Ab 장조와 Db 장조입니다. 그러나 국악의 율 개념은 그렇지 않습니다. 장조 개념이 아니라는 것입니다. 둘째 줄의 G음이 이를 잘 나타내고 있습니다. 플랫을 각 음에 적용시켜 이해해야 합니다. 이 악보는 다음과 같습니다.

[악보 146] 각 음에 플랫을 적용시킨 악보

이렇게 각 음을 율의 개념으로 이해하면 G음은 '고(姑)'와 '협(夾)'이 되었는데 이 사실을 깨닫고 기뻤던 기억이 새롭습니다.

선법에 대하여

조(調)는 선법 앞에 붙어 그 선법의 중심음(中心音)이 무엇인지 나타내주는 역할[62]을 합니다. 즉 '임'을 '솔'로 보고 장2도, 단3도, 장2도, 장

---

62) 이동남 외, 새로운 음악통론, 서울: 학문사, 1998, 227쪽.

2도의 순서로 음을 쌓아 올리면 그 평조는 임종 평조가 되는 것이고, '남'을 '라'로 보고 단3도, 장2도, 장2도, 단3도의 순서로 쌓아 올리면 그 계면조는 남려 계면조가 되는 것입니다.[63]

[악보 147] 임종 평조

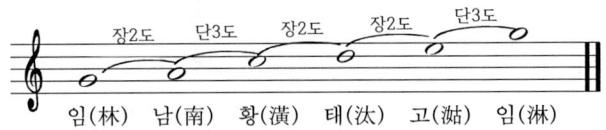

[악보 148] 남려 계면조

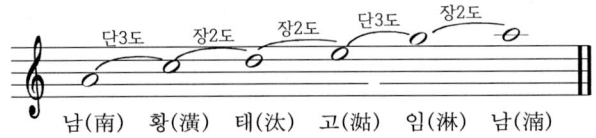

---

63) 위의 책, 231쪽.

2. '국악 복음(福音)'의 사신, 김영운

　필자의 음악 교육 인생에서 국악의 문을 열어준 스승이 여러 분 계십니다. 그중 가장 기억에 남는 분이 두 분 계십니다. 한 분은 전술한 양진모(?~?) 경인교육대학의 교수이고, 또 한 분은 한국학중앙연구원 김영운(1954~) 교수였습니다.

　양진모 교수로부터 국악 교육의 이론적 기초를 쌓았고 김영운(1954~) 교수로부터 국악 교육의 심층 이론을 배웠습니다. 평생 양악 이론에 익숙한 필자에게 국악 이론의 황무지를 일구게 해주신 두 분 스승님께 지면에서 감사를 드릴 수 있는 건 영광입니다.

　양진모 교수로부터 배운 것은 초등 음악 교실에서의 국악 교육 핵심 내용이었고, 김영운 교수로부터 배운 국악 이론은 평생 기억에 남을 최고의 명강의였습니다. 양진모 스승님으로부터 깨달은 내용은 전술한 바와 같고, 여기서는 김영운 스승님에 대한 이야기를 꼭 적고 싶습니다.

평조와 계면조에 대한 오리무중, 참 답답했습니다. 그런데 낫 놓고 기역 자를 알게 된 계기가 있었습니다. 국립국악원 연수에서 한국정신문화원(현 한국학중앙연구원) 한국학 센터 소장이신 김영운 교수의 '국악통론' 강의를 듣고서입니다.

이분의 명강의에 숨을 죽여야 했습니다. 특히 평조와 계면조에 대한 명쾌한 해설에 엄마 소 만난 송아지처럼 뛸 듯이 기뻤습니다. '어떤 곡이 평조이고 또 어떤 곡이 계면조일까?'

그 키는 마침음이라고 하는 종지음에 있었습니다. 그러니까 '솔' 음으로 마치면 그 노래는 평조의 노래였고, '라' 음으로 마치면 계면조의 노래였습니다. 기악곡도 그랬습니다. 이건 복음(福音)이었습니다.

'국악 복음!'

참 기뻤습니다. 이제 이 기쁨을 여러분들과 함께 나누고 김 교수의 자료를 바탕으로 필자의 생각을 덧붙여 설명해보겠습니다.

양악의 경우 장조의 마침음이 '도' 음이고 단조의 마침음이 '라'인 것과 같은 원리가 국악에도 그대로 적용된다는 사실을 깨달았습니다. 여기서 숨겨진 또 하나의 과학적 사실을 발견하고는 무릎을 쳤습니다. 왜 평조가 양악의 장조와 비슷하고 계면조가 단조와 비슷한지 확인할 수 있었기 때문입니다.

'그렇게 쉬운 것을 이제야 알다니!'

깨달음의 이면에 숨겨진 허무감이 못내 밉기만 했습니다.

그분이 집필한 『국악통론』에서 소개한 내용[64]은 다음과 같습니다. 평조 선법과 계면조 선법을 각각 둘씩 소개했습니다. 앞서 이동남이 제시한 내용과 약간의 차이를 보입니다.

---

64) 김영운, 국악통론, 초등교사를 위한 우리 음악의 이론, 서울: 국립국악원, 2001, 45~46쪽.

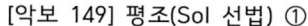

[악보 149] 평조(Sol 선법) ①

(정악의 평조,
판소리의 우조)

마침음(솔)

평조(Sol 선법) ①의 선법과 예시 곡은 정악 평조의 우조 가락 도드리에서 찾을 수 있습니다. '우조 가락 도드리'는 정악의 평조에 해당하는 곡입니다.

[악보 150] 우조 가락 도드리[65]

피리보

(중략)

(이하 생략)

[악보 151] 평조(Sol 선법) ②

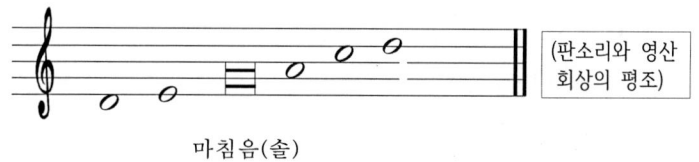

(판소리와 영산
회상의 평조)

마침음(솔)

평조(Sol 선법) ②의 선법은 최하위 음이 '레' 음까지 내려가긴 하지만 결국 끝나는 음은 '라' 음입니다. 예시 곡은 판소리 춘향전의 '광한루'에서 찾을 수 있습니다.

---

65) 한만영, 앞의 책, 31쪽.

[악보 152] 판소리 춘향전 광한루

창: 임방울

채보: 김동진

(중중모리)

기 산 영 수 별 건 곤   소 부 허 유 놀 - 고

(중략)

동원--도리편-시춘-- 을   아-니놀 고무엇하 리

계면조(La 선법) ①의 선법과 예시 곡은 아래와 같습니다.

[악보 153] 계면조(La 선법) ①

마침음(라)

(정악과 경기
민요의 계면조)

계면조 ①의 예로 경기 민요의 계면조를 들 수 있습니다. '천안삼거리', '오봉산타령', '밀양아리랑', '사발가', '양류가', '경복궁타령', '베틀가' 등이 있습니다.

한편, 계면조(La 선법) ②의 선법과 예시 곡은 아래와 같습니다.

[악보 154] 계면조(La 선법) ②

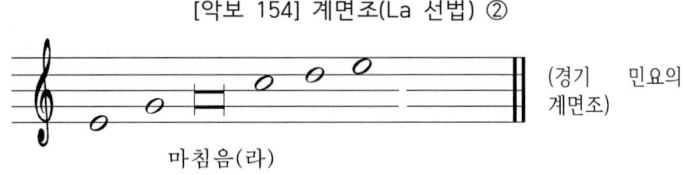

마침음(라)

(경기   민요의
계면조)

계면조 ②의 예를 들면 경기도 민요의 계면조로 '한강수타령'을 들 수 있으나, 이 노래는 아래음으로 '미' 음이 없이 '솔' 음에 이어 '라' 음에서 종지됩니다. 필자의 조사 결과 '뱃노래(경상도 민요)', '한오백년(강원도 민요)', '신고산타령(함경도 민요)', '옹헤야(경상도 민요)', '강원도아리랑(강원도 민요)' 등의 노래가 있습니다.

여기서 또 하나 깨달은 것이 있습니다. 그것은 국악의 서민음악인 민속곡인 민요이든, 궁중음악인 정악(正樂)곡이든 우리 음악은 평조와 계면조에 의한 음악이라는 점이었습니다. 안개 덮인 살얼음판 주변을 걷는 것처럼 피상적으로 그렇다는 것은 알고 있었는데, 이렇게 구체적으로 제시한 내용을 접하고 기뻐서 어쩔 줄을 몰랐던 기억이 새롭습니다.

시각적 혼동을 예방하려면

잘 아시다시피 경 토리는 다섯 개의 음으로 노래하니까 이 다섯 음을 음높이에 따라 정리하면 [악보 155] 및 [악보 156]과 같습니다. 그런데 평조와 계면조가 5음이라고 하는 점에서는 같지만 끝음, 즉 종지음은 다르다고 했습니다.

일반적으로 [악보 155]와 [악보 156]으로 음계 표기를 하는데 시각적으로 걸리는 부분이 있습니다. 왜 그럴까요?

[악보 155] 평조의 음계

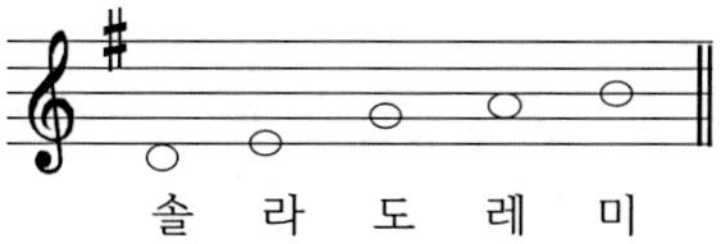

솔 라 도 레 미

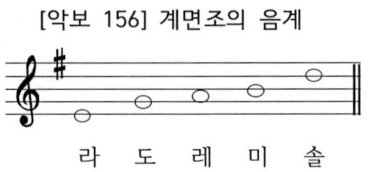

[악보 156] 계면조의 음계

라 도 레 미 솔

학생들에게 시각적인 학습 효과를 높이려면 다음과 같이 바꾸어줄
필요가 있습니다. 착시를 예방하기 위하여 악보를 거꾸로 배열하면 됩
니다.

[악보 157] 평조의 음계

미 레 도 라 솔

[악보 158] 계면조의 음계

솔 미 레 도 라

어떻습니까. '솔'로 끝나면 평조, '라'로 끝나면 계면조! 확실하지 않습
니까?

실전, 민요의 조 구별

실제 악보를 보면서 이해를 돕겠습니다. 귀에 익은 민요 2개 한번 불
러보겠습니다.

자, '도라지타령'의 종지음은 무엇입니까? '솔'이지요. '솔'로 끝나면 무슨 조? 그렇습니다. 평조입니다. 그러니까 '도라지타령'은 평조의 경 토리입니다. 다음은 '한강수타령'의 일부입니다. 어떤 조의 노래라고 생각하십니까.

[악보 160] 한강수타령

자, 이것저것 생각할 필요가 없습니다. 종지음이 무어냐 물으신다면 '라' 음이라고 말씀드릴 수 있습니다. 따라서 '한강수타령'은 무슨 조? 그렇습니다. 계면조의 노래입니다. [악보 161]은 오봉산타령의 끝부분입니다. '라' 음으로 종지하므로 계면조입니다.

[악보 161] 오봉산타령

에 헤 여 - - 어 - 허야 - - 영 - 산홍록 — 에 봄 바 - 람 - -

[악보 162]의 태평가는 종지음이 '솔' 음이므로 평조의 노래입니다.

[악보 162] 태평가

꽃 을 찾아 - 서 날 - 아 - 든 다 - - -

예외가 있어요 (1)

그런데 예외가 있습니다. 계면조는 그렇지 않은데 평조에는 예외 규
정이 딱 한 개 있습니다. '솔' 음으로 마치지 않고 '미' 음으로 마치는
노래가 있기 때문입니다. [악보 163]의 '정선아리랑'이 그렇습니다. 그러
면 이 노래는 무슨 조일까요? 평조로 보는 견해가 많습니다. 왜냐하면
평조의 분위기와 매우 흡사하기 때문입니다.

이렇게 우리 노래는 마침음이 다양합니다. 다양한 마침음! 이것을
알고 지도의 내용으로 선정한다면 이런 선생님은 생각의 유연성이 훌
륭한 선생님이라고 할 수 있습니다.

[악보 163] 정선아리랑

정선 아리랑

강원도 민요

눈 이 울려 나	비가 울려 나	역수 장마 질라 나	
명사 심리 가	아니 라면은	해당 화는 왜 피 며	
정선 읍 내	입-백 오십오 고	물맑 잠 드 놓고 서	

만 수 산	김은 구름 이	떡모 여 든	다 나
모 춘 삼 월 이	아 니 라 면 은	두 견 새 는 왜 우 나	
일 요 강 네	빛 베누리데리 고	실버 령을 넘 자	

예외가 있어요 (2)

평조 민요의 경우 '솔' 음으로 끝나지 않고 '도' 음으로 끝나는 경우가 있습니다. [악보 164]의 국민민요 '아리랑'이 그 좋은 예입니다.

[악보 164] 아리랑

십	리도-	못-	가-서-	발-	병난	다		

자, 보십시오. '솔'로 끝나지 않고 '도'로 끝났잖습니까. 이런 경우는 어떻게 이해해야 할까요. 김영운은 전자를 정격 선법이라 하고 후자를 변격 선법이라고 하였습니다. 용어가 좀 어렵다는 느낌이 들지요? 그래서 필자는 이런 선입견을 피하기 위해 전자, 즉 '솔'로 끝난 민요는 '정격이', 그리고 후자, 즉 '도'로 끝난 민요를 '변격이'라고 불러보겠습니다.

선생님들께서 나름 용어를 만들어 제시하는 것도 재미있을 것 같습니다. 예를 들면 정격 선법을 '바른 마침', 변격 선법을 '어긋난 마침' 또는 '오른손 마침', '왼손 마침' 등. 학습자들과 상의하여 용어를 지어보면 재밌을 것 같습니다. 중요한 건 우리 노래에는 마침의 다양성이 있음을 알게 하는 것입니다.

평조와 계면조

아래 표는 현재 전해오는 경 토리 중에서 평조의 정격이('솔' 음 종지)와 변격이('도' 음 종지) 그리고 오매불망 '라' 음으로 끝나는 계면조의 민요(경 토리)를 찾아서 표로 제시한 것입니다.

현재 일반적으로 불리고 있는 경 토리는 평조의 노래가 13곡이고, 계면조의 노래는 9곡으로 모두 22곡입니다.

평조			계면조
정격이('솔' 종지)	변격이('도' 종지)	변격이('미' 종지)	'라' 종지
도라지타령 범벅타령 매화타령 태평가 양산도 청춘가 늴리리야 창부타령	아리랑 풍년가 노들강변 는실타령 방아타령 군밤타령	정선아리랑	천안삼거리 오봉산타령 한강수타령 밀양아리랑 사발가 양류가 경복궁타령 베틀가
(8곡)	(6곡)	(1곡)	(8곡)
모두 23곡			

[표 10] 경 토리의 평조와 계면조[66)]

66) 허화병·김관희 편저, 단소민요곡집, 서울: 세광출판사, 1995, 경 토리 민요 분석 결과표

3. 몇 가지 궁금증

평조와 계면조를 생각할 때마다 몇 가지 궁금한 것들이 있습니다. '평조(平調)와 계면조(界面調)의 뜻(용어)은 무엇일까?', '경 토리 민요를 굳이 평조와 계면조로 구분할 필요가 있었는가?', '평조의 민요곡을 계면조로 불러보고, 또 계면조의 노래를 평조로 부를 수는 없을까?', '만약 그렇게 바꾸어서 부를 수 있어서 불러본다면 그 느낌은 어떨까?'

계면조의 뜻

첫 번째 궁금증은 평조와 계면조의 사전적 풀이를 요구하는 것이 아니고, 어떻게 해서 그런 용어를 쓰게 되었는가 하는 점입니다. 평조를 한자로 쓰면 '平調'가 되는데, '平'의 뜻은 '평평하다, 곧다, 다스리다, 바로잡다'의 뜻입니다. 그러니까 평조는 '평범한 흐름의 노래' 정도로 이해할 수가 있습니다.

그런데 문제는 계면조였습니다.

'도대체 계면(界面)의 뜻은 무엇인가?', '계면이란 용어를 왜 노래와 결부시켰는가?'

호기심을 가지고 여러 자료를 찾았습니다. 그러던 중 네이버 지식백과의 다음과 같은 풀이들이 눈에 쏙 들어왔습니다.

"계면이란 인접한 2개 상(相) 사이의 경계면이다."

여기서 '상(相)'이란 고체 상태, 액체 상태, 기체 상태를 말하는 의미였고, '경계면'은 고체와 액체의 경계면, 액체와 기체의 경계면, 고체와 기체의 경계면을 가리키고 있었습니다.

"계면은 기하학적 표면이 아니라 서로 접하는 두 상의 성질이 이행하는 극히 얇은 물질 얇은 층에 해당한다."

이 대목에서 뭔가 이해의 실마리를 잡을 수 있었습니다. '그렇지! 두 상의 성질은 평조에 대한 상대적 노래의 흐름이겠지. 그러니까 평범한 노래의 흐름에 대한, 또 다른 형태의 흐름이구나.'

계속되는 풀이에서 저는 '아하' 하는 가벼운 깨달음 같은 것을 보탤 수 있었습니다.

"이 부분에서는 흡착이나 분자의 배향 등 특유한 여러 현상과 성상이 나타난다."

'특유한 현상과 성상'이란 결국 일정한 노래의 흐름(평조)과 분위기가 다른, 또 다른 형태의(또 다른 분위기의) 노래를 가리킨다고 생각했습니다. 그러면서 용어에 대한 궁금증이 풀렸습니다.

당시 이 말을 사용했던 머나먼 옛날 어른들의 말을 직접 들어볼 수 없는 안타까움은 있었지만, 나름대로 그분들의 생각 속에 들어갈 수 있는 단초를 찾았음이 뿌듯했습니다.

이런 깨달음 탓에 계면조에 대한 용어 선택의 의미가 나름대로 근거를 바탕으로 했다는 판단을 할 수 있었습니다.

그런데 필자가 내린 풀이는 이제껏 일반적으로 알려진(예를 들면 '사전적 풀이' 같은) 풀이와 좀 다르다는 면을 파악할 수 있을 것입니다. 필자는 여기서 평조가 양악의 장조와, 그리고 계면조가 양악의 단조와 비슷하다는 점을 생략한 것입니다. 굳이 남의 나라 음악에 우리 음악의 세계를 접목한다는 것을 자존심이 허락하지 않았기 때문입니다.

스스로 우리 음악의 우수성을 은근히 부각시키려는 의도에서 그런 마음을 가진 것이 아니라, 우리 음악에 대하여 좀 더 알려는 노력을 하지 않는 안타까움 때문에서입니다. 연구하고 탐색하고 창의적인 생각으로 밝혀보자는 것입니다.

일반적으로 평조는 양악의 장조와 비슷하고 계면조는 양악의 단조와 같다고 한다면, 많은 사람들은 그런 생각의 고리에 묶이게 되는데 이런 것은 참 경계해야 할 일이라고 믿었기 때문입니다.

평조와 계면조를 단순히 장조와 단조에 비교하는 잘못을 저지른다면 고착화된 인식에서 벗어날 수가 없게 되고, 결국은 문화 예속의 우를 범하는 데까지 이를 수도 있습니다.

비판 없는 양악과의 비교는 고착된 형식적 사고(매너리즘)처럼 경계해야 하고, 우리 음악에 대한 탐색과 연구의 마인드를 가져야 된다는 것을 강조하고 싶습니다. 그러자면 엉뚱한 생각, 뚱딴지같은 마인드가 필

요합니다. 이제까지 우리는 우리 음악에 대한 두려움만 있을 뿐 탐색
과 고민과 연구의 마인드는 부족했습니다.

4. 엉뚱이 타령

에디슨은 하나 더하기 하나는 둘이라는 선생의 가르침에 정면으로 도전했습니다. 그의 머리에는 고양이가 쥐를 잡아먹으면 둘이 아닌 하나가 된다는 믿음이 있었기 때문입니다.

선생의 입장에서 보면 에디슨은 엉뚱한 아이였습니다. 골칫덩어리였습니다. 하지만 이런 그의 뚱딴지같은 생각은 세계 역사에서 유래를 찾을 수 없는 발명왕을 만들었던 것입니다.

뚱딴지 사고는 억지 사고입니다. 국악의 현대적 접근을 위해서는 이런 엉뚱이 같은 사고가 필요하다고 생각합니다. 그래야 명확하게 이해할 수 있고 사고의 폭을 넓힐 수 있고 그렇게 함으로써 폭넓은 공감대가 만들어지기 때문입니다.

이제 필자는 엉뚱이 같은 억지 여행을 떠나려고 합니다. 억지 여행에 빠지다 보면 궁금증이 풀리고 국악의 에디슨이 되어 실마리가 풀릴 것으로 믿어 의심치 않습니다.

싸우면서 큰다

어떻게 보면 쓸데없는 공상이 아닐까 하는 우려를 지울 수 없습니다. 이 시도는 크게 두 가지를 얻기 위함인데, 하나는 평조와 계면조에 대해서 보다 확실히 알 수 있다는 점과, 다른 하나는 앞서 말씀드린 바 있는 '학교종'을 우리 음계, 즉 평조나 계면조로 불러보는 데 따른 부담감을 덜어보려는 의도가 있습니다.

특히 후자의 경우 '무리한 발상이 아니냐, 있을 수 없는 황당무계한 짓이 아니냐, 지나친 비약이 아니냐' 하는 의심이 있을 수 있는데 그것을 최소화하고 싶기 때문입니다. 욕심을 채우려면 다소간 분쟁이 있을 수 있습니다. 누가 이길 것인지는 시간이 필요합니다. 한번 선의의 논쟁을 벌여봅시다. 사람은 싸우면서 크는 거니까.

억지도 이론이 있다

억지는 나름대로의 생각, 즉 시쳇말로 주장의 근거를 가지고 있습니다. 이 억지가 코페르니쿠스(Copernicus, Nicolaus) 발상[67]이 되길 바라는 마음이 간절하지만, 역시 판단의 몫은 독자에게 있습니다.

자, 이제 본론으로 들어갑시다. '평조의 민요곡을 계면조로 불러보고, 또 계면조의 노래를 평조로 부를 수 있을까?'

가능하다고 생각하십니까? 자신이 없지만 한번 시도는 하고 싶지 않으십니까? 어떻게 될까 궁금하기 때문입니다.

---

67) 교황청 공인 교리인 천동설(天動說)을 부인하고 지동설을 주장했다. 논문으로 「천체의 운동과 그 배열에 관한 주해서」가 있다.

그도 그럴 것이, 마침음이 '솔('중' 율)' 혹은 '도('무' 율)' 음이냐, 아니면 '라('임' 율)'이냐에 따라 평조와 계면조가 결정된다고 했기 때문입니다.

그런데 앞서 제시한 경 토리 22곡을 찬찬히 살펴보면서 그렇게 바꾸어 불러도 무난하겠다는 생각을 해보았습니다. 그러니까 평조의 종지음을 계면조의 종지음으로 바꾸어보고, 또 계면조의 종지음을 평조의 종지음으로 바꾸어보는 것입니다.

정격이를 변격이로

[악보 165] '도라지타령'은 '솔(중)' 음으로 종지하니까 평조의 정격이입니다. '솔(중)' 음을 변격이로 바꾸려면 어떻게 하면 될까요? 그렇습니다. '도(무)' 음으로 종지시키면 됩니다.

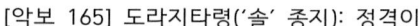

[악보 165] 도라지타령('솔' 종지): 정격이

에 - 고 나 데 - 고 - 나 - 내 사 - - 랑 - - 아   -
황 태 태 태 황 태 황 무 임 중 임 무 황무 임무임 중   -

[악보 166] 도라지타령('도' 종지): 변격이

에 - 고 나 데 - 고 - 나 - 내 사 - - 랑 - - 아   -
황 태 태 태 황 태 황 무 임 중 임 무 황무 임무임 무   -

한번 노래해봅시다. 정격이를 변격이로 바꾸어도 그렇게 모양새가 나쁘지는 않습니다. 음악 용어로 말하면 마침음을 완전4도(레→솔) 올린 모양이 됩니다.

[악보 167]의 '아리랑'은 '도(무)'로 종지되니까 변격이지요. 이것을 '솔(중)'로 바꾸어 정격이로 고쳐보면 [악보 168]과 같아요.

[악보 167] 아리랑(정격이)

십   리도 - 못 - 가 - 서 - 발   - 병 난   다
무   황 무 황 태 황 무 임 중 임 무   황 무   무

[악보 168] 아리랑(변격이)

십   리도 - 못 - 가 - 서 - 발   - 병 난   다
무   황 무 황 태 황 무 임 중 임 무   황 무   중

어떻습니까. 억지 타령이 좀 부담이 됩니까? 하지만 이 억지가 제대로 된 것인지 아닌지는 곧 아시게 됩니다.

이게 통할지 안 통할지는 필자도 아직 잘 모르지만 한번 정신 나간 척해보는 겁니다.

평조를 계면조로

이번에는 평조를 계면조로 불러봅시다.

[악보 169] 도라지타령('솔' 종지): 평조

에 - 고 나 데 - 고 나 - 내 사 - - 랑 - - 아 -
황 태 태 태 황 태 황 무임 중 임 무황무 임무임 중

[악보 169] '도라지타령'은 '솔(중)' 음으로 종지하는 평조(정격이)인데, 이 정격이를 종지음이 '라(임)'인 계면조로 고쳐서 불러봅시다.

[악보 170] 도라지타령('라' 종지): 계면조

에 - 고 나 데 - 고 - 나 - 내 사 - - 랑 - - 아 -
황 태 태 태 황 태 황 무임 임 무황무 임무임 임

느낌이 어떠십니까? '솔' 종지, 즉 '중' 율로 끝날 때는 안정감이 있는데, '라' 종지, 즉 '임' 율로 끝나니까 왠지 어색하고 불안한 것 같죠? 엉뚱이 같은 생각을 해보자는 거니까 시비 걸 필요는 없습니다. '엉뚱이 국악 선생님?' 하하하. 재미있죠? 자, 이제 마지막 억지 주장을 늘어놓겠습니다.

계면조를 평조로

계면조의 노래를 평조로 불러보자고요.

[악보 171] 천안삼거리('라' 종지): 계면조

에 루화 에 루화 홍 - - -   성 화 가 났 구나 홍 - - -
황 무 임 황 무 임 황 태 황 태   무 무 태 황 무 임 무 황 무 임

[악보 171]의 '천안삼거리'는 '라' 음, 즉 '임' 율 종지의 계면조입니다.

[악보 172] 천안삼거리('도' 종지): 평조

에 루화 에 루화 홍 - - -   성 화 가 났 구나 홍 - - -
황 무 임 황 무 임 황 태 황 태   무 무 태 황 무 임 무 황 무 무

[악보 172]는 종지음 '라(임)' 음을 '도' 음, 즉 '무' 율로 바꾼 평조입니다.

어떻습니까. '도' 음, 즉 '무' 음으로 끝나도 그런대로 느낌은 살아 있는 것 같지요. 이렇게 되면 평조(변격이)가 되는 겁니다.

평조의 정격이인 '솔' 음, 즉 '중' 음으로 끝나도 역시 큰 무리가 있는 것은 아닌 것 같습니다.

이제 억지 타령을 끝내려고 합니다. 이것저것 바꾸다 보니 정말 억지를 많이 부렸습니다. 허허허!

판정

'엉뚱이 타령이 옳았느냐 아니면 생트집이었느냐.'

판정이 궁금합니다.

이 판정은 다음 장의 '도로 표지판' 부분에서 확실하고 분명하게 안내해볼 작정입니다.

그것도 억지면 어떻게 할 거냐고 반문할 수 있습니다.

억지가 사촌보다 나았는지 그렇지 않은지는 여러분들의 판단에 맡긴다고 했습니다.

다음 장에서는 '도로 표지판'에 대해서 공부해보겠습니다. 노래에도 도로 표지판과 같은 역할이 있습니다. 우리 노래에는 어떤 음악적 표지판들이 있는지에 기대를 가져봅시다.

5. 도로 표지판

앞 장에서 '엉뚱이 억지'만 실컷 부리다가 여기까지 이르렀습니다. 하도 억지를 부리니 정신이 혼미해집니까? 여기서는 억지 부리기를 접고 이성적으로 생각해보겠습니다.

기대를 해도 좋습니다.

규칙 찾아 삼만 리

현재 불리고 있는 경 토리는 대략 23곡 정도로, 이들 중 평조의 노래는 15곡(정격이 8곡, 변격이 7곡), 계면조의 노래는 8곡이 있다는 것은 앞서 밝힌 바 있습니다.

"단순히 종지음만 보고 평조와 계면조를 구별하면 그만인가. 만약 평조의 노래가 종지음에서 '라' 음이 된다면 계면조가 되어야 하는데, 그렇게 되면 거짓이고 터무니없지 않은가. 어떤 규칙이 있을 법도 한데…"

필자는 이 규칙을 찾아볼 필요가 있다고 생각하고 23곡의 경 토리를 찬찬히 살폈습니다. 저의 이러한 호기심은 역시 적중했습니다. 있었습니다. 뭔가가.

먼저 '아리랑'을 살폈습니다. 여기서는 오선보 대신에 정간보로 나타내보았습니다. 점사분음표가 한 정간이고 3분박, 즉 triple rhythm을 아시니까 이해하는 데 어려움이 없을 겁니다. 참고로 부호 'ㅣ'는 박이 계속됨을 의미합니다. 양악으로 말하면 붙임줄과 같습니다.

[악보 173] 아리랑

①

솔			라	솔	라	ㄷ			레	도	레
중	ㅣ	ㅣ임	중	ㅣ임	무		ㅣ	ㅣ황	무	ㅣ황	
아			리	랑	-	아			리	랑	-

②

미	레미	레	도	라	솔			라	솔	라
태	황태	ㅣ황	무	ㅣ임	중		ㅣ	ㅣ임	중	ㅣ임
아	라	-	-	리	요	요		-	-	-

③

도			레	도	레	미	레	도	라	솔	라
무	ㅣ	ㅣ황	무	ㅣ황	태	ㅣ황	무	ㅣ임	중	ㅣ임	
아			리	랑	-	고	-	개	-	로	-

④

도			레	도	도	-	-
무	ㅣ	ㅣ황	무				
넘			어	간	다	-	-

⑤

솔		솔	솔	미	레
중		중	중	태	황
나		를	버	리	고

⑥

미	레미	레	도	라	솔	ㅣ	라	솔	라
태	황태	ㅣ황	무	ㅣ임	중	ㅣ	ㅣ임	중	ㅣ임
가	시-	ㄴ님	-	은		-	-		

⑦

도			레	도	레	미	레	도	라	솔	라
무	ㅣ	ㅣ황	무	ㅣ황	태	ㅣ황	무	ㅣ임	중	ㅣ임	
십			리	도	-	못	-	가	-	서	-

⑧

도			레	도	도	-	-
무	ㅣ	ㅣ황	무	무			
발			병	난	다		

무엇을 찾았을 것 같습니까?

이 노래는 ①~④, ⑤~⑧의 두 부분으로 나눌 수 있습니다. 그런데 ④번과 ⑧번의 마침음을 보면 공통점이 있는데, '도(무)' 음으로 종지된다는 겁니다.

'도(무)' 음으로 종지되면 경 토리의 변격이(변격 평조)가 되는데, 변격이가 될 수 있는 조건을 예고해주는 장치가 있다고 말씀드릴 수 있습니다.

다시 말해서 평조의 곡이 되기 위해서는 평조의 노래가 될 수 있도록 이끌어주는 어떤 현상이 있을 것이라는 겁니다.

[악보 174] 닐리리야

라	라	라	솔		라솔	라도	라	솔		라솔
닐	리	리	야		닐-	니	리	야		--

미	미-	레	솔	미레	도	레미	레도	라	솔-	-	라솔
니	나	노	난	실-	로	내가	돌아	간	다-	-	아-

도		도	레	도	미레	도	레도	라솔라	솔
닐		닐	닐	리	라-	닐	리라	리--	야

라	라	라	솔		라솔	라도	라	솔		라솔
청	사	초	롱		불-	밝-	혀	라		아-

미	미-	-레	솔	미레	도	레미	레도	라	솔	라	솔
잇	었-	-던	낭	군-	이	다시	돌아	왔	네	-	-

도		도	솔	도	미레	도	레도	라솔라	솔		
닐		닐	닐	닐	라-	닐	리라	리--		야	

[악보 174]의 '닐리리야'는 평조의 정격이 노래입니다. 각 단의 끝음이 모두 '솔' 음으로 종지되어 매우 안정된 정격이를 예고합니다.

풍년가는 '도' 종지니까 평조의 변격이입니다. 이 노래도 둘째 단에서 이미 '도' 음 변격이를 예고하고 있습니다.

솔-도레미 / 솔- 도레 / 미-레-도미 /

라솔도라솔라솔미레 /

라 – / 도- 레미레-도레도라솔 /

도-레미솔미레 / 도레도라솔**도** /

솔-도레미 / 솔-도레 / 미- 레도미 /

라솔도라솔-라솔미레 /

라 – / 도레미도레도라솔 / 도-레미솔미레 /

도-레도라솔**도** /

도로 표지판을 찾아라

이렇게 예고하는 음에 따라, 실마리가 되는 음, 단초를 제공하는 음, 필자는 이 음을 도로 표지판에 비유하고 싶다는 생각이 들었습니다.

Y자의 갈림길에서 여기로, 아니면 저기로 갈까 망설일 때 판단의 단초(端初)가 되는 것, 바로 도로 표지판입니다. 이것을 보면 방향을 가늠할 수 있기 때문입니다.

평조나 계면조의 결정이 마침음에서 결정되는 것이 아니라, 그렇게 되도록 이끌고 실마리를 던지고 예측을 가능케 하는 부분이 있습니다. 그런 역할을 하는 음. 어떤 음일까요?

이번에는 계면조로 가볼까요. 계면조도 평조와 같을까?

[악보 175] 천안삼거리

	a	b	c	d	e	f	g	h
①	도도미	레-도라	레미	미레미	도도미	레도라솔	라 도레도	라
	무무태	황|무임	무황	태황태	무무태	황무임중	임|무황무	임
	천안-	삼 거리	흥-	---	능수야	버들은-	흥 ---	-
②	미미미	미-레솔	미	미레미	도도미	레도라솔	라 도레도	라
	태태태	태|황중	태	태황태	무무태	황무임중	임|무황무	임
	제멋에	겨-워	서	---	휘늘어	졌구나-	흥 ---	-
③	레 도라	레 도라	레	미레미	도도미	레도라솔	라 도레도	라
	황|무임	황|무임	황	태황태	무무태	황무임중	임 무황무	임
	에 루화	좋 -다	흥	---	성화가	났 구나	흥 --	-

'천안삼거리'는 각 단마다 한결같이 '라' 음으로 종지되고 있습니다. 첫째 단 ① 둘째 단 ②의 마침음이 그것입니다. 따라서 최종 마침음 셋째 단 ③의 '라(임)' 음은 안정되게 마무리를 하고 있습니다. 매우 안정된 도로 표지판을 가지고 있다고 할 수 있습니다. 안정된 마무리는 노래를 통해 인간의 평안과 휴식을 갈구하는 정서를 잘 표현했다고 할 수 있습니다.

특히 세로줄 'd'의 '미(태)' 음도 주목해야 하는 음으로 생각되는데, 각 단의 이 음은 훌륭한 연결음 역할을 하고 있습니다. 이런 음 때문에 민요는 평안을 찾고자 하는 사람의 심리를 잘 표현하고 있다고 할 수 있을 것 같은데, 중간의 공통된 '미' 음을 평안을 주는 징검다리 음이라고 하면 어떨까요.

필자가 도로 표지판이라고 명명한 이 현상들은 대체적으로 평조와 계면조 민요들 사이에서 공통됩니다.

종지음만 중요한 것이 아니라 노래의 진행 과정상 이 표지판 역할을 하는 음 또한 중요하다는 사실을 알 수 있습니다.

소중한 수확

[악보 173] '아리랑'에서 이 원리를 살펴봅시다.

바로 넷째 단 ④의 종지음인 '도(무)' 음입니다. 넷째 단 ④에서 '도(무)' 음이 나오면 벌써 이 노래의 성격이 규정되는 겁니다. 따라서 마침음도 반드시 같은 음이 나옵니다.

만약에 넷째 단 ④에서 변격 평조를 암시했는데, 넷째 단 ⑧의 마침음에서 '도(무)' 음이 아닌 다른 음이 나온다면 도로 표지판 구실을 잘못한 거라고 할 수 있습니다.

반대로 여덟째 단 ⑧의 종지음이 '도(무)' 음인데 넷째 단 ④에서 '도(무)' 음이 아닌 다른 음이 등장했다면 이 역시 방향감과 균형 감각을 상실한 노래가 되는 겁니다.

엉뚱이 님께

이제 엉뚱이 님과 헤어져야 할 시간이 되었습니다. 그간 이런저런 생각을 갖게 해준 엉뚱이 님과 함께한 시간이 소중한 기억을 남겨주었습니다. 잠시 우리의 얼이 깃든 우리 노래를 자세히 들여다볼 기회를 갖게 돼서 뿌듯했습니다. 그리고 우리 노래에 대해 곰곰이 생각해보게 된 것 또한 소중한 수확이었습니다.

일정한 규칙성의 원리로 일치의 소리 예술이 존재하는 우리들의 노래, 균형을 갖추고 여유의 평안을 가져다주는 소망의 노래, 안정감을 가져다주어 찌든 세상살이에서 마음의 쉼을 얻을 수 있도록 한민족에게 내리신 우리만의 독특한 예술혼의 노래이자 소리에 관심을 갖고 이런저런 생각을 할 수 있었던 것은 행복한 고민이었습니다.

무엇보다 희망과 행복, 그리고 생명 있는 값진 교훈을 경 토리에서 발견한 것은 아주 소중한 발견이었습니다.

따라서 마침음에만 초점을 맞춘 억지 타령의 가설은 부정되고, 도로 표지판 역할을 하는 음들과 균형을 맞출 때 비로소 그 마침음이 설 자리가 있다는 사실을 깨달았습니다.

엉뚱이 님.

생각의 마당을 갖게 해준 엉뚱이 님께 머리 숙여 감사드립니다. 반면교사(反面敎師)로서 판단의 지혜를 준 엉뚱이 님께 감사를 드립니다. 엉뚱이 님과 헤어지려니 섭섭합니다만 다시 만날 날을 기약하고 다음 이야기로 넘어가겠습니다.

다음 장에서는 '변신'을 주제로 계속 공부하겠습니다. 국민동요 '학교종'을 우리 가락에 실어 노래해보는 변신을 시도해보겠습니다.

6. 변신

국민동요

민속음악인 경 토리(경기 민요, 평조) '아리랑'이 한국을 대표하는 노래로 자리매김한 것은 한국인은 물론이고 세계가 인정하는 사실입니다.

힙합 스타일(hiphop style)과 브레이크 댄스(break dance)의 랩(rap) 문화권에 깊이 젖어 있는 초등학교 6학년 학생에게 놀이의 벌점으로 노래를 주문했더니, 아! 글쎄 이 녀석이 '학교종' 노래를 부르지 뭡니까.

필자는 적잖게 놀랐어요. '아니, 학교종을 부르다니….' 이효리의 '텐 미니츠(Ten Minutes)'는 아니더라도 최신 유행가를 기대했던 필자는, '학교종' 노래를 들으며 야릇한 감상에 빠지고 말았습니다.

그리고 보니 '학교종'은 우리 모든 국민이 애창하는 국민동요임을 실감했습니다. 녀석의 노래 소리를 들으며 뿌리 깊은 노래의 저력에 내심 놀라고 말았습니다. 물론 안타까움도 있었습니다. '아리랑'처럼 '학교종'도 우리 가락이었더라면 하는 아쉬움이 있었기 때문입니다.

변신 타령

엉뚱이 억지 타령의 이론을 근거로 하여 '학교종'을 평조와 계면조로 변신시켜볼까 합니다. '학교종'이 국민동요로 자리매김한 것은 아마도, 노랫말의 순수성과 '도, 레, 미, 솔, 라'의 5음이 빚어내는 단순성 때문이 아닌가 생각합니다.

이제까지 우리가 학습한 바에 의하면 '학교종'의 5음은 경 토리의 평조와 아주 비슷하다고 할 수 있습니다.

실험이란 항상 두려움의 그림자가 있게 마련입니다. 그러나 두려워할 필요는 없습니다. 두드려야 열리고 심어야 거두기 때문입니다. 국악교육의 내일을 위해서는 이런 실험과 시도는 필연입니다.

시도

가슴을 더 방망이질하는 것은 바로 여러분들 생각의 바탕과 필자 내면의 호흡이 얼마만큼 일치하느냐 하는 문제도 적지 않을 것입니다.

그럼 시도를 해보겠습니다. 두 가지로 해보겠습니다.

우선 [악보 176]을 보면서 이론 공부를 좀 해보지요.

[악보 176] 학교종

4분음 4박자, 작은악절 2개의 한도막형식(8마디)이고 분할박(triple rhythm)이 없으므로 전형적인 양악 음계입니다.

전통음악의 요소를 굳이 찾으라고 한다면 첫째, 구성음이 '도, 레, 미, 솔, 라'의 5음이라는 것이고 둘째, 종지음이 '도 음('무' 율)'이라는 것 등입니다.

평조에 국민동요 가사 얹기

[악보 177]과 같이 '도라지타령'에 '학교종' 가사를 얹어보았습니다.

[악보 177] '도라지타령'에 '학교종' 가사를 얹은 노래

경 토리(정격 평조) '도라지타령'의 7, 8단에 '학교종' 가사를 얹어보았습니다. '도라지타령'을 율명과 가사로 불러본 후에 이 가락에 맞춰 '학교종'을 불러봅시다.

참, 어색하지요. 그리고 자꾸 양악 선율 생각이 나지요. 이런 걸 고정관념이라고 하나 봅니다. 필자도 참 어색했습니다. 마치 새로 산 신

발이 처음 신을 때 불편하듯이…. 그런데 처음에는 그렇더니 몇 번 불러보니까 괜찮다는 느낌이 들었습니다. 처음 불러보시는 분들은 무척 어색하실 겁니다. 그러나 몇 번 불러보면 금방 친해짐을 느낄 것입니다. 재미있지요. 굳이 그럴 필요가 있느냐고 반문하실 수 있습니다. 시도해보는 건 희망입니다. 시도 없이는 새로움도 없기 때문입니다. 엉뚱한 생각이 새로운 질서를 만들 수 있는 단초가 되니까 그렇습니다. 어색하다고 해서 "에이, 이것도 노래야" 하고 무시해서는 안 된다고 생각합니다. 왜냐하면 분명히 노래이기 때문입니다. 바로 이 사실이 말씀드리고 싶은 부분입니다. 경 토리 5음 선율에 맞추어 불러도 전혀 문제가 없다는 것입니다.

조금 더 파고 들어가볼까요. 어떤 변신이 있었습니까? 첫째 기본박의 변신, 즉 4분음표(♩) 1박이 점사분음표(♩.) 1박으로 변신했고, 둘째, 리듬의 변신, 즉 4분음표 1박이 분할박(triple rhythm)으로 변신했습니다.

계면조에 국민동요 가사 얹기

이번에는 경 토리(계면조) 노래인 '천안삼거리' 선율의 일부분에 '학교종'을 얹어보았습니다.

[악보 178] '천안삼거리' 가락에 얹은 '학교종'

천 안 - 삼 거 리 흥 - - - - 능 수 야 버 들 은 흥 - - -
*학 교 종 - 이 땡 땡 땡 - - 어 서 - 모 이 자 - - -
황 무 임 황 무 임 황 태 황 태 무 무 태 황 무 임 무 황 무 임

에 루 와 좋 - 다 흥 - - - 성 화 가 났 구 나 흥 - - -
*선 - 생 님 - 이 우 리 를 - 기 - 다 리 - 신 다 - - -
황 무 임 황 무 임 황 태 황 태 황 무 무 태 황 무 임 무 황 무 임

필자가 '경 토리'를 반복했습니다. 그 이유가 있습니다. 앞서 지적했 듯이 육자배기 토리, 메나리 토리, 수심가 토리 등에 똑같이 적용시킬 수 있기 때문입니다.

옆길로 새는 말인데 개화기에 전통음악이 학문적, 이론적으로 계승·발전되었더라면 이렇게 민요 5음 선율에 의한 '학교종' 노래가 불려졌을 것이라고 확신합니다.

국악의 자리에 자리한 양악. '굴러온 돌이 박힌 돌 빼낸다'라는 속담이 이럴 때 쓰는 말 같지 않습니까? 물론 양악이 들어와서 새로운 노래의 지평을 연 것을 무시하고자 하는 것은 아닙니다. 말하자면 그렇다는 겁니다.

7. 정말 그런데요 (1)
- 계면조는 단조와 다르다

'건망증' 아저씨께

2004년 1월 16일, 영종도 선착장에서 아홉 시 배에 몸을 실었습니다. 언제나 그렇듯 잠시 후 있을 강의 때문에 은근히 걱정이 앞섰습니다. '잘할 수 있을까.' 이런저런 궁리들이 머리를 스치면서 자신감을 갖다가도, 그 잘난 건망증 생각을 하면 걱정부터 앞섭니다.

'실타래 풀리듯 술술 잘 풀려야 하는데…. 건망증 아저씨, 제발 눈 좀 감고 계세요. 아셨죠?'

연수명 '초등보직·예정교사 직무연수'.

연수 주제 '전통음악의 이해'.

60시간 연수 마지막 날, 잠시 후 있을 수료식에 대한 설레는 마음, 그래서인지 다소 긴장감이 풀린 눈동자들.

지친 얼굴, 지친 모습들을 보니 성공적인 강의에 대한 회의감이 스쳤어요.

"제 키가 작아서 죄송합니다. 그리고 제 이름이 어려워서 정말 죄송합니다. 어떤 분들은 제 이름을 '방화범'이라고 하는 분들도 계시더라고요. 제가 생각해보아도 제 이름을 부르려면 침을 두어 번 튀겨야 부를 수 있어요. 그럼에도 저를 소개해주신 반장님은 천천히, 또박또박 제 이름 석 자를 참 잘 불러주셨습니다. 감사합니다."

'방화범'이란 말에 모두들 함박웃음을 지었고 어둡던 얼굴에 발그레한 빛이 돌기 시작했습니다. 삭막했던 공간에 웃음이 가득하자 금방 훈훈한 자리가 되더라고요.

해맑아지는 얼굴들, 열린 마음, 열린 귀, 열린 눈망울이 이내 필자의 눈 속으로 살며시 들어왔습니다. 미리 준비한 10가지 물음이 담긴 설문 페이퍼를 돌렸습니다.

호기심 가득한 얼굴

"제가 강의에 앞서 선생님들의 출발점을 체크해보고, 강의의 방향을 잡고자 합니다" 하고 운을 뗀 후 전통음악 이론 중심의 10가지 문항을 적은 간단한 쪽지를 돌렸습니다.

1. 평조와 계면조를 구별할 수 있습니까?
2. 평조의 민요곡을 하나만 적으신다면?
3. 계면조의 민요곡을 하나만 적으신다면?
4. '전통음악, 국악, 한국음악' 용어의 차이를 구별할 수 있나요?
5. 평조와 계면조는 어느 지역의 노래와 관계가 있나요?
6. 분할리듬(triple rhythm)의 종류를 세 가지만 적는다면?

7. 민요의 박자를 두 가지 적는다면?

8. 민요 음계의 구성음들은 무엇무엇인가요?

9. '시' 음, '파' 음도 민요곡에 사용되나요?

10. 율명과 계명의 용어를 구분할 수 있나요?

각자 채점에 들어갔습니다. 8번의 민요 음계를 제외하고는 모두 과락이었습니다. 그것도 형편없는….

"야, 이거 야단났는데요. 우선 강의에 앞서 이 내용부터 말씀드리는 것이 좋을 것 같은데 선생님들의 생각은 어떠세요?"

"(한 목소리로) 좋아요!"

"하여간 오늘 말이에요, 다른 건 몰라도 평조와 계면조 하나만큼은 확실하게 알고 가시자고요?"라고 말하자 호감을 띠는 눈빛들, 벗겨진 수심(愁心)과 호기심 가득한 얼굴들.

음계

"경기도 민요의 음계는 평조의 음계와 계면조의 음계로 구분되는데요, 많은 이론서에는 낮은 음부터 표기를 했는데, 저는 [악보 179], [악보 180]과 같이 높은 음부터 표기하여 마침음을 강조했어요."

[악보 179] 평조의 음계

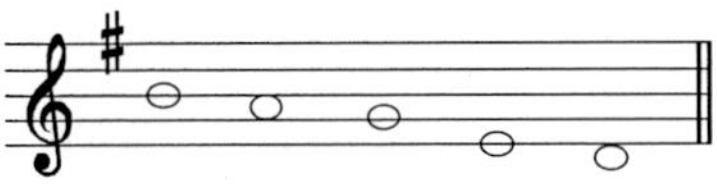

미 레 도 라 솔

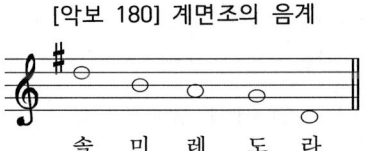
[악보 180] 계면조의 음계

솔 미 레 도 라

 "'솔' 음으로 종지하면 평조인데요, 여러분 '도라지타령' 잘 아시지요? 한번 불러보자고요. 끝단의 계이름을 불러볼까요?"

 "레미미 / 레미레도라솔 / 라도라솔."

 "'솔' 음으로 끝났지요. '도라지타령'은 평조의 노래예요. 쉽지요"라는 말에 모두 자신이 있다는 듯 살포시 미소를 지으며 연신 머리를 끄덕거렸습니다.

 "이렇게 쉬운 걸 왜 우리가 이 나이 먹도록 몰랐을까요? 모두 우리 같은 선생님 잘못이죠. 양악 이론에 거품을 물고 아이들 닦달하던 것 반성해야 돼요. 이제 이렇게 확실하고 분명하게 아는 게 중요하죠. 이제 교실에서 평조와 계면조를 확실하게 가르칠 수 있을 건데, 여기서 주의할 점이 있어요. 자, 한국의 국민민요 '아리랑'을 불러보자고요."

 솔라솔라 / 도레도레 / 미레미레도 / 솔라솔라

 도레도레 / 미레도라솔라 / 도 레도 / 도

 솔 – 솔 / 솔 미 레 / 미레미레도 / 솔라솔라

 도레도레 / 미레도라솔라 / 도 레도 / 도

 "마침음이 '도' 음으로 끝났잖아요. 이렇게 '도' 음으로 끝나는 노래도 평조입니다. 헷갈리는 것을 방지하기 위하여 '솔' 음으로 끝나는 노래는 '정격이', '도' 음으로 끝나는 노래는 '변격이'라고 불러주자고 약속하고 싶은데 여러분들의 생각은 어떠신지 모르겠네요. 여러분들의 교재에 보면 정격이 평조와 변격이 평조의 노래들을 적어놓았으니 참고하시기 바라요."

"자, 이제 계면조 노래를 한번 불러볼까요. 경기도 민요의 '한강수타령'인데요, 계면조의 노래예요. 왜 그런지 아세요?"

종지음이 중요해요

[악보 181] 한강수타령

경기도 노래

"노래의 마침음이 '라' 음으로 끝났기 때문이에요. 계면조의 노래는 평조와 달리 항상 '라' 음으로 종지됨을 아신다면 구별에 도움이 되실 거예요."

"그런데 우리가 흔히 들어오기를, 평조는 양악의 장조 느낌이 나고, 계면조는 양악의 단조 느낌이 난다고 들었잖아요."

연수생들은 잘 알고 있다는 듯 머리를 모두 끄덕였습니다.

"정말 그럴까요? 저는 그렇게 생각하지 않아요. 물론 사람의 느낌과 감정을 표현하는 예술이 음악이기 때문에 부르는 자의 태도나 수용 여하에 따라 그렇게 말할 수는 있어요. 하지만 바람직한 비교는 아닌 것 같아요. 보세요. [악보 181]의 '한강수타령'이 계면조의 노래인데, 정말 양악의 단조와 같은 슬픈 느낌이 나나요? 자, 먼저 양악의 이런 노래 들으셨죠."

누나하고 손잡고 함께 거닐던 오솔길
시냇물 노래하는 정든 내 고향길

"정말 '오솔길'처럼 슬픈 느낌이 드나요? 쓸쓸한 분위기에 슬픈 느낌이 들지요. 이번에는 '한강수타령'을 한 번 더 불러보자고요. 자, 노랫말을 살펴봅시다."

한 강 수라 깊고- 맑은 물-----에
수 상 선 타고서 에루화 뱃놀이 가잔다
아하 아하 에헤요- 에--요 어허- 야-
얼-삼마 둥개 뛰어라 내 사-랑--아 -

슬프기는커녕 좋아 죽겠다

"맑고 맑은 한강에서 수상선을 타고 뱃놀이 하는데 슬퍼요? 더구나 '에루화' 하면서 부르는 노래가요? 게다가 '아하 아하' 하면서 흥을 돋우고 '얼삼마 둥개 뛰어라' 하면서 부르는데요. 슬프기는커녕 좋아 죽잖아요?"

모두 그렇다는 듯 활기찬 표정을 지었습니다.

"계면조 노래를 양악의 단조에 대입시키는 것은, 양악을 좀 안다고 하는 사람들의 투정에 불과하다고 생각해요. 절대로 슬픈 노래라고 할 수 없기 때문이죠. 이 노래만 그런 게 아닙니다. 이번에는 '천안삼거리'를 살펴보겠습니다."

천안-삼거리　흥---　능수야 버들은 흥
제멋에 겨-워　서---　휘늘어 졌구나 흥
에루화 에루화　흥---　성화가 났구나 흥

"[악보 182]로 보아 '천안삼거리'도 '라' 음으로 종지하는 계면조의 노래죠."

[악보 182] 천안삼거리('라' 종지): 계면조

에 루 화 에 루 화 흥 - - -   성 화 가 났 구 나 흥 - - -

"이 노래도 가사를 잘 살펴보면, 절대로 슬플 때 부르던 노래라고 할 수 없어요. 제멋에 겨워서 흥흥거리는 모습, 분명히 즐거운 모습이죠.

이 노래를 두고 슬픈 노래라고 한다면 앞뒤가 맞는다고 할 수 없겠죠. 따라서 서양음악의 단조와 우리 음악의 계면조를 결부시키는 것은 참으로 잘못된 논리라고 할 수 있습니다."

이제까지 정설로 굳어지다시피 한 이론을 뒤집는 논리를 전개하자 다소 놀랍다는 표정이 여기저기에 역력했습니다.

"계면조가 단조와 같다는 잘못된 이론은 이제 수정되어야 하고, 이론에 관련된 서적도 고쳐놓아야 한다고 생각하는데 여러분들의 생각은 어떠신지요. 제 논리가 그렇다고 이해되시는 분은 박수를 부탁합니다."

다소 흥분한 상태로 강하게 말하자 연수생 선생님들의 박수갈채로 강의실 분위기는 후끈 달아올랐습니다. 옆구리 찔러 절을 받긴 했지만 이렇게 해서라도 강조하고 싶었던 것입니다.

'계면'의 뜻

"그래서 저는 '계면'이란 용어의 뜻을 생각해보는 것이 중요하다는 결론을 내리고, 고민을 하게 되었어요. 그리고 이런저런 자료를 뒤지기 시작했지요. 그러다가 다음과 같은 구절이 마음에 와닿더군요."

계면이란 인접한 2개 상(相) 사이의 경계면이다. 계면은 기하학적 표면이 아니라 서로 접하는 두 상의 성질이 이행하는 극히 얇은 물질 얇은 층에 해당한다. 이 부분에서는 흡착이나 분자의 배향 등 특유한 여러 현상과 성상이 나타난다.

"필자는 이 글에서 '특유한 현상과 성상'이란 말에 주목하게 되었는데요. 일정한 노래의 흐름(평조)과 분위기가 다른, 또 다른 형태의(또 다른 분위기의) 노래를 가리키려고 계면조라고 하지 않았을까 하는 생각이 들었습니다."

'특유의 현상과 성상'이란 말에 연수생들도 호기심 어린 눈빛을 보내는 것 같았어요. 말을 계속 이었습니다.

"그러니까 '솔'과 '도' 음 종지 노래와 사뭇 분위기가 다른 '라' 음 종지의 노래, 즉 평조의 성질과는 뭔가 다른 느낌의 노래를 '계면'이란 말을 빌어서 계면조(界面調)의 노래로 하지 않았을까 생각해보았지요. 중요한 것은 계면조 노래가 애가(哀歌)조의 노래는 절대 아니라는 점이죠."

연수생들도 필자의 의견과 호흡이 맞는지 몸을 앞으로 당기면서 귀를 쫑긋 세우는 모습이었습니다.

"만일 애가를 노래하려고 했다면 우리 조상들은 계면조란 말 대신에 '애수(哀愁)조'나 '곡(哭)조'란 말을 썼을 것으로 생각됩니다."

'그러면 우리 노래에는 슬픈 감정을 표현하는 노래는 없단 말인가' 하는 의문이 제기되었습니다. 이 이야기는 다음 시간에 말씀드리기로 하겠습니다.

8. 정말 그런데요 (2)
- '계면 애조'라고 하자

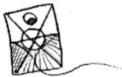

이런 의견 어때요

'우리나라 노래에는 양악의 단조(短調)와 어깨를 겨룰 만한 슬픈 노래가 없단 말인가.'

전라도 지방 육자배기의 대표적 노래인 '진도아리랑'은 분명히 슬픈 노래라고 할 수 있고, 강원도 민요의 메나리 토리인 '한오백년'도 한 많은 세상살이를 꼬집은 한탄 섞인 노래인데 이런 노래들이 계면조 노래가 아닐까 하는 생각이 꼬리를 이었습니다.

그래서 자료를 뒤적였습니다.

[악보 183] 한오백년

강원도 민요

아 무 렴   그 렇지 -   그 렇구 말 - - 구 - - - - -

한 오 백 년 - 살 자 는- 데- - 웬 성 - 화 - 요

한 많은 이 세 상 -   야 속한 님- - 아 - - - - -

정 을 두 고- 몸 만 가- 니- - 눈 물 이- 나- 요

메나리 토리의 강원도 민요입니다. 노랫말을 보면 참으로 애석하다
는 느낌부터 앞서지요.

한 많은 이 세상 야속한 님아
정을 두고 몸만 가니 눈물이 나요

사랑하는 임을 떠나보내야 하는 이별의 아픔, 눈물이 앞을 가릴 수
밖에요…. 애수(哀愁)조의 노래가 아닐 수 없죠. 이 노래를 두고 양악의
단조와 같다고 하면 시비 걸 사람이 있을까요?

한 많은 이 세상

애수조의 노래 하나 더 살펴볼까요?

아리아리랑 쓰리쓰리랑 아라리가 났네
아리랑 응 응 응 아라리가 났네
문경 새 잰 --- 웬 고--- 갠-가
구부야--- 구부 구부가 눈물이로-구나

육자배기 토리의 전라도 노래인 '진도아리랑'입니다. "아리아리랑 쓰리쓰리랑-" 하고 노래를 시작할 때는 신이 날 것만 같은데, "문경 새재-" 대목에서는 반전되어 고개를 넘을 때는 눈물이 난다고 읊조리고 있습니다.

허기진 배를 움켜쥐고 문경새재를 넘자니 힘은 들지요, 갈 길은 멀게만 느껴지지요, 그러니 하염없이 흘러내리는 눈물이 옷깃을 적시잖아요.

그런 마음을 달래려 '아리아리랑 쓰리쓰리랑-'을 불러보지만 흐르는 눈물을 멈출 수 없었을 겁니다.

'진도아리랑'은 육자배기 토리의 대표적인 노래가 되었는데요, 한국 사람이 안고 있는 똥구멍 찢어지는 가난, 못내 분하고 억울한 서러움, 마음에 맺힌 한(恨)과 원한을 노래에 실었지요.

한 많은 이 세상,
야속한 님아.
이젠 죽어도 한이 없다.

그리 서러워 마라,

한(恨) 없는 삶이 어디 있느냐.

가는 세월 탓하지 말고,

오는 백발(白髮) 한하지 마라.

이 노래 역시 슬픈 노래(애가, 哀歌)라고 할 수 있습니다.

눈이 오려나 비가 오려나

다음은 메나리 토리의 '정선아리랑'을 살펴보겠습니다.

아리-랑 아리-랑 아라---리--- 요---

아리---랑 고개고개--로---

나를 넘겨-- 주---게---

눈이 오려나 비가--오려--나---

억수장마--지려--나----

만수---산 검은구름--이---

막모여--든---다---

높고 험한 고개(태산준령, 泰山峻嶺)를 넘자니, 게다가 갈 길은 멀고 머니 얼마나 힘이 들겠습니까. 눈은 뿌리지 않을까, 비바람은 오지 않을까, 장맛비는 언제나 그칠까, 험한 산굽이를 넘는 신세가 여간 가련한 게 아니었겠지요. 이 노래 역시 애가임에 틀림없습니다.

자, 이제까지 양악의 단조와 우리나라 경 토리의 계면조를 비교하는 것은 옳지 않다는 설명을 드렸습니다.

이렇게 했으면 좋겠어요

슬픈 노래는 전라도 지방 노래인 육자배기 토리의 '진도아리랑'과 '한 오백년'이나 '정선아리랑'은 백두대간(태백산맥) 오른쪽에 있는 메나리 토리의 일부 노래에서 엿볼 수 있습니다.

그런데 이 노래들은 한결같이 종지음이 '라' 음으로 끝나거든요. 따라서 계면조를 경 토리의 평조와 계면조의 '계면조'로 제한시킬 것이 아니라, 우리나라의 모든 노래 중에서 '라' 음으로 끝나는 노래를 계면조로 넓게 해석하자는 것입니다.

이렇게 하면 '라' 음으로 끝나는 애수조의 노래는 계면조의 틀 속에 들어오게 되고, 그렇게 되면 애수조의 노래가 서야 할 곳이 확실하게 정해지는 셈입니다.

족보를 따져서 어떤 계열인지, 어디에 소속되어야 할지를 확실하게 하는 것은 이른바 학문의 세계에서 매우 중요한 일이 아닐 수 없습니다. 매슬로우(Maslow)의 주장에 의하면 사람의 욕구 중에서 '소속감'을 매우 중요하게 강조하고 있습니다.

그래서 저는 이렇게 제안하고 싶습니다.

첫째, 계면조를 경 토리(경기 민요) 중 하나의 조(調)로 제한하지 말고, '라' 음 종지의 모든 노래(육자배기 토리, 메나리 토리, 수심가 토리)로 하면 어떨까 생각해보았습니다.

둘째, 계면조를 노래의 분위기에 따라 두 개의 조로 나누면 어떨까요. 다시 말씀드려서, 노랫말의 정서를 음미할 때 슬프고, 서럽고, 한

스럽고, 탄식하고, 간장을 태우는 그런 노래는 '계면애조(哀調)'로 묶어
주고, 그렇지 않은 노래는 계면계면조로 하자는 것입니다.

이 설명을 그림으로 나타내면 [그림 9]와 같아요.

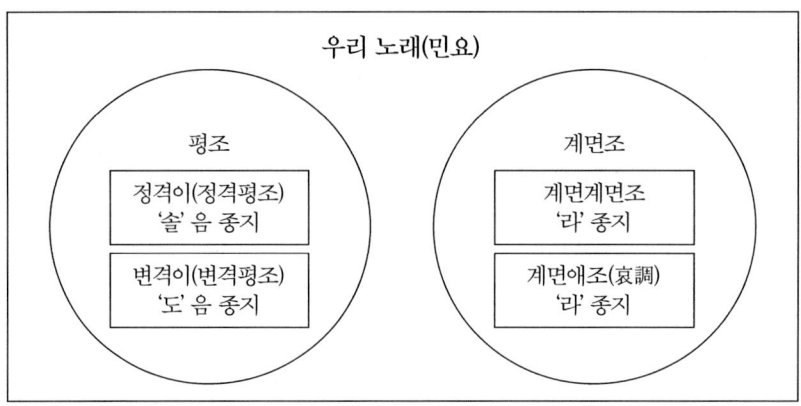

[그림 9] '애조'의 소속

어떻습니까. 국악 교육의 현장에서 학생들에게 가르칠 내용('꺼리')과
방법을 고민해야 하는 선생으로서 이런 고민을 적극적으로 찾고 탐색
해보는 건 필요하다고 생각합니다.

아무튼 분명하고 확실한 사실은, 우리나라 사전에서 평조와 계면조
를 서양음악의 장조와 단조로 대응시킨 것은 고쳐야 한다는 것입니
다. 초등학교 교사로서 제 주장을 설득시킬 만한 그런 위치가 아니어
서 못내 아쉽지만 걱정하진 않습니다. 필자의 생각을 알릴 수만 있다
면, 그리고 동의하는 분이 한 분이라도 계시다면 그것으로 족합니다.
심어놓으면 언젠가는 누군가에 의해 거두는 자연의 법칙을 늘 마음에
새기고 있기 때문입니다.

제5부

국악 교육 칼럼

여기 칼럼들은 국악 교육을 널리 알려야 한다는 사명감으로 기호일보에 실은 글입니다. 2008년 5월 22일부터 연재를 시작하여 2010년 4월 7일까지 1차 연재를 종료하였고, 2011년 1월 7일부터 2차 연재를 시작하여 2011년 10월 13일까지 2차 연재를 마쳤습니다. 총 83편을 연재하였습니다.

그중 일부를 여기에 소개하려고 합니다. 그러자니 용기가 필요했습니다. 왜냐하면 이미 세상에 알려진 글이기 때문입니다. 그러나 국악 교육의 프레임을 형성할 필요가 있다고 판단하였고 그중 몇 점을 소개합니다.

※ 기호일보에 실린 '국악 교육 칼럼'은 인천학술재단의 기금으로 『국악 교육의 실상과 과제』 책자로 발간(2011년 10월)되어 인천광역시교육청과 관내 각급 학교에 국악 교육 지도자료로 보급됨

1. 연재를 시작하며

※ 기호일보 2008년 5월 21일 자

— 박학범 교감의 '국악 교육 칼럼' 연재합니다 —

우리의 전통을 살리고 잘 보존해 후손에게 넘겨주는 것은 오늘날 우리가 안고 있는 의무임에 분명하다. 우리의 전통 가운데 국악의 중요성은 아무리 강조해도 지나치지 않을 것이다. 비록 1987년부터 시작된 제5차 교육과정 음악 교과서부터 서서히 국악적 소재의 노래들이 교과서에 오르고 1997년부터 시작된 제7차 교육과정에서는 30%를 상회하는 국악 곡이 교과서에 실렸다. 그만큼 국악 교육 교실이 활짝 열린 셈이다. 그럼에도 우리의 국악 교육은 또 다른 문제를 내포한 채 오늘에 이르고 있다.

이에 박학범 인천문학초등학교 교감이 오늘부터 기호일보 지면을 통해 매주 목요일 우리 교육 현장에서의 국악 교육의 실상을 파헤치고 그 대안 제시에 나선다.

박 교감은 충남 태안 출신으로 공주교육대학교와 인천교육대학교를 졸업했으며 국정교과서 집필위원(음악, 즐거운생활), 인천시교육청

입문기 교과서 집필위원(우리들은 1학년), 인천시교원단체연합회 현장 연구 지도위원(음악과) 등을 역임했으며 전국현장연구대회 1등급 수상(음악과 2회)과 SBS 교육상 수상(2002년)의 경륜을 갖고 있다. 「인천 무형문화재 3호(나나니타령)의 음악교육적 활용 방안」 등 다수의 연구논문도 있다.

대한민국의 음악 예술 브랜드 『국악』은 명품이다. 명품은 그 명성에 어울리게 몇 가지 측면에서 그 가치가 있다. 영혼이 서린 음악 세계를 내포하고 있고, 차별화된 소리의 예술적 가치를 보듬고 있으며, 한국인의 사상과 감정을 독특한 음 조직으로 창조한 예술이다(성경린).

다른 말로 표현하면 한국인의 혼과 숨결이 절절히 묻어 있는 마음의 노래요, 한(恨) 서린 노래요, 영혼의 노래이기 때문이다.

그래서인가. 봇물처럼 밀려오는 양악의 물결에도 아랑곳하지 않고, 꿋꿋하고 당당하게 끈질긴 생명력을 유지하면서 오늘에 이르고 있고, 마침내 세계인들에게 찬사를 받고 있는 음악 예술로 자리하고 있다.

한때 우리는 우리의 것을 천시하고 멸시하는 자학의 때가 있었다. 초등학교 음악 교과서에서 아이들이 실생활에서 불렀던 노래(전래동요)를 찾기란 사막에서 물을 찾는 것만큼 어려웠다. 어머니께서 품에 안고 업고 들려주셨던 '자장가'는 노래가 아닌 줄 알았고, 앓던 이를 빼서 지붕에 던질 때 불렀던 '까치야 까치야 헌 이 줄게 새 이 다오' 역시 그랬다. 비단 나뿐이었겠나.

유감스럽게도 어린아이들의 정서요 꿈이었던 우리들의 노래는 학교 음악 교실에서 철저히 외면당했고, 서양식 이론에 근거해 작사되고 작곡된, 말하자면 서양식 창법에 우리말을 얹은 이상한(?) 형태의 노래가 주를 이루었다. 초등학교 입학식 때 처음 배웠던 '학교종'이 그랬고, '고드름' 노래가 그랬다. 중학교 때 배운 '스와니강', 고등학교 때 배운 '산타루치아' 역시 그랬다. 형이 불렀던 노래도 그랬고 누나가 불렀던 노래도 한결같이 서양식으로 작곡된 그런 유의 노래였다.

언제부터였나. 1988 서울 올림픽을 전후해 음악·문화·예술 분야에서 괄목할 만한 사고의 전환이 이루어졌다. 한국문화의 우수성에 대한 탐색이 이때처럼 강했던 적은 없었다. 초등학교 꼬마 어린이가 오른손에 채를 잡고 둥근 바퀴를 굴리던 모습이 전 세계에 생중계될 때, 모든 국민들은 어릴 적 생활문화의 소중함에 전율했다.

음악 교육 분야에서도 예외는 아니었다. 교육부 당국자들의 서양음악 일변도의 인식에 변화가 오기 시작했고 음악 교육론자들의 인식 또한 변하기 시작했다. 마침내 음악과 교육과정에서 국악적 소재의 악곡 선택의 비중을 늘리는 조치를 단행했다. 서양음악 노래가 있을 자리에 국악 노래를 싣기 시작했다. 패러다임의 전환이었다.

1987년부터 시작된 제5차 교육과정 음악 교과서부터 서서히 국악적 소재의 노래들이 교과서를 점령(?)하기 시작하더니, 1997년부터 시작된 제7차 교육과정에서는 무려 30%를 상회하는 국악 곡이 교과서에 실렸다. 이를 일러 필자는 국악 교육의 르네상스가 도래했다고 감히 주장한다.

활짝 열린 국악 교육 교실! 하지만 안타깝게도 국악 교육은 또 다른 문제를 내포한 채 오늘에 이르고 있다. 무얼까.

음악이란 학문은 음(소리)에 의한 시간적 예술이다. 서양음악이 음의 시간적 예술이듯, 국악 역시 소리에 의한 시간적 예술이다. 의외로 많은 사람들이 서양음악에만 음악 이론이 존재하고 국악에는 이론이 없는 것으로 착각했다. 국악은 가르칠 것이 없다고 말한 어느 서양음악 전공 교수의 항변이 이를 잘 말해주고 있다. 그러나 서양음악의 음악

이론에 필적할 만한 이론을 국악은 가지고 있다. 없다고 말하는 사람이 무지한 사람일 뿐이다. 더 안타까운 것은 현장 교사들이 국악 이론과 지도 방법에 대해 너무 모른다는 사실이다. 교사가 모른다는 것은 무엇을 의미하는가.

이제 본고(本稿)에서는 교육 현장에서 국악 교육의 실상을 적나라하게 파헤치고 그 대안을 제시하고자 한다. 제1부에서는 장단꼴 및 프로그램화 학습 전략을, 제2부에서는 율(律)의 세계를 들여다보고, 제3부에서는 특급 프로젝트-5음 페스티벌을 제시해보겠다.

2. 국악 교육, 그 허상(15)
: 장식음과 부호를 풀어라

※ 기호일보 2009년 3월 1일 자

　장식음이나 부호에 대해 자세히 알려면 몇 가지 용어를 먼저 알아야 한다 '본(本)', '상일(上一)', '상이(上二)', '하일(下一)', '하이(下二)' 등이 그것이다. '본'이란 중심이 되는 특정한 음이고 나머지 용어들은 본음을 꾸며주기 위한 율명(계명)을 지칭하는 용어다.

　'상일'이니 '하일' 등은 본음의 앞(장식음)이나 뒤(부호)에서 꾸며주는 음을 가리킨다. '상'이나 '하'는 본음을 기준으로 했을 때 위의 음 또는 아래 음을 판별하는 기준이 된다. 따라서 '상일'은 본음의 바로 위의 음을, '하일'은 본음의 바로 아래 음이다. '상이'나 '하이'는 본음을 중심으로 해 두 번째 위의 음과 두 번째 아래 음을 지칭한다.

　국악기 중 '단소'라는 악기가 있는데 이 악기에서 사용되는 장식음은 대략 13개가 있고 'ㄷ'은 그중의 하나다. '나니르'라는 별명(구음)을 가지고 있는 이 장식음은 '하일, 상일, 본'을 가리킨다. 풀이하면 '아래음, 위음, 본음'이다.

　이 용어가 나타내는 소릿값, 곧 빠르기를 아는 것도 필요하다. '하일', '상일' 등의 음은 본음을 꾸며주는 소리이므로 소리가 매우 짧은 반면 본음은 소리가 길다. 국악기 연주자들이 여러 손가락들을 현란하게 움직이는 모습을 보면 이해에 도움이 될 것이다.

앞글에서 제시했던 율명 '태ㄷ'는 어떻게 이해해야 할까. 그렇다. '태' 음보다 한 음 아래 음을 짧게 연주한 다음, 즉시 한 음 위의 음을 또 짧게 연주한다. 그리고 나서 다시 찰나적으로 본음 '태' 소리를 길게 낸다. 말하자면 각각 다른 소리 둘은 매우 짧은 시간에 본음을 꾸며서 소리를 내라는 약속인 것이다. 그러면 '태'의 한 음 위의 장식음과 아래의 장식음은 어떤 음일까.

서양음악은 '도, 레, 미, 파, 솔, 라, 시'의 일곱 음을 골고루 쓰지만, 국악에서는 소리를 축약해 쓰는 습성이 있어서 주로 다섯 개의 소리 곧 '도, 레, 미, 솔, 라'에 가까운 '황, 태, 중, 임, 무'를 쓴다. 따라서 '태ㄷ' 는 한 음 아래 음인 '황', 한 음 위 음인 '중', 그리고 본음인 '태'로 이루어진다. 요약하면 '태ㄷ' → '황' + '중' + '태'가 된다. 한 번 더 설명해보면 '태ㄷ'는 '황중'을 재빠르게 소리를 낸 후 '태' 소리로 잇는다. 이들 소리는 한자로 알아둘 필요가 있는데 '태(汰)ㄷ'는 '황중(潢㳞)'과 '태(汰)'의 집합의 소리이다. 결국 '태(汰)ㄷ'는 '황중태(潢㳞汰)'로 연주하되 앞 두 소리는 아주 빨리, 곧 눈 깜짝할 사이에 연주하고, 제 소리인 본음 '汰'에서 제 소릿값을 낸다.

필자는 지금 국악의 오선보 표기의 당위적 측면을 이야기하고 있다. 오선보와 정간보, 정간보와 오선보는 양립할 수 없는 관계가 아니라, 음악이라고 하는 학문적 입장에서 얼마든지 서로 양립할 수 있음을 말하고 싶은 것이다.

이제까지의 설명처럼 정간보의 장식음이나 부호는 하나의 약속이고 약속에는 일정한 음악적 질서와 규칙이 있으며, 이러한 원칙에 따라

서양음악의 오선보 표기는 얼마든지 가능하다고 할 수 있다. 어느 국악 교수의 지적처럼 가야금의 현란한 소리들을 어떻게 오선보로 표기할 수 있느냐는 질문은 꼭 옳은 것이 아님을 말하는 것이다. 정간보가 됐든 오선보가 됐든 소리나 악기의 연주는 전적으로 연주자의 예술성에서 기인한다. 이 때문에 정간보로 표기한 것만이 국악이고, 오선보로 표기한 것은 그렇지 않다고 말할 수 없다.

한국음악의 '수제천' 오선보는 정간보의 장식음과 부호의 약속된 질서를 서양음악의 오선보라는 또 하나의 표기 방법을 이용해 적용한 것이다. 물론 국악의 이미지에 걸맞은 국악다운 맛을 우려낼 수 있는 기량의 문제가 없는 건 아니지만, 그렇다고 오선보여서 안 된다는 주장은 선뜻 이해할 수 없다. 음악적으로 문제가 없을뿐더러 율명을 모르는 내국인이나 서양 사람들에게 오히려 국악에 대한 이해의 폭을 넓힐 수 있는 장점이 있다.

필자 박학범 교감이 교장 연수생으로 선발돼 연수에 참여하게 됐습니다. 이에 따라 불가피하게 7월 말까지 잠시 집필을 중단하게 됐습니다. 필자는 연수를 마치는 대로 더욱 의욕적으로 국악 칼럼을 집필하겠다고 약속했습니다. 애독자 여러분의 양해를 구하며, 앞으로도 적극 성원해주시기를 부탁드립니다.

– 편집자 주

3. 국악 교육, 그 허상(31)
: (1×3), (1÷3)

※ 기호일보 2009년 12월 2일 자

　필자는 스크랩을 즐긴다. 스크랩 광이라고 해도 좋다. 인상적인 글귀나 기사 혹 사진이다 싶으면 꼭 모아두는데, 그중에서도 국악에 대한 내용이라면 무조건 모으는 편이다. 그 덕에 14년 전 조선일보가 제정한 '방일영 국악상' 수상자였던 국악학의 태두 이혜구 박사의 증언을 간직할 수 있었다. 다음은 그가 기자와 나눈 대담의 요지다.

　한국음악은 중국음악과도 분명히 다른데 미시간 대학의 만(Maln) 교수 같은 이는 한국이 중국과 일본 사이에 있으면서도 왜 이렇게 다른 음악 전통을 갖고 있는지 의아해하기도 했지요. 중국은 4박, 일본은 2박이 특징인데 우리나라만이 3박이거든요. 미학적으로 보면 한국인들은 규칙적인 것보다는 자유분방한 경향이 있고, 균형미는 없어도 자연미와 호방한 생명력, 개성, 발랄한 기상을 중시한다는 뜻이지요.

- 조선일보 1995년 11월 27일 자, 9면

국악은 3박의 미학이었다. 그러니까 3박은 국악의 생명이었던 것이다. 미학(美學, aesthetics)이란 무엇인가? 국어사전에는 자연이나 인생 및 예술 따위에 담긴 미의 본질과 구조를 해명하는 학문이라고 정의되고 있다. 3박은 국악 장단의 구조 및 본질과 일치한다. 풀이나 나무의 줄기 한가운데에 있는 연한 심을 고갱이라고 한다. 3박은 국악의 고갱이다. 따라서 3박은 국악 교육의 핵심적인 담론이 돼야 한다. 국악은 3박의 미학인 것이다.

그런데 여기서 꼭 짚어야 할 것이 있다. '3박'과 '3분박'의 의미다. 3박은 뭐고 3분박은 무엇일까? 이것을 혼동하면 국악 장단의 기초이론이 흐릿해질 수 있다. 3박은 서양음악에서 말하는 일정박, 곧 기준(단위)이 되는 박이 셋 모인 것이고(1×3), 3분박은 일정박 중에서 한 박이 다시 셋으로 나누어지는 모양새(1÷3)다. '덩'의 한 박이 '더더덩'의 작은 세 박으로 나뉘는 형태다.

앞엣것은 곱하기의 개념이고 뒤엣것은 나누기의 개념이다. 무엇을 의미하는가. 3박보다는 3분박이 더 세밀하게 구분되고 구체적이라는 점이다. 이혜구 박사가 지적한 자유분방함, 자연미, 호방한 생명력, 개성, 발랄한 기상 등은 어디에 근거를 두고 하는 말일까? 그리고 국악의 예술적 미학의 그 기준은 어디에서 올까?

여기 그 좋은 예가 있다. 손가락과 손바닥 간의 관계를 살펴보자. 손가락은 다섯 개로 세분돼 있다. 세분된 손가락은 잡기에 편하고 —무엇이든지 잡을 수 있고, 만지기에 편하고— 어떤 생김새의 물건이라도 만질 수 있고, 감촉에 예민하다. 만약 손가락이 세분되지 않았다면 어떨까? 잡기가, 만지기가, 감촉을 느끼기가 어려울 것이다. 우리의 일상에서 이런 예는 허다하다.

한 박보다는 3분박이 더 세련되고 우아하다. 한 박은 한 박에 그칠 수 있지만 3분박은 한 박이 되었다가 다시 여러 박으로 세분되는 유연성을 내포한다. 장엄함을 표현하고 싶다면 한 박으로, 멋들어지고 유려한 가락을 연주하고 싶다면 3, 4, 5, 6분박 등으로 나누어 표현하는 세련미로. 와우! 멋져!

아이들의 노래는 3분박의 노래다. "꼭/꼭/숨어/라//머리/카락/보일/라/"를 소리 나는 대로 자세히 적어보자. "꼬오옥/꼬오옥/수머-/라--//머리-/카라악/보이일/라--"가 된다. 3분박은 우리말의 3음절과 일치한다. 정확하게 3분된 박, 곧 3음절이다. 내가 어렸을 때 불렀던 노래로 "까치야/까치야/헌 이/줄게/새 이/다오"가 있다. 이를 소리 나는 대로 적어보자. "까치야/까치야/허언이/주울게/새애이/다-오"가 된다. 이 또한 정확한 3분박 3음절이다. 순진무구한 노래, 동심의 찬가, 아이들 노래는 국악 성악곡의 원형이라고 할 수 있는데 이 원형이 바로 3분박이다.

어른들의 노래도 그렇다. "자장/자장/우리/애기/엄마/품에/잘도/잔다"를 소리 나는 대로 적어보자. "자자앙/자자앙/우리-/애기-/엄마-/푸메에/잘도-/잔다-"가 된다. 세계인과 함께하는 우리의 민요 '아리랑'도 찬찬히 들여다보면 이와 같다.

1박이 3박이 되고 다시 3박이 1박으로 되는 (1×3)과 (1÷3)의 심미성과 예술 미학의 정신세계를 함유하고 있는 3분박은 그래서 소중하다.

4. 국악 교육, 그 허상(40)
: 적막을 깨라

※ 기호일보 2011년 10월 13일 자

　꿈☆은 이루어집니다. 먼 훗날 우리의 아이들이 영종초등학교 다닐 때 국악실에서 가야금을 배웠노라고 말할 수 있을 것이고, 이 어린이 중에서 가야금을 비롯한 국악기 연주자들이 명성을 떨칠 날이 오기를 기다려보는 희망으로 가득합니다.

　뿌린 대로 그리고 심는 대로 거두는 법칙을 소중히 여기면서 국악 인구의 저변 확대를 위해 작은 노력을 다하려고 합니다. 꿈은 이루어 진다고 합니다. 생각한 대로 꿈꾼 대로 미래가 설계된다지요?

　필자는 그 꿈을 이루기 위한 작은 노력을 해오고 있습니다. 인천국제공항공사의 지원금으로 국악 동아리 활동에 투자하고 있습니다. 특히 가야금과 민요창 강사를 초빙해 매주 지도하고 있는데 자긍심으로 가득하기만 합니다. 내가 하고 싶었지만 이루지 못했던 일을 내 학교의 어린이들을 통해 이룰 수 있다는 기쁨과 만족감 때문이 아닐까요?

　국악실 한쪽 면의 가야금 전시장에 가득한 스무 대의 가야금을 볼 때마다 한 번 더 바라보게 됩니다.

거문고, 아쟁, 해금, 태평소, 생활, 대금, 소금, 단소, 훈, 나발, 나각, 징, 박, 상모와 면물채, 상모 복장 등 서른여섯 가지나 되는 국악기들이 진열된 진열장을 볼 때마다 복받쳐 오르는 희열을 감당키 어렵습니다.

이 악기들은 중요무형문화재 제42호 악기장으로 지정된 고흥곤 님이 손수 제작했거나 추천해주신 악기들이어서 뿌듯함을 더합니다. 부족한 악기가 여전히 적지 않지만 이 정도만으로도 대한민국의 어느 학교에 뒤지지 않는 국악실을 갖게 됐다고 자부합니다.

부디 이 국악실을 드나드는 여러분들이 나와 같은 마음이었으면 좋겠습니다. 멋진 국악실을 마련해주신 중구청에 감사 인사를 드립니다.

아울러 인천국악협회는 우리 학교와 지난 4월 14일 협약식(MOU)을 체결했고 가야금과 민요창 강사를 파견해주어 실질적인 활동을 전개하고 있습니다.

필자는 우리 영종초등학교를 문화예술, 특히 음악과 국악이 살아 숨쉬는 학교로 만들어 메마른 우리 어린이들의 가슴에 따뜻함과 부드러움을 전파해 내일의 교양 있는 동량으로 키워낼 것입니다. 물심양면으로 지원과 격려를 아끼지 않으신 인천국제공항공사와 인천중구청 그리고 인천국악협회에 다시 한번 머리 숙여 감사를 드립니다. 우리 영종의 어린이들을 내일의 희망 있는 동량으로 육성하는 데 최선을 다하겠다는 다짐으로 보답해드리겠습니다.

이제 국악은 더 이상 강 건너 음악이 아닙니다. 국가의 위상만큼 국악 인구의 저변이 확대되고 있습니다. 국악대학에서 국악을 전공한 학생들이 매년 배출되고 있으며, 이들이 사회 곳곳에 진출해 국악의 견인차 역할에 앞장서고 있습니다. 초등학교와 중학교에는 국악을 전공한 강사들이 파견돼 국악 교실을 지켜내고 있습니다. 이들의 노력으로 국악의 못자리가 잘 만들어지고 있습니다. 이제 조금만 노력한다면 머지않아 국악은 우리 생활의 필수조건으로 성큼 다가올 것이 분명합니다. 국악이여 영원하라!

5. 연재를 마치며

인천남부초등학교 박학범 교감이 인천문학초교 교감이던 지난 2008년 5월 22일 자부터 매주 목요일 인기리에 집필해온 '국악 교육 칼럼'이 오늘 자로 대단원의 막을 내립니다.

박 교감은 2년 가까운 오랜 기간 이 칼럼을 통해 우리 교육 현장에서 국악 교육의 실상을 적나라하게 파헤치고 그 대안을 면밀하게 제시했습니다.

우리의 전통을 살리고 잘 보존해 후손에게 넘겨주는 것은 오늘날 우리가 안고 있는 의무임에 분명합니다. 그리고 우리의 전통 가운데 국악의 중요성은 아무리 강조해도 지나치지 않을 것입니다. 이 점을 강조하는 것으로 박 교감의 노고에 대한 감사 인사로 갈음하고자 합니다. 그동안 이 칼럼을 아껴주시고 성원해주신 애독자 여러분에게 다시 한번 감사드립니다.

– 편집자 주

공자는 논어에서 이렇게 가르치셨다. 학이시습지(學而時習之)면 불역열호(不亦悅乎)라고. '배우고 익힘이 기쁘지 아니한가'라는 역설로 배움에 대한 강한 긍정을 가르치셨다. 배움이 곧 즐거움이라고 하셨으니 참으로 큰 스승답다. 호세아(Hosea)는 B.C. 730년경의 사람이다. 이분이 집필한 구약성서의 호세아 책에 따르면 배움의 명분을 강한 부정으로 묘사하고 있다. 지식을 버리는 자는 하나님도 그 사람을 버린다고 가르치고 있다. 두 분의 가르침의 결론을 서생이 내린다는 것은 언어도단이요, 어불성설이다. 하지만 엎드려 읊조려보련다. 배움의 중요성을 가르친 말씀이라고.

초등학교 어느 책이던가. 일자무식한 자가 그 아버지의 장례를 치른 후 묘지에 명패를 꽂고 집에 돌아왔다. 다음 날 아버지 묘를 찾아나선 그는 아버지의 묘를 찾을 수 없었다. 많고 많은 묘에서 그 아버지의 이름을 알아낼 수 없었던 것이다. 생질 이야기도 생각난다. 중학교를 졸업한 누님이었지만 신문의 한자는 술술 읽었다. 그런데 대학을 마친 생질(甥姪)이 신문의 한자를 읽어내지 못하자 기가 막혔다. 한글 문화권에서 자랐으니 한자를 알 리 없었다. 배우지 않은 한자를 어찌 읽을꼬.

필자가 '국악 교육의 모든 것'에 대한 글을 쓰게 된 동기 역시 국악에 대한 '배움'의 알 권리 때문이었다. 알리고 싶었고 전하고 싶었다. 스물여섯 편의 국악 교육의 실상에서는 국악의 우수성과 음악이라는 학문으로서의 국악의 위상을 소개하려고 노력했다. 예술은 삶에 대한 사랑이라는 글로 국악의 정체성을 드러내 보이면서 글 문을 열었다. 국악의 소리 주권이라는 용어를 제시했을 무렵 때마침 천주교회의 장례식장에서 찾은, 오늘날에도 여전히 살아 있는 생생한 소리 주권의 현장을 글로 옮겨 적을 수 있었으니 잊지 못할 감격이었다.

마흔여덟 편의 국악 교육의 허상에서는 우리의 일그러진 국악의 모습을 파헤치면서 대안을 찾으려고 노력했다. 그 첫 글이었던 '까마귀도 제 소리하면 온다지?'에서 국악 교육 정상화의 염원을 읊었고, "배움에는 사대주의가 없다"는 문장을 두고 어느 독자로부터 인용의 출처를 물었을 때 내가 만든 글임을 당당하게 밝힐 수 있었다. 리듬(꼴)을 장단(꼴)으로, 장식음과 부호를 앞풀이소리와 뒤풀이소리(뒤꼬리소리) 등의 신세대 언어로 바꾸기도 했다. 고정관념으로부터의 탈출을 알리는 신호탄이었지만 성과라는 말엔 조심스럽다.

'후회는 없다(2009년 9월 24일 자)'라는 글을 읽으신 독자들의 격려가 있었다. 십 년 묵은 체증이 풀리는 통쾌한 글이었다는 독자들의 말은 글쓰기의 부담을 덜고 갈증을 풀어주는 청량제였다. 이 중의 한 분은 내 글의 단골 마니아로서 틈나는 대로 격려의 성원을 보내셨다. 특히 마흔다섯 번째로 적은 글을 읽으시고 보내주셨던 격려는 잊을 수 없다. "음악교육이 문학교육! 참을 수 없어 몇 자 적음"이라는 문자를 보내주셨던 것이다. 글 쓰는 간난(艱難)을 극복하는 힘이 되었음은 물론이다. 하지만, 이 글을 끝으로 그분의 관심에서 멀어질 것을 생각하면 아쉬움만 쌓인다. 고마웠다는 인사를 드린다.

다소 놀라웠던 일들이 있었다. 국립국악원의 학예연구사로부터 이 글을 읽고 있음을 전해들은 일, 어떻게 알았는지 방송인 정재환의 블로그에 내 글이 올려진 일, '동화타임머신 & (사)한울문학회'의 카페에 고정 공간이 만들어진 일, 강화도 섬의 끝자락에서 "글을 잘 읽고 있노라" 하는 전화를 받은 일 등.

그리고 오며 가며 툭툭 던져준 독자 여러분들의 정담과 격려가 있었기에 여기까지 올 수 있었다. 정겨운 이웃들이었다. 고마움으로 빚을 갚으련다.

연재를 시작하면서 약속한 '율의 세계', '특급 프로젝트-5음 페스티벌' 등의 큰 단락을 소화해내지 못했다. 국악 교육의 모든 것은커녕, 그 십 분지 일에도 못 미친 것 같아 무척 아쉽다. 독자 여러분들의 이해와 용서를 구하는 수밖에…. 소중한 지면을 할애해준 기호일보의 배려에 감사한다.

마치며

이 원고는 이미 이십여 년 전부터 쓰기 시작하여 십 년 전에 원고를 마친 상태였습니다. 퇴임(2018. 8. 31.) 전에 책으로 출판하려고 마음을 먹었지만 뜻대로 되질 않았습니다. 가장 큰 이유는 자신감 문제였습니다. 출판은 해야겠는데…. 우선 학문적으로 많이 부족하다는 자책이 컸습니다. 적어도 국악대학원 석사 과정을 끝냈어야 하는데 그러질 못한 자책감이 컸습니다. 국악 전공 교수님께 출판 여부를 여쭈었을 때 출판하지 않는 게 좋다는 말씀이 내내 걸렸기 때문입니다(수정해 주신 원고를 살펴보니 부분적으로 국악 이론에 비추어 볼 때 문제가 있거나 오해나 충돌의 소지가 있었습니다. 그리고 편집하는 과정에서 실수한 부분 또한 있었습니다. 그러나 필자의 견해로는 그런 소지는 얼마든지 있을 수 있다고 생각했습니다. 합리적이라는 판단이 든 부분에 대해서는 최대한 수정을 거듭했음을 밝힙니다).

그러나 늦게라도 용기를 낼 수 있었던 이유가 있습니다. 현장교육연구대회 논문을 쓰기 위해 국회도서관, 연세대학교 도서관, 경인교육대학교 도서관, 한국교육개발원, 국립국악원 도서관 들을 찾아 국악 관련 참고 문헌을 열람했을 때 학문하는 재미에 푹 빠졌던 기억이 용기의 샘물이었습니다.

이를 바탕으로 만들어진 연구논문 두 편이 전국대회에서 국악 분야 최고 등급을 수상한 것은 당당한 자부심이라고 감히 말할 수 있습니다. 이 논문 중 한 편은 황병훈 교수의 추천으로 한국음악교육학회 학회지 제10집(각주 9 참조)에 게재되었습니다. 여담입니다만 승진 시에 1등급 논문 한 편은 석사 논문과 동급으로 인정됩니다. 따라서 필자는 대학원을 두 번 이수한 것으로 갈음됩니다. 사실 필자가 대학원 수학을 하지 않은 이유이기도 합니다. 돌이켜보면 졸렬했습니다. 후회합니다.

어떻든 현장에서 학생들을 직접 가르치면서 몸으로 부닥쳐서 얻어낸 자긍심이 값지다는 결론을 얻었습니다. 그리고 비겁하거나 자책하는 비굴함보다는 당당한 자신감으로 임하기로 했습니다. 그랬더니 무거운 짐을 벗어던진 것처럼 홀가분했습니다. 그리고는 마음이 평안해졌습니다. 그래서 결단을 했습니다. 출판하기로!

그런데 공교롭게도 어느덧 필자의 나이가 우리 나이로 칠순(七旬)이 되었습니다.

'그래, 칠순 기념 도서로 하자!'

결단의 동기가 또 있습니다. 사실 이 책에 있는 일백팔십세 점의 악보가 출판의 힘이었습니다. 일러두기에서 잠깐 언급했듯이 이 책에 실린 악보들은 아래아한글 문자표의 악보 관련 자료를 이용하여 음표와 쉼표 등 악보 구성 요소 하나하나를 필자의 손에 의해 완성한 것들입니다.

'183개의 악보를 일일이 손으로 그리다니…'

돌이켜보면 이건 기적 같은 일이었습니다. 미치지 않고는 이룰 수 없는… '내가' 나서지 않으면 안 된다는 절박감과 사명감으로 의기충천했었고 힘들거나, 미루거나, 포기함 없이 악보 하나하나에 시선을 집중하여 완성했던 것입니다. 지금 하라고 하면 억만금인들 무슨 소용이 있을까. 스스로 위안과 보람과 자부심을 갖습니다.

이제 이 글을 마치면서 몇 가지 제언을 하려고 합니다.

첫째, 이제까지 우리는 국악, 곧 우리 음악에 대한 두려움만 있을 뿐 탐색과 고민과 연구의 마인드는 부족했습니다. 필자가 7차 교육과정(1998~2007)에 가득 담긴 국악 소재의 곡들이 현장 교사들로부터 외면받는 데 충격을 받고 현장 교사들의 무지를 일깨우자는 절박감을 극복하기 위해서 그 대안을 제시한 책입니다. 현장 교사들의 스터디 자료로 활용되길 바랍니다.

둘째, 국악, 곧 우리 음악에는 가르칠 거리가 없다고 말하는 일부 양악 전공자들의 어이없는 주장이 잘못되었음을 바로잡았다고 확신합니다. 양악의 잣대로 국악을 조명한다는 발상 자체가 얼마나 잘못된 허구인지를 밝혔다는 측면에서 자부심을 갖습니다.

셋째, 현장에서 음악 교육으로 잔뼈가 굵은 필자의 안목은 나름 설득력 있다고 생각합니다. 이는 현장 교사가 갖고 있는 강점입니다. 따라서 실제 교실에서 직접 국악을 지도해본 적이 없는 여러분들의 필독서가 되길 바랍니다.

넷째, 요즘 플랫폼이란 용어가 대화의 핵심 키워드가 되고 있습니다. 모쪼록 이 책이 국악 교육의 현대적 접목을 위한 플랫폼의 자료로 활용되길 바랍니다.

다섯째, 필자는 인천의 무형문화재로 지정(1988년 12월 24일)된 「나나니타령」의 음악교육적 활동 방안」의 논문(인천광역시교육청 특별교사 1등급 논문 선정)을 발표했습니다. 지역화 학습 자료로 활용하기 위한 논문이었습니다. 이 책에서 이 내용을 언급하지 못한 게 아쉽습니다. 후배들이 이 논문을 학교 교실 현장에서 학습 자료로 활용할 수 있기를 바랍니다.

여섯째, 독특한 우리 음악의 진수를 파헤치려니 너무나 많이 부족했습니다. 오직 현장 교사 출신만이 쓸 수 있다는 자존심 하나로 여기 글의 끝자락까지 왔지만, 학문적 연줄이 부족한 필자에게 부족함과 아쉬움이 컸음을 고백합니다. 아울러 부족한 부분은 후세 국악 교육 연구자의 몫으로 남겨놓겠습니다. 무엇보다도 이 책을 통하여 국악 교육에 대한 정보를 조금이라도 얻으셨다면 여러분들은 아프리카에서 햅번을 만난 것처럼 기뻤을 것입니다.

여담입니다. 오늘 새벽에 꿈을 꾸었습니다. 스승 양진모 교수님을 만났습니다. 함께 식사를 했습니다. 그리고 보니 공교롭게도 이 책의 '마치며'의 수정을 완료한 날이군요. 『와! 국악이 훤하게 보인다』의 원고를 끝까지 지켜보고 계신 건 아닌지…. 필자의 출판을 위해 꿈에 오셔서 함께하고 계신다는 확신이 들었습니다.

그리고 양진모 스승님과 함께 밤늦게까지 『국악개론』을 가르쳐주셨던 홍은주 스승님, 국정 음악 교과서와 검인정 음악 교과서(교학사)의 필진으로 추천해주시고 현장교육연구 논문을 지도해주셔서 1등급의 큰 상을 받게 해주신 경인교육대학교 신계휴 스승님과 황병훈 스승님과 양악 이론의 기초에 눈을 뜨게 해주신 『한국의 뱃노래』의 거장 고 김순제 스승님 그리고 국악 이론의 눈을 확 뜨게 해주신 김영운 국립국악원장께 감사를 드립니다.

표지 그림과 삽화를 정성껏 그려주신 김지련 화가에게 감사를 드립니다. 팔불출의 변입니다. 필자의 부모님 살아생전에 '공맹자 시대에도 없던 효부(孝婦)'라며 입이 마르도록 칭찬받았던 아내요, 40년 음악 인생의 숨은 공로자이자 인생의 반려자인 사랑하는 아내 우연홍 님과 출판의 기쁨을 나눕니다.

그리고 '호기심으로 쓴 잔소리'를 끝까지 읽어주신 독자 여러분, 고맙습니다!

끝으로 이 책을 출판하기까지 적어도 십여 년 훨씬 전부터 부족한 필자에게 도전의 용기를 주시고 엉뚱함과 호기심을 풀어낼 힘을 주신 인격자가 계십니다. 그 힘의 원동력이신 나의 주 나의 하나님아버지께 감사를 드립니다. 한민족에게 아리랑을 비롯한 국악 예술혼의 콘텐츠를 허락하신 하나님아버지께 영광을 올립니다.

박학범

참고 문헌

- 교육부 고시, 교육과정(음악과), 1997-15호, 2000.
- 권현정, 경상남도 민요의 연구를 통한 민요의 음악교육적 활용방안, 한국교원대학교 대학원 석사학위 논문, 1996.
- 김재은 외, "유아교육전서 6", 예술을 통한 교육, 서울:배영사, 1979.
- 김영운, "초등교사를 위한 우리 음악의 이론", 국악통론, 서울:국립국악원, 2001.
- 김태균, 얼씨구 국악 이야기 들어보세요, 서울:도서출판 산하, 2003.
- 김현숙, 국민학교음악과교육과정의 분석, 서울:국립국악원, 1989.
- 다라음악연구회, 음악이론과 실습, 서울:도서출판 다라, 등록 1990. 5. 9. 제13-247호
- 박학범, "프로그램화 학습지도를 통한 지각적 감상이 전통음악의 이해에 미치는 효과", 음악교육연구 제10집, 서울:한국음악교육학회, 1991.
- 백대웅, 경기지방 민요의 음악적 특징, 중앙대(www.urisori.co.kr).
- 백병동, 개정대학음악이론, 서울:현대음악출판사, 2004.
- 성경린, 국악감상, 서울:삼호뮤직, 1994.
- 성경희, 초등학교 음악과 수업방법 개선에 관한 연구, 서울:한국교육개발원, 1989.
- 세광출판사출판부, 최신음악통론, 서울:세광출판사, 1972.
- 송방송, 한국음악통사, 서울:일조작, 2004.
- 요한복음(신약성경)

- 이동남 외, 새로운 음악통론, 서울:학문사, 1998.
- _____, 알기 쉬운 음악 통론, 서울:태림출판사, 2004.
- 인천광역시북부교육청 통신장학자료, 1990.
- 잠언(구약성경)
- 장사훈·한만영, 국악개론, 서울:서울대학교출판부, 1975.
- 최상일, 우리의 소리를 찾아서, 서울:돌베개, 2002.
- _____, MBC 한국민요대전, 경북1-6, 1991~1996.
- 한만영, "중학교 교사용(감상편)" 국악 교육지도서, 서울:한국문화예술진흥원, 서울:대한공론사, 1976.
- 홍종건 외 6인, 음악(3~4학년군) 3, 서울:㈜와이비엠, 2024. 3. 1. 7쇄발행, 교육부 검정 2017.
- 홍하상, 이건희, 서울:한국경제신문, 2003.
- 허화병·김관희 편저, 단소민요곡집, 서울:세광출판사, 1995.

- 국민일보, 2004. 11. 17.
- 국민일보, 2004. 12. 9.
- 기호일보, 2001. 4. 7.
- 기호일보, 2008. 5. 21.
- 기호일보, 2009. 3. 1.
- 기호일보, 2009. 12. 2.
- 기호일보, 2011. 10. 13.
- 생명의 말씀사, 해설 찬송가, 서울:한국찬송가 공회, 1997. 2. 20. 5쇄 발행
- 세계일보, 박종현 기자, 2008. 8. 11.
- 스포츠한국, 2004. 10. 28. '올 댓 뮤직'.
- 조선일보, 1995. 11. 27.
- 조선일보, 2004. 1. 19.
- 한국일보, 2005. 4. 9. 『책과 세상』, 최승호 시인의 말놀이 동시집'.
- 호세아(구약성경)

- dic.daum.net/word/view.do?wordid=kkw000237604&supid=kku000303862
- kodaly.or.kr/main1.htm

- myhome.naver.com/rehiphop/blue1.htm
- ncic.re.kr/mobile.kri.org4.inventoryList.do;jsessionid=DE8A1E7BBEA047770F79
  7A51B5F5E2C1
- ucc.media.daum.net/uccmix/news/entertain/broadcast/
- www.arte.or.kr/business/school/index.do
- www.kbs.co.kr/1tv/sisa/health/vod/vod.html
- www.ncktpa.go.kr:8080/html/jsp/kookac/index.jsp
- www.urisori.co.kr/doku.php?id=start
- YouTube, '얼씨구TV'